安徽省教育科学规划课题（JG14278）
《中学政治（思想品德）课优质课资源开发与利用研究》研究成果

ZHONGXUE DEYU KETANG

YOUZHIKE JIAOXUESHILU HE PINGJIA

中学德育课堂
优质课教学实录和评价

吴望民　李　丽◎编著

安徽师范大学出版社

·芜湖·

责任编辑：郭行洲
装帧设计：丁奕奕

图书在版编目（CIP）数据

中学德育课堂优质课教学实录和评价 / 吴望民，李丽编著. —芜湖：安徽师范大学
出版社，2016.10

ISBN 978-7-5676-2586-0

Ⅰ.①中… Ⅱ.①吴… ②李… Ⅲ.①德育－教学研究－中学 Ⅳ.①G631

中国版本图书馆CIP数据核字（2016）第176564号

中学德育课堂优质课教学实录和评价

吴望民 李 丽 编著

出版发行：安徽师范大学出版社

芜湖市九华南路189号安徽师范大学花津校区 邮政编码：241002

网　　址：http://www.ahnupress.com/

发 行 部：0553-3883578 5910327 5910310（传真） E-mail：asdcbsfxb@126.com

印　　刷：虎彩印艺股份有限公司

版　　次：2016年10月第1版

印　　次：2016年10月第1次印刷

规　　格：700 mm×1000 mm 1/16

印　　张：19.75

字　　数：323千

书　　号：ISBN 978-7-5676-2586-0

定　　价：59.80元

编写人员名单

(排名顺序不分先后)

陈心宏　陈荣乐　程　颉　高秋道　桂中华
郭为华　郭荣虎　谷蓉蓉　韩克春　何　蓉
李　丽　马丽娜　沈申福　司贤斌　孙长瑜
邰纯兵　王武权　王　亮　汪祖斌　汪燕春
吴望民　吴怀鹏　吴徐汉　夏　芳　徐传林
俞　莉　严　晖　张起磊

前　言

　　当学校基础教育由规模扩张转变为追求教育教学质量的时候,我们不禁要问:靠什么动力来支撑学校的内涵式发展? 学校的内涵式发展无疑首要是提高教育教学质量。要提高教育教学质量,必须培养一批本土的名师,让他们在教育教学中起到专业引领的作用,而这种引领又离不开发挥优质课的示范作用。因此,开发和利用优质课资源以促进常态课优质化,成为学校教育教学内涵式发展的着力点。

　　目前,思想政治(品德)学科各层次的教研工作都无一例外地将教研主题定位于提高课堂教学质量。在教师围绕提高教学质量而进行的业务进修过程中虽有许多专业书籍可以学习,但这些书籍很少聚焦优质课堂,而从优质课中汲取营养以促进常态课优质化,是广大一线德育学科教师迫切需要的。

　　为此,2014年我们承担了安徽省教育规划课题"中学政治(思想品德)课优质课资源开发与利用研究"。课题组成员在课题研究期间,围绕"优质课资源开发与利用"开展教学研究,收获了丰硕的科研成果,有15篇教学论文发表在中文核心期刊《思想政治课教学》《中学政治教学参考》上,有1篇被人大复印报刊资料《中学政治及其他各科教与学》全文转载。正是在此基础上,我们收集、整理了近年来马鞍山市国家级、省级优质课资源,形成《中学德育课堂优质课教学实录和评价》书稿,交由出版社出版。

　　本书精选了马鞍山市获得国家级、省级的思想政治(品德)优质课或公开发表于中文核心期刊《思想政治课教学》等期刊上的教学设计,共15个课例。每个课例由教学设计、教学实录和教学反思三部分组成,可以完整地向读者呈现一节优质课是如何打磨而成的,也可以让读者领悟优质课背后所蕴含的先进教学理念,这对改进教师课堂教学,提升教师的专业发展能力大有裨益。

　　本书在编写上具有如下特点:第一,教学设计采取表格式,教学过程一般由"教学环节""知识点位""教师活动""学生活动""设计意图"和"备注"等组成组成,既体现了教师的主导作用和学生的主体地位,又有利于教师课堂操作,特别是留有"备注"栏目,方便其他教师在借鉴的基础上进行二次备课。第二,教学实录力求还原优质课评选的课堂教学过程,将教师带进真实的课堂教学场景,感受高水准优质课大赛气氛。第三,教学评价是基于一定的教学理念对课堂教学所作的思考,既有一定的理论高度,又结合了具体的课堂教学实例进行分析评价,特别是其中的课例研究报告,对教师如何上好一节课具有借鉴意义。

常态课是学生接受最多的课,教学基本上是教师在常态课下进行的,上好常态课是提高教学质量的根本保证。有人认为,上常态课对教师的要求降低了,这是十分错误的看法。相反,它对教师的专业素养、知识的广度和深度、言谈举止所表现出的气质、课堂驾驭能力等方面提出了更高的要求。期望读者能通过阅读此书的案例吸收优质课的元素,改进日常的常态课教学,促进常态课优质化。

编者

2016年10月22日

目　录

1

《股票、债券和保险》教学设计

安徽省马鞍山市第二十二中学　王　亮

课　题	第六课　投资理财的选择 第二框　股票、债券和保险
教学 目标	【知识与能力】 1.识记股票、债券与商业保险的基本含义、种类和特点。 2.理解股票、债券、保险等投资方式在国民经济建设和个人生活中的意义。 3.依据家庭理财原则,结合实际情况,安排一项综合投资计划。 【过程与方法】 以案例分析和学生自主探究为课堂活动的主要环节,在此过程中培养学生综合概括能力、比较不同投资方式的分析能力和在不同条件下合理理财的实践能力。 【情感态度价值观】 通过本框学习,培养学生积极进取的意识和精神,积极学习投资的相关知识态度,树立理性理财观念。
教学 重点	股票、债券与商业保险三种投资方式的特点。
教学 难点	根据特定背景选择理财方式。
教法 学法	本节课内容知识点虽多,但易于激发学生的学习和参与热情。通过创设课堂情境和创意课堂探究活动,使学生增强自主学习能力与课堂参与意识,充分体现学生的课堂主体作用,为学生培养探究能力、创新能力和实践能力搭建平台。

教学过程				
教学环节	教师活动	学生活动	设计意图	备注
课前准备	发放学案,互动游戏;播放《安徽宣传片》;自我介绍。	看大屏幕。	调动学生情绪,拉近和学生的距离。	
情境导入	播放"结婚视频"。 喜:妻子带来十万元嫁妆。 忧:手握现金整十万,存款实在不划算;物价上涨有预期,投资理财如何办? 幸福的"烦恼"如何解决? 提问:"十万元全部存在银行里,是不是最佳的选择?" 多媒体显示"存款负收益"。	观看视频。 思考回答问题。	用比较新颖的方式引入新课,激发学生学习兴趣与探究热情。	
介绍"选拔规则"	展示"财富直通车之投资理财师的选拔现场"图片并讲解理财师选拔规则。		采取学生感兴趣的电视节目的方式展开教学,调动学生的参与意识。	
股票	多媒体展示股票相关知识点。 (学生自主学习,教师走下讲台,走近学生) 多媒体展示板书。		利用学案培养学生自学能力。	

教学过程				
教学环节	教师活动	学生活动	设计意图	备注
股票	音乐响起,邀请一号理财师走上讲台。向理财师提问,根据理财师的回答,在多媒体上展示股票的相关知识。 (1)您向我推荐股票,我需要了解有关股票的基本知识,股票由谁发行?它为什么要发行股票? (2)当我购买股票之后,我的身份有没有发生变化?我享有哪些权利呢? (3)我怎样通过股票获得收益?我可以把股票退给您吗? 播放视频《投资状》。 多媒体展示厦门金龙汽车股票K线走势图。	学生阅读课本,结合学案自由讨论,自主学习。 一号理财师"侃侃而谈",其他学生认真聆听。 学生集体观看视频。	利用学案培养学生自学能力。 通过富有节奏感的音乐鼓励学生走上讲台。 了解股票的相关知识和投资特点。 通过极富趣味的视频调动学生课堂参与的积极性。 通过实际情形下股票收益的分析,增强学生投资风险意识。	

3

教学过程				
教学环节	教师活动	学生活动	设计意图	备注
股票	询问理财师 K 线图中三个日期对应的数字是何意义,老师讲解特定条件下投资股票的实际收益,由此探究出股票"高收益与高风险并存"的投资特点。 教师进一步总结股票市场建立与发展的意义,指出合理投资股票可以实现"双赢"。	看大屏幕,思考 K 线图。	股票市场建立与发展的意义,内容难度较大,以老师讲解为主,启发学生从"个人、企业、全社会"三个角度全面分析问题。	
过渡	教师提问:"既然股票的风险比较高,那么有没有相对安全一些的投资方式呢?"	学生集体回答。	导入债券的学习。	
债券	多媒体展示债券相关知识点。 (学生自主学习,教师走下讲台,走近学生) 多媒体展示板书。 音乐响起,邀请二号理财师走上讲台。 向理财师提问,根据理财师的回答,在多媒体上展示债券的相关知识。	学生阅读课文,自由讨论,结合学案自主学习解决问题。	了解债券的相关知识。	

教学过程				
教学环节	教师活动	学生活动	设计意图	备注
债券	（1）债券的发行者是谁？他们发行债券的目的是什么？依据发行主体的不同,债券分为那几类？ （2）购买债券如何获得收益？ （3）三种债券中谁的风险最大？谁的收益率最高？ （4）三种债券中谁的风险最小？为什么国债的风险最小？虽然三种债券中国债的收益最低,但国债的收益仍然超过哪一种投资方式？ 启发学生集体回答"投资债券的优越性"。 比较债券与股票的异同。 债券与股票的比较 （表格：债券与股票的比较） 性质：债券-债务证书（债权 债主）；股票-入股凭证（所有权·投资者） 收益方式：债券-收取利息；股票-股息、红利以及价格差价 偿还方式：债券-付息、偿还本金；股票-不能退还只能出卖 相同点：都是有价证券,都是集资的手段,都是能获得一定收益的金融资产	理财师"侃侃而谈",其他学生认真聆听,评判理财师的表现。 集体回答问题。	比较三种债券,尤其强调国债身为"金边债券"的特点。 比较债券和股票（尤其是性质上）的不同,因为该环节难度较大,以教师讲解为主。	
过渡	"天有不测风云,人有旦夕祸福。" 问题:面对人生中的不幸,我们如何未雨绸缪？	聆听思考。	悲情的音乐声,缓和学生之前相对	

5

教学过程				
教学环节	教师活动	学生活动	设计意图	备注
过渡			亢奋的心态,进入下一环节的教学。	
商业保险	简单讲解本节课所学习的商业保险不同于今后会学习到的社会保险。 多媒体展示板书。 (学生自主学习,教师走下讲台,走近学生) 音乐响起,邀请三号理财师走上讲台。根据理财师的介绍,在多媒体上展示商业保险的相关知识。 (1)王小亮的父亲在太平人寿保险有限公司给王小亮购买了一份健康险,每年缴纳保险费60元。合同约定:王小亮遭受意外伤害,保险公司将支付保险金5000元;如果王小亮因意外事故致残,保险公司将支付保险金50000元。投保人、保险人、被保险人分别是谁? (2)投保人与保险人的权利与义务通过什么来约定?订立保险合同应该遵循什么样的原则? (3)给予我的投资建议?	学生阅读课文,自由讨论,结合学案自主学习解决问题。 三号理财师"侃侃而谈",其他学生认真聆听。	学习商业保险的相关知识。 商业保险的特点难度较大,主要由老师归纳,指出商业保险"宁可不用,不可不备"!	

		教学过程			
教学环节	教师活动		学生活动	设计意图	备注
商业保险	归纳商业保险的投资特点,并非看重短期收益,而是看重风险的投资,规避风险的有效途径。 				
投资原则	提问学生为什么"不要把所有鸡蛋放在同一个篮子里"。 归纳投资理财原则: 第一,收益性——寻找投资与收益的最佳结合点。 第二,安全性——注意投资的多元化,有效分散风险。 第三,合理性——适合自己才是最好的。 第四,合法性——不得违背国家法律法规。			课堂巩固新知,归纳投资原则,为今后投资理财打下基础,也突出新课改"贴近生活,为生活服务"的原则。	
小结			看大屏幕。	对本节课知识点形成整体认识。	

教学过程				
教学环节	教师活动	学生活动	设计意图	备注
案例分析课后作业	解决幸福的"烦恼"。 我是中学教师兼班主任，妻子是国企会计，夫妻双方收入不高（双方月收入总和5000元左右）但比较稳定。夫妻工作均比较繁忙，但目前经济负担不重（无偿还房贷压力），正准备生育"宝宝"，妻子很想在未来几年买车。 运用所学的经济生活知识，请为我们手中的十万元资金设定合理的投资计划，并对其可行性加以论证。	当场思考课下书面作业。	课下书面拓展练习，培养学生解决实际问题的能力。	
情感升华	赠送礼物《富爸爸穷爸爸》一书。 鼓励同学们既要树立积极理性的"投资观念"，又要明确财富不是人生的唯一目的，回馈社会与弱势群体才能让我们手中的财富放射出更耀眼的光芒。 君子爱财，取之有道，实现财富梦想；仁者好施，用之有益，成就绚丽人生！	聆听思考。 集体朗诵。	引导学生树立正确的财富观，激发学生情感体验。	

教学过程				
教学环节	教师活动	学生活动	设计意图	备注
教学 预案 反思	教学的生活化是思想政治课的生命力所在,本节内容与学生生活实际密切联系,在教学中要引导学生在自主学习、合作探究中去关注生活、理解生活、参与生活,自主探索、领会有关经济投资活动中包含的经济学道理,学会独立分析,增强参与经济生活的能力。 　　一节好课,不仅要让学生知识上有收获,更要让学生情感上有升华。所以,本课教学中既要让学生初步领略投资的精彩与风险,又要让学生懂得我们的财富来自于这个伟大的时代,对社会对人民应有感恩回报之心,这才是教学的应有之义。			

　　注:王亮老师执教的《股票、债券和保险》一课获得2010年安徽省高中思想政治课优质课评选一等奖和全国高中思想政治课优质课评选特等奖。

《股票、债券和保险》教学实录

安徽省马鞍山市第二十二中学　王　亮

【课前准备】

课前播放音乐,熟悉学生,指导学生学习学案。

离预备铃2分钟时播放介绍安徽的宣传片(1分10秒)。

教师自我介绍:"天门中断楚江开,碧水东流至此回。两岸青山相对出,孤帆一片日边来。"尊敬的各位评委、各位老师、各位同学,大家好。我来自安徽省的马鞍山,从天门山脚下的宁静水乡,来到繁华的鼓浪屿海边,非常荣幸地和同学们相聚一堂。有人说,前世500年的相守,才换来今生的一次回眸。相知是情,相聚是缘,相信我们将一起度过难忘的40分钟。可以鼓掌了,亲爱的同学们!

【导入新课】

上课,同学们好,请坐下!

首先给大家带来一段视频(播放,35秒后停止),从今年9月20号开始我结束了单身贵族的生活,(展示下一画面)妻子带来十万元嫁妆,让我乐得合不拢嘴。可是"你不理财,财不理你",如何打理这笔钱又让我格外头疼,索性赋诗一首(点击遥控棒)《最近比较烦》:

手握现金整十万,存款实在不划算;物价上涨有预期,投资理财如何办?

这幸福的"烦恼"如何解决?(短暂停顿)可能有学生会说,你那十万元全部存入银行不就OK了。十万元全部存入银行一定是最好的选择吗?是的,储蓄存款是最常见的投资方式,安全便捷还有(停顿)——利息,表面上看,钱变多了,可是什么在上涨?(假设学生回答物价)对,物价在上涨。如果物价上涨的幅度远远超过存款利率,那么银行存款不就变成了负收益?因此,银行存款并非唯一的投资选择。还有哪些常见的投资产品?让我们一起进入新课的学习。(点击)股票、债券和商业保险。

【新课教学】

请同学们打开教材。

福建电视台经济频道有一档电视栏目在厦门的收视率非常高,叫《财富直通车》,同学们看过吗?今天《财富直通车》特别节目走进了我们的课堂——(此时站在讲台中央的位置)大家好,欢迎来到《财富直通车》之投资理财师的选拔现场。请允许我介绍选拔规则,每一教学环节结束,我将请出一位学生走上讲台,向我推荐该环节所学习的理财产品。推荐人必须回答我的提问,介绍该理财产品的相关知识和投资特点,并阐述推荐理由。(推荐人可以拨打求助电话,选择任意一名同学来帮你回答问题)表现合格的理财师将获得投资理财师资格证以及纪念品。(出示理财师资格证)当然,如果有同学"挑战理财师",指出理财师错误以及疏漏的地方,或者提出更好的投资建议,那么他同样可以得到纪念品。明白了吗,选拔赛开始,进入第一项投资产品——高风险高收益同在的股票!(点击)请同学们看大屏幕中的板书,结合学案,自主学习,可以相互交流讨论。(略停顿)学案中课文导读的部分,不需要填空,请同学们在课本上标出。

探究活动一:选拔投资理财师(股票)

好,时间到,鲁迅先生说过:第一位吃螃蟹的人最值得敬佩,他是勇士。当音乐响起的时候,我希望勇士们举起手来,我们将挑选一位走上讲台,(点击,音乐响起)勇士在哪里?(学生在掌声中走上讲台,音乐停)现在这个舞台属于您。您向我推荐什么?那我先要了解股票的基本知识,请问股票由谁发行?(股份有限公司)它为什么发行股票?(筹集资本)当我购买股票之后,我的身份是否发生变化?我有哪些权利?我更关心的是,我怎样通过股票盈利?购买股票一定会有股息和红利吗?我可以把股票退给您吗?在股市中流通买卖,这不就是我们常说的"炒股"嘛。(理财师答略)先请坐,我们一起来看一部影片,(播放视频《投资状》,影片快结束时,板书:4月26日——10.40元;7月2日——6.14元,10月12日——9.26元)影片虽然是虚构的,但它是对现实的反映。请看大屏幕,理财师我要继续向您请教,这是厦门金龙汽车股票的K线图,我们在K线图中看到三个日期及其对应的数字:(读一下)这代表着什么?也就是说如果我在4月26号投资10万元购买厦门金龙股票,却不幸的在7月2日卖出,那么10万元66天之后缩水成6万元;我的天呀,那我还是不要买股票了!

可是,如果我在7月2日买进10万元厦门金龙的股票,10月12日卖出,100

天的时间 10 万元就变成了整整 15 万！那么，股票存在怎样的特点？

（点击）股票的价格为什么不是固定的呢？（理财师答略）

股票的价格受到企业经营状况、供求关系、银行利率等诸多因素的影响，而这些因素普通投资者既不能决定甚至无法预见，因此股票的价格有很大的不确定性，是一种高收益高风险同在的投资方式。

您比我想象的更出色，掌声献给一号理财师。（给他佩带理财师证件，送给他纪念品）

股票固然高风险，当我们合理投资股票推动股票市场良性发展的时候，却意义非凡。（点击）对个人而言，（点击）增加了投资渠道，有利于增加居民财产性收入。对企业来说，拓宽了筹资渠道，有利于企业改革和发展。最后，从全社会的角度，提高了资金使用效率，推动市场经济健康发展。

所以，合理投资股票能够实现"双赢"！

（过渡）我也曾经和妻子商量过炒股，可妻子说我这颗脆弱的心承受不起股票的高风险，那么有没有相对安全一些的投资方式呢？

探究活动二：选拔投资理财师（债券）

（点击）进入第二项理财产品——稳健的投资债券。请同学们看板书并结合学案，自主学习两分钟的时间。（走下讲台，走近学生，单独对个别学生辅导）学案中"疑难解析"第一个表格中有三处空白，请同学们填写。

好，时间到。我手中的理财师证件和纪念品在呼唤着自己的主人。（点击，音乐响起，理财师走上讲台，掌声中和他握手）您的舞台你说了算！债券的发行者有哪三类？在我国，债券根据发行者的不同，主要分为哪些？债券发行者的目的是什么？购买债券我如何获得收益呢？三种债券中谁的风险最大？谁的收益率最高？谁的收益相对最低？谁的风险最小？为什么国债的风险最小？虽然三种债券中国债的收益最低，但国债的收益仍然超过哪一种投资方式？（理财师答略）（想想本节课最初我们谈到的最常见的投资方式）国债最安全，同时它的利率又超过银行储蓄，所以国债被称为"金边债券"。

非常感谢，掌声献给二号理财师。（给他佩戴证件，赠送礼品）

我们来一起归纳投资债券的优越性。债券比储蓄收益高，比股票风险小，可以流通转让上市交易，有较强的流通性，并且投资债券为国家、企业筹集资金，推动了我国经济的发展！

我们再来比较一下债券与股票在性质上的不同？股票是入股凭证，你购买股票即成为了该股份有限公司的股东,虽然很可能是微不足道的,但理论上你拥有了该公司一定的所有权,公司赢利,作为所有者之一的你当然分享收益,相反,公司经营不善,作为所有者必然承担损失,因此,股票的收益根本上取决于股份有限公司的经营状况。而债券的性质是债务证书,你购买债券就是你把资金借给了债券的发行者,中国有句古话"欠债还钱,天经地义",所以,债券有明确的还款期限,到期归还本金还有利息。当然,股票和债券都是有价证券,对于发行者是集资手段,对于投资者则是能够获得一定收益的金融资产,合理投资同样可以实现双赢!

探究活动三:选拔投资理财师(商业保险)

(过渡,音乐响起)记得一位哲人这样说过:我们常在无常中感慨生之渺小命之飘忽人间之变幻莫测,感慨鸿爪雪泥飘萍之末的屑小与短暂。在这千重感慨中,生命的无常如流星一般倏忽明灭。有时命运的阴霾似乎无法回避,但我们更应该为不幸未雨绸缪。

本节课的第三项理财产品是——保险,(大家一起说)(点击)准确地说是商业保险,保险有社会保险与商业保险之分,医疗保险、失业保险、养老保险,是以后我们会学习到的社会保险的组成部分,不同于今天学习的商业保险。(点击)请同学们看板书并结合学案,自主学习2分钟的时间。(好,时间到,如果之前两位理财师都是男性的话,我就说:理财师并非只有男性才能胜任哦)最后的机会仍然掌握在你自己的手中,(点击,音乐响起,和理财师握手,音乐停)你的地盘听你的!

商业保险其实我并不陌生,保险推销员曾经告诉过我:商业保险是投保人根据合同的约定,向保险人支付保险费,保险人根据合同约定承担给付保险金责任的行为。可我还是对这些概念感到模糊,我想就这样一个事例来向您请教。(点击)王小亮的父亲在太平人寿保险有限公司给王小亮购买了一份健康险,每年缴纳保险费60元。合同约定:王小亮遭受意外伤害,保险公司将支付保险金5000元;如果王小亮因意外事故致残,保险公司将支付保险金50000元。投保人、保险人、被保险人分别是谁?(理财师答略)如果王小亮的父亲是给自己买了一份健康险呢?(也就是说,投保人有可能也是被保险人,保险人始终是保险公司)谁去买在哪里买我清楚了,那么我可以买什么类型的保险?(点击)投保人和保险人双方的权利与义务通过什么来约定?(理财师答略)订立保险合同应该遵循什么样的原则? 您可以给我具体一点的建议吗,比如我结婚不久,

家里有了高档的家电、首饰;在不久的将来,家庭里会有新的小成员加入。(理财师答略)

好,非常感谢! 您在把家财险推销给我的同时,还预定了我未来宝宝的健康险,真是太有经济头脑了,掌声献给三号理财师!(佩戴证件,赠予礼物)

同学们有没有发现商业保险并非追求短期收益,通过购买商业保险,投保人把风险转移给保险人,因此商业保险是针对什么(风险)的投资,是规避风险的有效途径。其实我们并不一定想拿到保险金,但这份保险金却可能解你我燃眉之急,所以,商业保险"宁可不用,不可不备"。正如太平洋保险公司的广告词,"平时汇入一滴水,难时拥有太平洋"。

(过渡)在现实生活中还存在着基金、黄金、房地产等众多的投资产品,当我们进行家庭理财时,应该遵循怎样的原则呢?(短暂停顿)

探究活动四:分析投资的原则

我首先告诉大家1990年诺贝尔经济学奖获得者马科维茨关于投资的一句至理名言:不要把所有的鸡蛋放在同一个篮子里。(点击)为什么不能把所有鸡蛋放在同一篮子里? 家庭理财还应该考虑哪些原则? 我的10万元钱,干脆投资100项理财产品?(投资也应该注意回报,也不能把鸡蛋放在太多的篮子里)我有10万,有人有100万,有的人可能只有8000块,我们在投资的时候是否考虑要有原则呢?(学生来回答)好的,请坐,归纳得特别好。作为普通老百姓投资首先要考虑安全性,为了有效降低风险增强投资安全性,我们应当注意投资的多元化;(点击)投资同样必须重视收益性,努力寻找收益与风险的最佳结合点;(点击)每个人每个家庭的情况是不一样的,适合自己、合理投资才是最好的选择;(点击)最后,所有的投资都不能违背国家法律法规和社会核心价值。(点击)

【课堂小结】

本节课我们学习了股票、债券、商业保险三种理财产品以及各自的特点,探讨了投资理财应该遵循的原则,最后送给大家一句并不陌生的话:投资有风险,理财需谨慎。愿你我理性投资实现双赢!(激光笔指示)

我们不要光说不练,来帮我解决幸福的"烦恼"。(点击)同学们回去之后,把理财计划写在我们学案上,交给你们的政治老师,也欢迎发送至我的邮箱。

【情感升华】

在本节课即将结束的时候,我送给班级一份微薄的礼物。大家可以看到我手中的《富爸爸穷爸爸》,这本书在全球109个国家和地区发行,总销量突破3000万册,很多人因为阅读这本书改变了自己的金钱观,也改变了自己的命运,它告诉我们"平庸者为金钱工作,成功者让金钱为自己工作!"虽然同学们现在没有收入来源,也很难进行真正意义上的投资,但并不妨碍我们从现在开始树立积极而又理性的"投资观念";同时,我也想告诉同学们,社会有时就像一个金字塔,并非每一个人都身处顶端,也许我们不能成为富翁,但我们同样可以生活得快乐并且有价值、有尊严;如果明天的你成为了社会的精英阶层,请不要忘记还有许许多多需要你帮助的人,回馈社会与弱势群体,才能让你手中的财富放射出更耀眼的光芒!

最后让我们一起大声地朗诵下面的一副对联,请全体起立,一二三——

君子爱财,取之有道,实现财富梦想;

仁者好施,用之有益,成就绚丽人生!

感谢诸位的配合,同学们再见!再一次谢谢你们!

"诗意",让政治课如此美丽
——对《股票、债券和保险》优质课的评析

李 丽

苏霍姆林斯基曾说过,如果教师不想方设法让学生产生情绪高昂和智力振奋的内心状态,就急于传授知识,那么,这种知识只能使人产生冷漠的态度,而不动情感的脑力劳动就会带来疲劳。没有欢呼鼓舞的心情,学习几乎成为学生的负担。在2010年全国政治优质课大赛中,特等奖获得者安徽省马鞍山市第二十二中学王亮老师的一节课进一步印证了这一观点。下面我就三个方面谈谈自己的感受与思考。

一、构建诗意化课堂教学的导入艺术,为诗意的课堂提供良好的契入口

王老师执教的《股票、债券和保险》,导入新课大胆而新颖。伴随着音乐,王

老师播放了自己结婚的视频,视频中王老师为未婚妻配戴钻戒,透露出浓浓爱意。一分钟的视频之后,王老师向学生坦言:"从今年9月20号开始我结束了单身贵族的生活,妻子带来十万元嫁妆,让我乐得合不拢嘴。可是'你不理财,财不理你',如何打理这笔钱又让我格外头疼……"良好的开端是成功的一半,相对于有些枯燥的文字,音乐、视频是一种特殊的信息符号,对人的感知活动有调节和支配的作用,而婚礼仪式又让平日里似乎高高在上的老师变成了和学生一样的"凡夫俗子"。用这种方式引入新课,给学生留下了十分深刻的印象,架起一座沟通的桥梁,为之后教学的互动奠定了基础。在这一教学过程中,运用动听的音乐、优美的语言、精彩的视频,把学生带入诗画般的境界,不仅导入了本节课要所学的内容,而且也营造了良好的教学环境。在民主、愉悦的课堂气氛中,学生的学习热情空前高涨,参与课堂教学活动的积极性才会更高。

　　二、创新活动形式,教师的主导作用与学生的主体地位完美结合,让"诗意"绽放课堂

　　正式教学中的王老师化身为电视栏目《财富直通车》的主持人,课堂变成《财富直通车》理财师的选拔现场。这一活动旨让学生自主掌握关于储蓄、股票、债券、商业保险等相关知识,然后在此基础上向老师推荐自己的理财产品,以帮助"我"解决"幸福的烦恼"。

　　新课改"尊重学生人格,体现学生主体地位,使每位学生都获得发展"的理念在本节课得到了很好贯彻。王老师精心创设情境、巧妙布置活动,多方面调动学生参与课堂的积极性和主动性,使得整个课堂气氛融洽、愉快和谐。课堂作为新课改的主渠道,是学生全面、健康、和谐地可持续发展的平台,在这个平台上学生真正成为了活动的主角。下面是我摘录的一段课堂教学实录。

　　多媒体显示"财富直通车之投资理财师的选拔现场"的图片和理财师选拔规则。

　　"每一教学环节结束,我将请出一位学生走上讲台,向我推荐该环节所学习的理财产品。推荐人必须回答我的提问,介绍该理财产品的相关知识和投资特点,并阐述推荐理由。表现合格的理财师将获得投资理财师资格证以及纪念品。当然,如果有同学'挑战理财师',指出理财师错误以及疏漏的地方……进入第一项理财产品——高风险高收益同在的股票。……结合学案,自主学习两分钟,可以相互交流讨论。"王老师讲完要求后走下讲台,加入到学生的讨论中。

音乐响起,王老师在举手应聘理财师的学生中选择了一位,请他走上讲台。

王老师:你好!(与学生握手)

学生:你好!

王老师:你是?

学生:我是理财师。

王老师:那你向我推荐什么?

学生:股票。

王老师:你向我推荐股票,那我,首先要了解有关股票的基本知识,你可以告诉我吗?

学生:没问题。

王老师:股票由谁发行? 它为什么发行股票?

学生:股份有限公司,发行目的是为了筹集资金。

王老师:当我购买股票之后,我的身份有没有发生变化?

学生:有,您成为了股东。

王老师:那作为股东,我又享有哪些权利呢?

学生:您可以参加股东大会。

王老师:我更关心的是我怎样能通过购买股票获得收益?

学生:股票投资的收入包括两部分:一部分是股息,另一部分收入来源于股票价格上升带来的差价。

王老师:哦,两部分,那购买股票一定能得到股息吗?

学生:不一定,公司有盈利才能分配股息;另外股票价格要受到多方面因素的影响如公司经营状况、供求关系、银行利率、大众心理等等,有很大的不确定性,所有,股票固然是一种高收益的投资方式,但同时它的风险也是比较高的。

王老师:听了你的介绍,我有点购买股票的冲动。但是,如果购买之后我后悔了,我可以"退货"吗?

学生:对不起,不可以,您只能在股票市场上转让。

王老师:在股票市场上卖出或者买进股票,也就是"传说中"的"炒股",是吗?

……

应该说,这种视角独特、新颖的情境选择、设计及在课堂上的恰当运用,产生了良好的课堂教学效果,在学生踊跃参与扮演小小理财师的过程中,清晰了股票的相关知识,也增长了学生理财、投资的智慧。在教学过程中,充分体现"教师以学生为主体,学生是学习的主人,教师是学生学习的组织者、引导者和合作者"的教学理念。

在"应试教育"的课堂里,伴随着功利性的渗透,渐渐失去了往昔的轻松自由、灵动和诗意,取而代之的是严格、严厉、世俗。这是一种背离教育本质的现象。"应试教育"的课程观由于过分强调认知而忽视了情感、态度在学习中的功能,从而导致把丰富、生动的教学活动局限于狭窄单调的认知主义框框中,这种缺乏情感内涵、过于理性的教学,使学生普遍感到学习的枯燥、单调,丧失了学习的兴趣。因此要根据教学实际,通过引入或创设具体、生动、形象的情境或情景,对学习主体予以有效激发。只有让学生动起来,才能真正提高课堂教学效果。

托尔斯泰说:"成功的教学所需要的不是强制,而是激发学生的兴趣。"因此,教学过程的根本就是培养学生积极主动参与学习的意识,使他们学会学习,让他们在互动中获得一些直接体验,提高学习能力。作为政治教师要通过诗意化的设计与学生灵动的参与来打造出高效、优质、和谐的课堂,促使学生健康、全面、可持续的发展。本节课的成功正是因为努力凸显了以下原则。

1. 主体性原则。"学"为主体,学生是学习的主体,以学生生动活泼的发展为出发点和归宿,使学生真正成为学习的主人。

2. 问题化原则。将教学目标设计成一个个体现学科特点的,由浅入深,由易到难的问题系列,让学生在解决问题的过程中,获得知识、掌握方法、体验成功、享受快乐。

3. 生活化原则。在合作教学中,从学生身边的生活出发,如炒股、债券、保险在我们生活当中已经常见,有的学生的父母也参与各种投资,学生并不陌生。所以,要让他们通过学习,使学生自己了解生活、尊重生活、健康生活。

4. 人性化原则。"以人为本",以学生为本,做到一切为了学生,让所有学生都有机会参与,人人有进步,培养学生积极向上的健康心态。

三、精设诗意情境教学过程,构建诗意化教学结尾艺术

出彩的课题绝不是教师的"独舞",只有通过诗意的语言、真挚的情感、智慧的手法点燃学生的激情、激发学生的灵感,才能真正给予课题以"生命"。导入新课播放完"结婚视频",讲到幸福的烦恼时王老师"即席"赋诗一首,"手握现金整十万,存款实在不划算;物价上涨有预期,投资理财如何办?"

这首诗的巧妙运用,让学生意识到物价上涨可能导致存款负收益,因此就要思考如何才能让手中的钱保值增值,顺其自然过渡到本节课所学习的知识———投资理财。王老师根据教学内容的需要将自作诗句加以恰当运用,极大地促进了学生的新鲜感,激发了学生的好奇心,活跃了学生的学习气氛,大大提高了课堂实效。

《全日制普通高中思想政治新课程标准》指出:紧密联系社会生活和学生思想实际,帮助学生逐步形成正确的世界观、人生观和价值观。这要求我们广大政治教师在教学过程中要注重情感、态度、价值观教育,借助教学材料播散爱的种子、传播美好的情感、弘扬社会正气、塑造美好心灵、追求真善美的人生境界。所以,中学政治课要追求学科政治、人文政治、德育政治的有机统一,教师不仅要教政治,更要用政治教,这样才能追求知识与能力、价值观的统一。这节课的结尾,在"情感升华"的教学过程中,我认为王老师处理得相当成功。他赠送给授课班级一本关于投资理财很有名的书《富爸爸穷爸爸》,鼓励学生在未来创造财富追寻自我价值的同时,也要懂得感恩这个伟大的时代,财富并不是人生的唯一目的,在回馈社会、帮助弱势群体的过程中,才能真正实现自我的价值。最后,王老师请全体学生起立,一起(看着大屏幕)朗诵了本节课的结束语:

君子爱财,取之有道,实现财富梦想;

仁者好施,用之有益,成就绚丽人生。

王老师的这节课让我深刻地感受到政治课的教学不仅要让学生知识上有收获,能力得到提升、增强,更要让学生在情感上得到升华。凭借巧妙的课程设计,鲜明强烈的品格美感,有效地培养了学生道德品质和高尚人格。如何让政治课更有诗意,在完成教学任务的同时彰显人文精神,是摆在我们每一位高中政治教师面前永恒的课题。

《公平是社会稳定的"天平"》教学设计

安徽省马鞍山市第十九中学　桂中华

课　题	第九课　我们崇尚公平 第一框　公平是社会稳定的"天平"
教学 目标	【知识与能力】 　　正确认识公平问题以及公平与社会稳定和发展的关系,增强对社会稳定、个人发展需要公平的理解能力和对公平与不公平现象的独立判断能力。 【情感态度价值观】 　　努力培养合理真切的社会公平感和对待社会生活中不公平现象的理智感,努力做一个追求公平,有益于社会的人。 【过程与方法】 　　以案例分析和学生自主探究为课堂活动的主要环节,搜集和运用社会中发生的真实事例,在学生产生共鸣的基础上进而理解教学内容。
教学 重点	由于许多学生对公平及公平的重要性等问题缺乏理性的思考和清晰的认识,所以不利于树立公平意识。因此,确立本课教学重点是关于公平的情感态度和价值的引导,使学生懂得社会公平对于社会稳定和个体发展的重要性。
教学 难点	如何理解公平的相对性。
教法 学法	为帮助树立学生树立公平合作意识,准备采用以下教学方法。(1)情景教学法:通过创设情境,模拟电视访谈节目活跃课堂气氛,激发学生的学习兴趣,促进对知识的掌握。(2)直观演示法:结合视频、图片等手段讲解,激发学生的学习兴趣,帮助学生更好理解知识。(3)活动探

教法学法	究法:以学生为主体,组织学生进行讨论,使学生在学习中解决问题,并培养活动过程中的自学能力。 在指导学生学习和能力的培养方面引导学生掌握和运用以下学习方法。(1)参与学习法:在教学中尽可能多地创造参与机会让学生动起来,在快乐、和谐、富有成就感的教学激励中学会合作,学会学习,学会做人。(2)自主、合作、探究的学习方法:本课教学中将通过"问题—探究"教学途径,促使学生主动探究学习。

教学过程

教学环节	知识点位	教师活动	学生活动	设计意图	备注
课前准备		模拟电视访谈节目,教师以主持人的身份出现,并做自我介绍。	感受节目气氛,与教师互动。	激发兴趣,导入新课。	
导入新课		由英国媒体无端猜测叶诗文服用兴奋剂引出课题。 播放"英国著名学术刊物《自然》发布声明,就其网站刊载了一篇将中国游泳运动员叶诗文和兴奋剂联系在一起的文章道歉"的视频资料。 提问:你如何看待这一事件? 引出将要探讨的主题——公平。	思考并回答提出的问题。	激发兴趣,导入新课,初步感知,开始思考。	

教学过程					
教学环节	知识点位	教师活动	学生活动	设计意图	备注
探究活动一	（一）众说纷纭话"公平"。 1. 对公平的不同理解。	探究活动一：众说公平。 引入本期节目的话题：公平是社会稳定的天平。 主持人提问：你是怎么理解公平的？（学生用简洁的语言表达对公平的理解） 主持人将学生的回答往以下几个方面引导，并现场在大屏幕上呈现： 遵守规则，机会均等，关注弱势，获得应得的利益，承担应尽的责任，不能偏心……	学生思考、讨论。 回答。	让学生通过讨论，在合作学习中明确观点。	

教学过程					
教学环节	知识点位	教师活动	学生活动	设计意图	备注
探究活动一		主持人总结:同学们说得非常好! 公平其实就是处理事情要合情合理,不偏袒哪一方,不偏袒某个人,即参与社会合作的每个人承担他应分担的责任,得到他应得的利益。			
探究活动二	2.人们心目中的公平。	探究活动二:理解公平。 情境模拟:现场连线王女士和她的儿子。 主持人提问:为什么王女士和她的儿子互相觉得不公平? 学生会逐渐感悟到:站在不同的角度体验到的公平是有差异的。王女士认为自己为儿子呕心沥血,只有儿子听话才是公平的。而儿子认为自己要有自己的生活,过多的要求对他也是不公平。通过师生之	现场打热线电话。 学生聆听、思考、回答。	通过对比感悟,突破难点。	

23

教学过程					
教学环节	知识点位	教师活动	学生活动	设计意图	备注
探究活动二		间、生生之间的开放式对话,学生们深刻感悟到:公平是一个相比较而言的概念。在日常生活中,我们每个人都会自觉或不自觉地把自己的付出与所得同他人进行比较,结果就会产生公平或不公平的感觉。 从而得出结论:公平是在比较中产生的,公平是相对的。			
探究活动三	(二)社会稳定和发展需要公平。 1. 社会稳定需要公平。 2. 社会发展需要公平。	探究活动三:感悟公平。 议一议:说一说你遭遇过的不平事,以及你当时的感受。 有不公平就会产生冤枉、愤怒、忧虑、无奈甚至绝望的不良心理反应,如果在学校里,你可以找心理老师进行心理疏导。 这一环节的创设进一步帮助理解失去公平严重的后果:	观察、思考、回答。	选取热点话题,开发课程资源,提高学生课堂参与度。	

教学过程					
教学环节	知识点位	教师活动	学生活动	设计意图	备注
探究 活动三		（1）受到不公平对待，会产生不公平感觉，就会觉得冤枉、气愤，甚至导致报复行为的发生。 （2）人与人之间信任感降低，导致彼此关系恶化。 （3）会对经济发展产生不利影响，甚至会由此带来一系列社会问题，影响社会的长治久安。 得出结论：失去公平后果严重，社会稳定需要公平。 主持人：反之，如果产生公平的感觉，人们就会有幸福感。 观看视频："免费午餐计划"保障贫困落后农村地区中小学生的午餐问题。 国家实施农村学生营养改善计划，在一定程度上改变了农村学	认知、感悟、升华。	由学生感兴趣的话题拓展到社会，由具体到抽象，水到渠成得出结论。	

教学过程					
教学环节	知识点位	教师活动	学生活动	设计意图	备注
探究活动三		生营养匮乏、发育迟缓等状况,这是近几年国家出台的惠民政策之一。大家还知道近几年我们国家还出台了哪些惠民政策? 有了公平,社会才能为人的发展提供平等的权利和机会,每个社会成员的生存和发展才有保障;我们才可能通过诚实劳动,得到自己应得的东西,满足自己的合理期望,从而充分调动自身的积极性;整个社会才能人人各司其职、各尽其所,共同推动社会持续发展。 得出结论:社会发展需要公平。 在这期节目中,大家都说了公平,用我们的智慧理解了公平,用我们的心灵感悟了公平,这都反映了大家对公平的期望。			

教学过程					
教学环节	知识点位	教师活动	学生活动	设计意图	备注
探究活动三		我们一定要崇尚公平,要维护公平。下面进入本期节目的最后一个环节:呼唤公平。		让学生感受、消化知识。	
探究活动四		探究活动四:呼唤公平。 引用一段微博的内容: 我是一名市郊中学的教师,家住市区,每天往返36千米去工作,十分不便,可是待遇还不及市区教师,真是不公平!学校优质生源流失严重,初一新生入学考试成绩全市排名倒数第一,教师再怎么努力,学生的成绩依然没有起色,真是不公平!我们今年初一只招收了30多名学生,学校都不知道怎么办下去,而市区学校却因为学生太多教室不够而发愁,真是不公平!	再一次感悟我们的社会是公平的,但公平是相对的。	为下一节课知识的延伸做好铺垫。	

教学过程					
教学环节	知识点位	教师活动	学生活动	设计意图	备注
探究 活动四		我们本期节目的主要任务就是帮助这位网友解开心结。 　　观看感动中国十大人物——胡忠和他的妻子谢晓君的事迹。 　　提问:结合胡忠的事例向那位网友提出自己的建议。 　　最后主持人点出,其实那位网友就是他自己。有些看似不公平的事正是自己不成熟的观念与言行造成的。在生活中,无论工作还是学习,都应踏实勤奋,都不应有浮躁心理。 　　主持人和学生一起朗诵诗歌。 　　诗歌:《即使命运对你不公平》。			

教学过程					
教学环节	知识点位	教师活动	学生活动	设计意图	备注
探究 活动四		即使命运对你不公平 也别让泪水填满眼睛 只要视野清澈 世界就会始终光明 即使命运对你不公平 也别让风尘覆盖心灵 只要憧憬美好 生命就会永远年轻 沙漠不公 依然有绿洲的涌动 霜雪不公 遮不住梅花的笑容 你仍然可以爱 哪怕爱得很痛很痛 你仍然可以笑 哪怕笑得不够轻松 但你一定别恨 莫让天空布满云层 这样,就算黑夜来临 也会有满天的星星。			
小结		教师总结,结束 本期节目。			

教学过程					
教学环节	知识点位	教师活动	学生活动	设计意图	备注
板书设计				构建知识网络。	
课时作业		自主探究。 上个月,我的自行车在校内车棚里被偷了。那是一辆名牌跑车,我到派出所报案,警察做了笔录,一个月过去了也没找回车。报告政教处老师,她批评我为什么要骑那么好的车。回到家,爸爸又打了我一顿。我气不过,天天想着跑车的事,后来去偷别人的车却被值勤教师抓获。学校在校会上给予我警告处分,我觉得很丢人,不愿意再到学校去了。请问这样对我公平吗?		巩固消化所学知识。	
课时反思		本课最大的特点就是创新式地将课堂与电视节目结合起来,很好地创设了课堂情境,让学生身临其境,激发学生的兴趣点,产生共鸣,引发思考。 在本课的设计上虽有特色但不能流于形式,形式大于内容会有"花哨""做作"之嫌。所以,老师要把控好课堂,充分发挥学生的主体作用,所有环节的设计都必须从学生的角度出发。		反思教学,提升自我。	

注:桂中华老师执教的《公平是社会稳定的"天平"》一课获得2012年安徽省思想政治课优质课评选一等奖、全国中学思想品德课优质课评选一等奖和教学创新奖。

《公平是社会稳定的"天平"》教学实录

安徽省马鞍山市第十九中学　桂中华

模拟电视节目片头,并播放(幻灯片一"欢快的开场音乐")

教师以主持人的身份登台,尽力用肢体动作调动学生的情绪。

师:欢迎来到大型人生访谈节目《阿桂说事》,我是主持人阿桂。首先要感谢……对我们节目的大力支持和赞助。今天来到我们节目现场的是……的同学们,欢迎你们。

环节一　自我介绍

师:同学们是第一次参加我们的节目,可能对我们还不是很了解。先做一下自我介绍(播放视频二"自我介绍")好男人就是我,我不是曾小贤,我是阿桂,是本节目的主持人。我们节目要求现场观众充分互动,参与提问与讨论,每期节目我们都会探讨一个话题。每位同学手里都拿到了一份资料,我们今天的话题就源自其中。那今天主题到底是什么呢?我们先来看一段视频。

环节二　导入新课

(播放视频三《叶诗文遭质疑事件》)

这是发生在伦敦奥运会游泳赛场上的一幕。我想问问大家,如果,我是说如果服用兴奋剂是一种什么行为?而叶诗文明明没有服用兴奋剂却无端地遭到外媒的质疑,对此事你有什么看法?

学生回答。(答略)

从大家的回答可以看出,你们都希望比赛的过程是公平的,更期待比赛的结果是公平的。那究竟什么是公平呢?这就是本期节目要探讨的话题——公平是社会稳定的"天平"。

(呈现幻灯片四《本次节目的主题——公平是社会稳定的"天平"》)

环节三　众说公平

说到公平,大家都把它形容成"天平",对此你是怎么理解的呢?大家可以前后左右讨论一下。

(呈现幻灯片五《你心目中的公平是什么?》)板书:公平。

学生讨论完,让学生回答。(答略)

(呈现幻灯片六《对公平的不同理解》)

主持人将学生的回答往以下几个方面引导,并现场在大屏幕上呈现:

遵守规则,机会均等,关注弱势,获得应得的利益,承担应尽的责任,不能偏心……

大家说得很好,我把你们所说的归纳一下,(呈现幻灯片七《公平的含义》)我们认为的公平其实就是处理事情要合情合理,不偏袒哪一方,不偏袒某个人,即参与社会合作的每个人承担他应分担的责任,得到他应得的利益。

环节四 理解公平

就在刚刚大家讨论的时候,有一位场外的热心观众王女士打进热线电话,想谈一谈她最近遭遇过的不公平事,并要求我们节目组帮助她解决,我们一起来听一听。

(播放视频八"与王女士的现场连线")

王:喂,是主持人吗?

桂:对,我是阿桂。

王:我想您帮我跟我的二儿子沟通一下。

桂:是您二儿子?

王:对,我三天时间里给我二儿子打了100多个电话,他就是不接,我根本联系不到他。

桂:哦,那你们之间出现了什么问题?

王:我有两个孩子……打电话给二儿子他就是不接……

桂:王女士,您别激动。

王:……命运对我们真是太不公平了。

桂:好的,我们一会联系您的二儿子,感谢参与我们的节目,再见。

(呈现幻灯片九"节目背景")

看来是家庭矛盾,就在我们刚才连线王女士的时候,我们的工作人员已经开始联系王女士的二儿子,我们一起听一听他不接母亲电话的原因是什么。

好的,电话现在已经通了……

(播放视频十"与王女士二儿子的现场连线")

儿:喂!

桂:你好,我是阿桂说事的主持人阿桂,前面我们的工作人员已经联系过你了,主要是想让你说说,你为什么要躲避你的母亲呢?

儿:就这么点事……平平淡淡过一辈子。

桂:不管怎么说,她都是你的母亲,我还是希望你能心平气和地把你的想法和她交流一下,逃避总不是办法。谢谢你参与我们的节目,再见。

(呈现幻灯片十一"节目背景")

大家已经听明白了,为什么王女士和她的二儿子都觉得不公平呢?

(学生答略)

很好,我们发现王女士认为自己为儿子呕心沥血,只有儿子听话才是公平的。而儿子认为自己要有自己的生活,过多的要求对他也是不公平。公平是一个相比较而言的概念。在日常生活中,我们每个人都会自觉或不自觉地把自己的付出与所得同他人进行比较,结果就会产生公平或不公平的感觉。

(呈现幻灯片十二"公平是如何产生的")

所以,公平是在比较中产生的,公平是相对的,没有绝对的公平。(板书:公平是相对的)

刚才场外工作人员告诉我,王女士的二儿子已经答应和母亲见面了,我们真心地希望双方都能站在对方的立场思考一下问题,母子和好如初。

环节五　感悟公平

不公平感对王女士的家庭造成了很大的影响。那我想问一下现场的同学,把你们遭遇过的或者见过的、听过的不平事以及你当时的感受说给大家听听。

(呈现幻灯片十三"你的不平事")

(答略,注意在感受方面的引导)

有不公平就会产生冤枉、愤怒、忧虑、无奈甚至绝望的不良心理反应,如果在学校里,你们可以找心理咨询师进行心理疏导。

面对不公平产生的这些不良的心理反应,还可能让人做出不理智的行为。

(呈现幻灯片十五"失去公平的严重后果")

受到不公平对待,会产生不公平感觉,就会感到冤枉、气愤,甚至恶化为报复行为。人与人之间信任感降低,导致彼此关系紧张。这会对经济发展产生不利影响,甚至会由此带来一系列社会问题,影响社会的长治久安。所以社会稳定必须要公平。

反之,如果我们一直受到公平的待遇,你自然会觉得生活很美好,社会很和谐,自己很幸福。不信,我们来看看下面这段视频:

（播放视频十六"广西柳州农村中小学免费午餐的新闻"）

看到孩子们那发自内心的笑容了吗？国家专项拨款解决农村中小学生的午餐问题，这是近几年国家出台的惠民政策之一。大家还知道近几年我们国家还出台了哪些惠民政策？（答略）

（呈现幻灯片十七"社会发展需要公平"）

很好，正是这些政策维护着公平，让老百姓感受着公平，每个社会成员的生存和发展才有保障；我们才可能通过诚实劳动，得到自己应得的东西，满足自己的合理期望，从而充分调动自身的积极性；整个社会才能人人各司其职、各尽其所，共同推动社会持续发展。所以，公平对个人和社会的发展都很重要。

在这期节目中，我们一起述说了公平，用我们的智慧理解了公平，用我们的心灵感悟了公平，这都体现了大家对公平的呼唤。

那么接下来就进入到本期节目的最后一个环节——"呼唤公平"。这个环节中我们要完成一个终极任务。

环节六　呼唤公平

有一个网友叫一镜湖水，他前些天在他的微博上发布了这样一则消息，我们来看看。

（呈现幻灯片十八"某教师的微博"）

我们可以看出这位网友是一所农村学校的教师，他反映的问题包括教育不公平的问题。不公平会带来不良的情感，如果这位教师带着这种情绪进入课堂，那是对谁的不公平？（对他的学生）所以，我们今天的任务就是要帮助他解开心结。说到农村教师，我想到一个故事，我们一起来看看另一位农村教师是怎么面对不公平的。

（播放视频十九"感动中国十大人物胡忠、谢晓君夫妇的故事"）

（放完后切换至幻灯片二十《胡忠的颁奖词》，并配上雪域高原的空灵背景音乐）

这是2011年感动中国十大人物胡忠夫妇的故事，大屏幕上是我们对他的评价。现在大家将你们手上的资料翻到最后一页，结合这一故事，将你们最想对前面那位网友所说的话写在纸上。记住，你们的劝慰，你们的激励会解开他的心结吗？

大家都写了很多，我想请几位同学说说你们都是怎么写的？

好的，大家把你们所写的从后往前传上来，我向你们保证，那位网友一定会看到你们所写的,而且他也能听到你们所说的,因为他就在我们节目现场。其实那个人,就是我。

我所在的马鞍山市十九中坐落在离市区18千米的市郊,全校学生加在一起也只有120多人。和胡忠一样,我在那儿一待就是12年。记得12年前和我一起分配到十九中的有6位教师,如今有出国的,有进入教育局的,有调入市区学校的,只有我留了下来。不是因为我很伟大,而是因为我很平凡,平凡得像我这样的教师市区学校多得是,而那里却是最需要我的地方。12年来,我欣喜地看到国家对薄弱学校的高度关注,欣慰地看到许多像你们一样给我鼓励和支持的人,我想我一定会坚持下去。前不久,我被授予马鞍山市花山区十大师德标兵称号,我很珍惜这个荣誉。未来还有很多困难,但看看走过的路,想想你们写给我的话,我一定会充满力量,哪怕学校还剩下最后一个教师,那绝对是我。

最后我想送给大家一首诗,让我们一起去面对未来道路上的种种不公平吧。

(呈现幻灯片二十一"诗歌朗诵")

……

我们一起大声的把他朗读出来好吗?

……

(播放幻灯片二十二模拟电视节目片尾,并播放欢快的散场音乐)

本期节目到这里就要结束了,你们的资料上还有一位网友叙述了他的心事,如果你有什么好的建议,回去后把你们的建议发送至大屏幕下方出现的栏目组邮箱地址。

今天的节目就到这里,再一次感谢全体同学们,我们下期节目再见。

问渠那得清如许:一节优质课是怎样磨成的
——《公平是社会稳定的"天平"》课例研究报告

沈申福

桂中华老师作为代表安徽省唯一的选手参加2012年全国思想品德优质课大赛,获得了一等奖和教学创新奖,在当年引起了不小的轰动。这节课是如何一步步从雏形到完善再到成熟的,其过程的艰辛只有他自己知道。下面结合他的准备过程,从三个方面探讨一节优质课是如何打磨出来的,与同行分享。

一、前期准备

1.选题。

桂老师通过精挑细选,确定了本课题。因为三个年级的课题各有特色,初一知识点少,但学生情绪最高涨,最容易调动;初三理论性强,但教材他最熟悉,手头上的资料也最丰富;初二介于两者之间。结合比赛时间是在9月底,桂老师决定从初二教材中选择课题。因为9月份初一的学生刚入学,才组建成新的班集体,仍然处在适应期,班级风格尚未完全定型,不确定的因素较多。而初三的知识有连贯性,理论性较强的课题,如党的基本路线、基本经济制度等对于刚刚升入初三的学生来说理解难度较大,除此以外,可选择的范围相对较小。经过反复考虑,最终选择了初二下册的《公平是社会稳定的"天平"》一课。选择此课的理由是:(1)该课是初二相对"难上"的一节课,与其他选手重复的概率较小。果然,从省里到全国,没有和一个选手"撞车"。(2)该课他也曾经上过公开课,有许多现成的资料,准备的基础较好。(3)这节课的主题内容也比较有利于促进学生情感升华。

2.构思。

(1)明确教学目标。

无论用什么样的教学手段,其目的都是为了实现教学目标。所以,在教学设计之前首先要熟悉、牢记新课程标准中关于本课知识点的要求,看看教学参考资料对本课的教学建议,这样才能做到有的放矢,不会让课堂教学流于形式。

(2)寻找自身优势。

既然是参加比赛,那么就要在比赛中充分展现自己的优势,或者说展现自己与众不同的特点。在高水平的赛课中,有些优势是可以忽略的,比方说普通话、亲和力等等,因为大部分参赛选手都具备这些条件。桂老师需要找到自身独特的东西,经过总结,有如下几方面。

——较强的演讲能力,擅长用富有感染力的语言打动听众。因为爱好演讲,他曾参加过多次演讲比赛,在市、省、全国都获过奖。

——丰富的舞台经验。因为爱好文艺,以前在学生时代就是文艺骨干,经常参加各类演出,做过编剧、导演、演员、主持人,自编自导自演的小品曾在安徽省大学生艺术节获过奖。

——来自农村薄弱中学。这听起来不算是个优势,但在绝大多数参赛选手来自市区学校甚至重点中学时,这反而成了一个亮点。选择公平这个课题也有其中的原因,农村执教的经历会让他对教育公平问题更加有感触。

——较强的课件制作能力。因为爱好PPT课件制作,PPT的使用技巧较为纯熟,所以他可以把自己的想法通过课件来实现,自己可以解决一些技术上的难关,从而省略了很多环节。如模拟电视访谈节目的开头就完全通过PPT的来实现的。

(3)多方收集资源。

在信息化时代,网络是迅捷的收集资源的平台。收集的资源首先应是教学设计、课件。当然,他人的教学设计和课件只是帮助找寻灵感的,要从中寻找值得借鉴的地方。除此以外,桂老师还收集此课的说课稿、评课记录、教学反思,从中更容易看出他人在讲授此课时的亮点以及容易犯的错误。另外,课件所需的视频、背景音乐、图片也要收集备用。

(4)设计教学环节。

这是上课之前的关键环节。虽然参考了大量的教学设计,但各种教学形式大同小异,无论是分组讨论还是小品演示,对于评委和听课教师而言无法让他们眼前一亮,于是桂老师通过不断地听课找寻灵感。在听当涂太白中学胡振平老师一节课时,授课中有一个模拟节目《人生访谈》的环节,给了他很大的启发,决定借鉴。后来更是大胆的设想,将整节课模拟成电视访谈节目,授课教师转换身份,以主持人的身份与学生交流,相信一定会激发学生的兴趣,对于评委来说也一定没见过这种形式。不过每一次创新都是要面临巨大困难的。

首先,是主持人的风格化问题。

访谈类节目的主持人向来是以风趣、睿智、善言而著称,虽然桂老师在学生时代也主持过晚会,但现场调动和应变的能力还是不足的。所以,为了更加贴近主持人的风格,他开始大量的观看《鲁豫有约》《向幸福出发》《非常6+1》《非诚勿扰》等栏目的节目,归纳主持人的语言特点、台风特点。

其次,是情境模拟的真实性问题。

访谈类节目要有访有谈,如果在经历了开场的高潮之后,整节课又回到教师来提问学生解答的形式,难免会降低学生开场的新鲜感,落入俗套,换汤不换药。于是他编写了一个王女士打进现场热线电话以及现场连线王女士儿子的小剧本。自己分别扮演王女士、主持人和王女士二儿子三个人的角色进行对话,并录制对话声音,再用音频编辑软件将模拟王女士的声音变调处理,使之接近女声,再将模拟王女士儿子的声音变得粗犷一些,消除主持人的对话声音,由他在课堂现场进行对话。这样的模拟一下子使节目现场的真实感增强,接下来就是要反复地练习,跟上对话的节奏。

最后,是教学目标的实现性问题。

前面说过,教学形式只是手段,目的是为了实现教学目标。对于此课,通过学生讨论、现场连线等环节可以解决知识点的传授问题,但是作为思想品德课,最关键的是要看情感怎么升华。这时,桂老师的农村中学从教经历成为了优势,通过真实的图片,向学生展现了城乡教育差距问题,并用演讲式的动情语言向学生表白了和他一样许许多多农村教师维护教育公平的决心。因为真实所以有感情,因为有感情所以有共鸣,因为有共鸣才能震撼心灵。事实上,最后这个教学环节基本成形后,在以后的数次磨课中是改动最小也是比赛最出彩的部分。

(5)细心制作课件。

制作课件部分不多赘述,注意现在网络上的视频基本上是flv格式,但flv格式无法直接插入PPT,必须要转化为wmv格式。

二、精心磨课

磨课是一个集中集体智慧在上课前的反复推敲试讲过程,一个"磨"字道出了一节成功优质课的艰辛和不易。

1.磨什么。

(1)磨学生。

磨学生其实就是研究学生,要了解初二学生的年龄特征、心理特征,要面向全体,注意分层。因为全国大赛不知道即将面对什么样的学生,所以要在不同的学校试讲,尝试不同类型的学生以验证设计的教学手段、教学环节是否可以适用于不同类型的学生,是否符合初二学生的认知规律。找出不同学生的共性,寻找出现的问题,课后才能有针对性地分析问题,商量对策。

(2)磨细节。

一节参赛课应该是一件作品。作为作品,更应在细节中精雕细琢。细节应该包括导语、过渡语、总结语、教学环节实施中的细节、板书等等。可以说,老师在赛课上说的每一句话都不应该是废话,都要有目的性。这里我们就要利用集体的力量来进行"打磨",征询每一个听课教师的意见。

(3)磨预设。

预设决定生成。根据教学目标,我们要不断地思考两个问题:"我们在上课时,想要把学生带到哪里,看到什么样的风景?""我们怎么样把学生带到那里?(方法和过程)"所以,要预设问题、预设问题的载体、预设学生的生成。如果问题的载体只能牵强地引出问题,要改变;问题无法达到预设的生成,要改变。

(4)磨教案。

作为一件作品,教案也需要精心打磨,体现在教案的字体、格式、排版上要美观、大方,对于每一个字都要认真地校对。

三、总结经验

1.首先,要认真研究好赛课的要求和评价标准。

教师参加赛课的所有准备工作一定要按照其要求和赛课的评价标准来进行,这就要求教师全面、深入、认真、细致地对其进行研读,并在实际的操作中认真地实践、体会和反思,以达到深透的理解和运用的程度。

2.要善于扬长避短。

在准备课的时候,教师一定要明了自己在教学中的长处是什么,劣势是什么。然后就要结合学科、教学内容以及课型等的特点,来研究如何扬长避短。要充分利用自己的能力资源并转化在课堂教学中,并能得到充分发挥和展示。

3.要增强日常教学中的赛课意识。

在教学中运用的新的教学方式、方法、手段要在日常教学实践中反复运用,不断加以强化,达到运用自如的程度。赛课往往对教学方式、方法和教学手段等要有一些新的要求,要想在教学中进行科学地操作,达到实用、有效和运用自如的程度,就必须要在日常教学中反复实践并总结经验。所以,在参加赛课前实践的次数越多,教师就越能够熟练地掌握新的教学技术,教学效果自然也就会越好。千万不要冷手抓热馒头,一定要趁热打铁。

4.要防止教学内容过多过难、教学流程过繁和流于形式。

内容多,课的容量过大,要完成课堂教学的任务就必须要加快教学速度,而教学速度过快就会使大多数学生跟不上,这就会导致出现两种情况:一种情况是教师以讲为主,另一种情况是只有少数尖子生的学习能够与过快的教学速度同步。教学内容过难,课堂上就会耗费更多的时间,但由于教学内容所限又不允许学生用更多的时间通过自学、讨论、练习来消化、理解和掌握知识,这也同样会导致上述两种情况的出现。大概是想把自己光鲜的一面展示得更充分,或者是在竞赛中取得优异成绩的心情太迫切的原因,有相当比例的参赛课的流程过于繁琐和花哨,表面上轰轰烈烈、热热闹闹,各种形式走马灯似地让人目不暇接,实际的教学效果并不佳,这种形式主义实在是要不得。

5.参赛课一定要有特色和突破。

所谓特色就是参赛课要具有其独特的风格,要有鲜明的特点,有突出的个性。千人一面的课一定是平庸的课,而平庸的课是不能取得好成绩的。就拿教学语言来说,有的教师教学语言简洁明了,有的生动形象感人,有的风趣幽默,有的严谨逻辑性强;就教学方式方法来讲,有的教师机动灵活,有的长于调动学生参与到教学活动中来与师生互动、生生互动,有的善于让学生开展小组合作学习、研究性学习;有的教师的教学声情并茂,以情动人,有的教师擅长激励学生等等。总之,独特、鲜明、个性突出的课容易在众多的参赛课中脱颖而出,甚至能够"鹤立鸡群"拔得头筹。

6.多方面考虑赛场的细节。

影响比赛的因素有很多,最重要的课的设计,但也有很多细节值得关注。比如,服装问题。休闲装和韩版装尽量不穿,因为这种衣服看上去太随便不端庄;花俏衣服尽量不穿,因为这种衣服会使整个人看上去没有品位;短裤短裙不能穿,这类衣服上课不适合。男士上竞赛课是很占优势的,因为这样的比赛,女老师占多,如果男老师素质高加上帅气的打扮,分数会高一些。再比如课前与学生的沟通细节,当学生进入视听课教室坐定后,看到听课老师很多难免有紧张情绪,如何使学生放松,迅速进入角色就显得非常重要。教师可以利用课前几分钟与学生进行沟通。通过课前的沟通可以使学生放松下来,也可以亲近学生,拉近与学生的距离,这里就需要教师有亲切的神态和幽默的语言。

《政府的责任：对人民负责》教学设计

安徽省马鞍山市红星中学 马丽娜

课 题	第三课 我国政府是人民的政府 第二框 政府的责任：对人民负责
教学 目标	【知识与能力】 理解我国政府的宗旨；明确我国政府坚持对人民负责原则的基本要求；掌握公民依法求助或投诉的具体途径；列举生活中接触到的事例，探究政府为人民服务的宗旨及对人民负责的基本原则。 提高自主学习、合作学习和探究学习的能力。 【过程与方法】 以案例分析和学生自主探究为课堂活动的主要环节，在此过程中培养学生学会用辨证的思维来评价政府的工作，初步把握归纳与演绎、透过现象看本质等分析问题的方法。 【情感态度价值观】 通过对我国政府责任相关知识的学习，使学生进一步增强对我国的政府是人民的政府的认同，升华相信政府、支持政府的思想觉悟；引导学生关注我国政府的表现，积极寻求政府的帮助，参与评价政府，培养现代公民意识；培养学生乐于学习、善于团结与合作的进取精神。
教学 重点	坚持对人民负责的原则。
教学 难点	政府的工作态度、工作作风、工作方法。
教法 学法	采用探究式教学法、情景教学法、比较分析法等教学方法。 创造条件引导学生自主合作探究，充分发挥学生的主体作用。

教学过程					
教学环节	知识点位	教师活动	学生活动	设计意图	备注
课前准备		播放视频《马鞍山印象》。 教师和学生交流。	观看视频,与教师互动。	拉近师生距离,建立和谐师生关系。	
导入新课		由一组照片引出课题。 政府的责任:对人民负责。 师:这是我在珠海记录下来的美好画面,你发现它们有什么共同点吗?我把这组照片取名为《幸福的珠海人》。同学们,请大声地告诉我,作为珠海人你觉得幸福吗?是谁为我们带来了幸福的生活呢?这个幸福离不开勤劳的珠海人,离不开你、我、他,离不开我们的政府。我国政府是人民的政府,政府的责任是对人民负责。(出示课题)	在营造的课堂氛围中感受政府的施政理念。 思考并回答问题。	激发兴趣,导入新课,初步感知。	

教学过程					
教学环节	知识点位	教师活动	学生活动	设计意图	备注
探究活动	（一）坚持对人民负责的原则。 1. 政府的宗旨和政府工作的基本原则。 2. 政府坚持对人民负责的原则的要求。	探究活动一:感受人民公仆。 　播放视频《总理抗震全记录》。 　师提问:同学们,请告诉我,看完视频,你有什么感受？总理最关心的是什么？ 　今天,我想给大家介绍两位好干部,让我们来认识一下他们。(播放关于雷于蓝、张宁海的视频)	观看视频、思考、讨论。 聆听、朗读。	选择典型案例,让学生感知、体会,在情境中体验,明确观点。 把握重点,突破难点。	

43

教学过程					
教学环节	知识点位	教师活动	学生活动	设计意图	备注
探究活动	(1)树立求真务实的工作作风。	师总结:我们可以这样理解政府的责任。(课件展示知识点) 政府的宗旨是什么? 政府的工作原则是什么? 为什么我国政府的责任是这样的? 我国是人民民主专政的社会主义国家,人民是国家的主人,这就决定了我国政府的责任是对人民负责。(出示板书) 探究活动二:连线身边政府。 ★新闻观察 播放《政府为老百姓做实在的事》视频。 师提问:请你来评一评他们的工作做得怎么样?请同桌之间相互交流一下。	观看视频,交流看法。 观察图片,思考交流看法。 讨论、发表观点。	感悟政府工作态度。 感悟政府工作作风。 感悟政府工作方法。	

教学过程					
教学环节	知识点位	教师活动	学生活动	设计意图	备注
探究活动	（2）坚持从群众中来到群众中去的工作方法。	★"形象工程"我来评 出示图片"形象工程"我来评视频。 师:有人说,政府办公大楼代表着地方形象,建造豪华办公大楼,有利于为发展地方经济做宣传,可以拉动地方经济的发展,有何不可呢? 你同意这样的说法吗? 现在就让我们来评一评这个"形象工程"。请同学们先相互交流看法,然后推荐代表到台上点评这个工程。 ★ 评价政府决策的流程 出示珠海市政府政策形成流程图,见视频。	观察、思考、回答。 以四人为一小组来共同讨论研究。		

教学过程					
教学环节	知识点位	教师活动	学生活动	设计意图	备注
探究活动	（2）坚持从群众中来到群众中去的工作方法。	师:通过分析珠海市政府政策形成的流程图,你能说说珠海市政府的决策是如何形成的吗? 师总结:(第一部分总结课件展示)通过以上学习我们可以看到,政府要做到对人民负责,就要坚持什么工作态度、树立怎样的工作作风、坚持什么样的工作方法呢?权力有边界,服务无止境。为了维护群众的利益,满足群众的要求,政府还为我们提供了多种求助和投诉的途径。			

教学过程					
教学环节	知识点位	教师活动	学生活动	设计意图	备注
探究活动	（二）求助有门，投诉有道。	探究活动三:寻找求助和投诉的"门道"。 师:在复杂的社会生活中,我们每个人都难免遇到困难,自己的合法权益也可能会受到侵害,这时你会去找谁? 师:是的,我们可以找单位、消协等社会团体,还有政府。政府是与我们联系最密切的国家机关。我们的政府是人民的政府,为公民提供多种帮助。 师:你的身边有哪些事情需要政府帮助解决?你打算通过哪些方式、渠道向政府部门反映呢?同学们先相互之间说一说。	讨论、回答。 现场拨打热线电话。 列举、比较。	开发课程资源,提高学生课堂参与度。	

教学过程					
教学环节	知识点位	教师活动	学生活动	设计意图	备注
探究活动	（二）求助有门，投诉有道。	师:(课件展示)公民有多种求助或投诉的途径。在这些途径中,你认为哪种方式政府可以面对面的联系群众、了解民意?哪种方式最快捷、直接?哪种透明度高?哪种属于法律途径? 师:政府为公民提供了多种求助和投诉的方式,公民也要学会向政府部门求助或投诉。这样做有什么意义呢?			
课堂小结		我思我悟。 师:本节课我们共同探讨了两个话题,下面让我们一起来回忆一下,谈谈你都有哪些收获呢?(展示课件,见板书设计) 师:今天我们从是什么、为什么、怎么办以及公民求助或投诉的途径和意义等方面学习了"政府的责任"。	回忆、总结。	引领学生归纳知识点并谈感受,体现学生学习的主体性。	
情感升华		教师寄语。 师:"民之所忧,我之所思,民之所思,我之所行"。			

教学过程					
教学环节	知识点位	教师活动	学生活动	设计意图	备注
情感升华		总理深知自己肩之重任,呕心沥血,关注民生。只有敢于承担政府责任,才能为民所忧,解民所困。 今天,我们虽处在学生时代,但须知"身在校园,心系天下"。"电视声网络声读书声 声声入耳,自家事国家事天下事 事事关心"。让我们在座的每一个人都牢记自己肩上的重任,行动起来,积极投身于为人民服务的崇高事业中去。(播放音乐《为人民服务》)	聆听、感悟。	引用总理发自肺腑的话语,引发学生共鸣。	
板书设计				构建知识网络。	
课时作业		课后自主探究。 我国城乡居民养老保险制度将实现全覆盖。 2012年政府工作报告中指出,要在今年年底前,实现城乡居民社会养老保			

教学过程					
教学环节	知识点位	教师活动	学生活动	设计意图	备注
课时作业		险制度的全覆盖。这一目标比预定计划提前了8年,充分显示了中央政府完善社会保障、加快民生建设的决心。随着养老保险从制度上覆盖每一个中国百姓,无论在城市还是乡村,无论是否拥有工作,国家都将为你的养老埋单。我国城乡居民的"老有所养"因为政府的坚定支持而实现历史性的跨越。 　　运用本课所学知识,对上述报道中我国政府的这一做法做出评价。		巩固消化所学知识。	
课后反思		在本堂课教学中,教师把自己的角色定位为学生学习的组织者、引导者、合作者、学生闪光点的发现者和向学生学习的学习者的"五位一体",以"感受人民公仆""连线身边政府""寻找求助和投诉的'门道'"三个探究活动为线,在一个个探究活动中将预设与生成融为一体,使学生的知识参与、思维参与、情感参与、行为参与的积极性得到充分调动,既重视学习过程又重视学习结果,努力实现音像资源,信息技术与学科教学有机整合,注重师生互动交流,促进双方完整生命成长。		反思教学,提升自我。	

　　注:马丽娜老师执教的《政府的责任:对人民负责》一课获得2012年安徽省高中思想政治课优质课评选一等奖和全国高中思想政治课优质课评选一等奖。

《政府的责任:对人民负责》教学实录

安徽省马鞍山市红星中学　马丽娜

【课前准备】

(播放视频:《马鞍山印象》短片)

教师自我介绍。

师:各位珠海……中学……班的同学们,你们好! 我姓马,来自中部地区第一个全国文明城市——诗城马鞍山,那是一个山清水秀的地方。今天马老师非常高兴能有机会来到"幸福之城"珠海,和同学们一起交流、学习。今天的见面何尝不是一种缘分。请伸出你的右手,让我们握个手,预祝我们合作愉快。谢谢!

【导入新课】

师:上课! 同学们好。

师:请坐!

由一组照片引出课题。

师:这是我在珠海记录下来的美好画面,你发现它们有什么共同点吗? 我把这组照片取名为《幸福的珠海人》。同学们,请大声地告诉我,作为珠海人你觉得幸福吗? 是谁为我们带来了幸福的生活呢? 这个幸福离不开勤劳的珠海人,离不开你、我、他,离不开我们的政府。我国政府是人民的政府,政府的责任是对人民负责。

我国政府的责任是对人民负责。(出示课题)

这堂课就让我们一起来探讨这个话题——"政府的责任:对人民负责"。

【新课教学】

探究活动一:感受人民公仆

师:我们可以这样理解政府的责任。(课件展示知识点)

政府的宗旨是什么?

政府的工作原则是什么?

为什么我国政府的责任是这样的?

我国是人民民主专政的社会主义国家,人民是国家的主人,这就决定了我国政府的宗旨是为人民服务,政府工作的基本原则是对人民负责。(出示板书)

师:自温总理上任以来,总理亲民爱民的形象深入人心。5·12汶川大地震发生后,他平易忘我,踏进灾区,一句句问候,令全国人民动容。在天灾面前,在困难面前,在群众面前,我们看到了政府的焦急、忧虑。现在,让我们一起来看一段总理在抗震救灾前线的视频。在看的时候,请同学们注意:总理在这个过程中做了哪些事情? 他关心的是什么?(播放视频2分13秒,教师在视频播放过程中板书:"政府的责任:对人民负责")

(感天动地:播放视频《总理抗震全记录》)

(视频结束后,安静一会儿,给学生回味的时间)

师:同学们,请告诉我,视频中总理关心的是什么? 看到他做的这些事情你有什么感受?

……

老师总结:同学们说得非常好。视频中出现了这样几句话,"他带给我们信念、带给我们希望、带给我们温暖",这正表达了人民对政府的感激之情。总理作为国务院的最高领导人用自己的一言一行实践着政府为人民服务的承诺。其实在我们身边还有许许多多赢得老百姓口碑的好干部。

师:今天,我想给大家介绍两位好干部,让我来认识一下他们。(展示图片:雷于蓝、张宁海)

师:首先为大家介绍的是广东省人民政府前副省长雷于蓝。(播放录音)

"甘为民做事,求实敢担当。"中央电视台有个节目叫《感动中国》,她至少感动了广东! 她就是广东省人民政府副省长雷于蓝。工作中,她低调务实,智慧豁达。十年里,非典危机的突袭,医药卫生体制改革的披荆斩棘,对文化产业的多方呼吁,每一次的困难与挑战,她都从容应对而又修成正果。雷于蓝说,自己最欣慰的是给老百姓办成一件件实事。

师:现在,请我们班的……同学介绍一下《心动安徽》新闻人物,为营救迷路的学生光荣牺牲的黄山风景区公安局民警张宁海同志……同学,请到台上来。(学生朗读)

"临危救援,诠释崇高":突如其来的雨夜救援,他带着人民警察的职责出发。搜救路上,他走完了24岁的人生旅途,却用生命的灯照亮了学生回家的路。忠于职守,一心为民,他的无言壮举,践行了警徽上的铮铮誓言。锦绣黄山,英雄留芳!

师:谢谢。我们常说事实胜于雄辩,事实最具有说服力。总理、雷于蓝、张宁海之所以这样做,是因为他们肩负着人民的重托,这个重托就是政府的责任,政府的责任是对人民负责。

探究活动二:连线身边的政府

师:接下来,让我们来连线一下我们身边的马鞍山市政府和珠海市政府,看看他们做得怎么样。

(新闻观察:播放视频《政府为老百姓做实在的事》)

师:结合视频,请你来评一评他们的工作做得怎么样?请同桌之间相互交流一下。请看视频《希望政府说到做到多为老百姓做实在的事》(视频包含马鞍山市政府和珠海市政府所做的民生工程共2分钟)。在看的时候请同学们注意:视频中的地方政府为百姓做了哪些实事?

师:结合视频,请你来评一评他们的工作做得怎么样?请同桌之间相互交流一下。

······

师:回答得很好。俗话说得好:态度决定一切,一件事情能不能做好,往往取决于你的态度! 政府的工作态度强调的是为谁服务的问题。政府应该为谁服务? 从视频中我们看到了,马鞍山市政府和珠海市政府每年组织实施群众最关心、最直接、最体现群众切身利益的民生工程,使百姓切实得到了实惠。他们之所以能够这样做正是因为他们有着为人民服务的工作态度。(出示内容)要坚持为人民服务的工作态度,要求在思想上(课件展示)牢固树立为人民服务,真心实意对人民负责,为人民谋利益;在行动上(课件展示)要深入群众,关注民生,体察民情,尊重民意。把它浓缩为两个字,就是"为民",也就是要做到"权为民所用、情为民所系、利为民所谋"。(课件展示)

(出示图片)

师:但在现实生活中总有不尽如人意的地方。请看这幅图:(出示图片)这是哪里啊? 天安门吗? 如果让你用几个词来形容这个建筑的话,你可以想到哪些词?

(出示地名)这是我国西部地区某镇政府的办公楼。有人说,政府办公大楼代表着地方形象,建造豪华办公大楼,有利于为发展地方经济做宣传,可以拉动地方经济的发展,这与我国发展经济的政策是相适应的,有何不可呢? 你同意这样的说法吗?(出示活动图片)假如你是市长,请对这个"工程"发表你的看法? 现在我们来进行一次角色模拟,请同学们先以前后四人为一组,相互发表自己对这个工程的看法,然后我们再请两位同学以市长的身份到台上来发表讲话。

......

师:刚才两位"市长"表现得非常不错。(每位市长的话要点评)像这样的工程我们称它为"形象工程",它又被称之为"面子工程""政绩工程"。少数官员为谋求个人利益不计成本。这些行为,不仅易助长歪风、滋生腐败,而且影响政府形象,损害群众利益。因此,该到了我们对其说"不"的时候了。所以,对待"形象工程"应该严肃查处。正如总理在《政府工作报告》中所说的:"决不能搞劳民伤财的'形象工程'和不切实际的'政绩工程'。要建设为民、务实、廉洁、高效的政府,让人民放心,让人民满意。"(自己大声读)

刚才我们看了视频中马鞍山市政府、珠海市政府的"民生工程",又讨论了某镇政府的"形象工程",一个成功、一个失败,一个利民、一个损民。为什么会有不同的结果呢?

师:非常好。马鞍山市政府和珠海市政府是从我国的国情出发,从老百姓的根本利益出发,而某镇政府没有从人民群众的实际需要出发,这就告诉我们政府要树立求真务实的工作作风。(展示课件:树立求真务实的工作作风)它要求政府要把工作的着力点放在研究解决人民群众生产生活中的紧迫问题。

师:但有的时候我们也会发现,政府有着为老百姓服务的心,所制定的政策也是老百姓实际需要的,却仍然得不到老百姓的理解。就像我们同学们都想取得好成绩,也非常努力,结果却不满意,这是为什么呢?

师:因为方法不科学。那么,政府应该采取怎样的工作方法才能保证我们的决策科学,从而更好地为人民服务呢?

(出示政府决策的流程图)

师:现在我们就以珠海市政府为例,一起来看看珠海市政府政策形成的流程图。珠海市政府先广开言路,通过新闻媒体、政府网站等渠道向广大市民群众征集为民办实事项目。公开征集的办实事项目要求与群众日常生活密切相关,具有较明显的社会效益,能在当年内完成。在项目的征集、筛选、确定过程中,政府对群众的呼声非常重视,多次开会对项目进行认真地研究审议,最终确定本年度市政府的为民办实事项目,形成决策,这是从群众中来;然后政府再用形成的决策为老百姓办实事,解难事,做好事,这个过程是到群众中去。这样的做法就是从群众中来到群众中去的工作方法。

师总结:(第一部分总结幻灯)通过以上学习我们可以看到,政府要做到对人民负责,就要坚持什么工作态度,怎样的工作作风,什么样的工作方法?我们的政府是人民的政府,是人民利益的捍卫者,为了维护群众的利益,满足群众的要求,还为我们提供了多种求助和投诉的途径。下面,让我们共同学习"求助有门,投诉有道"。

探究活动三:寻找求助和投诉的"门道"

师:在复杂的社会生活中,我们每个人都难免遇到困难,自己的合法权益也可能会受到侵害,这时你会去找谁?

师:是的,可以找单位、消协等社会团体,还有政府。政府是与我们联系最密切的国家机关。我们的政府是人民的政府,应该为公民提供多种服务和帮助。

师:(出示幻灯片)现在就让我们寻找向政府求助和投诉的"门道"。同学们,请你想一想你的身边有哪些事情需要政府帮助解决?你打算通过哪些方式、渠道向政府部门反映呢?同学们先相互之间说一说。

……

师:刚才有同学提到"……"问题,我们现在就来拨打"市长热线12345",求助政府。好吗?(请学生现场拨打市长热线)除此之外,我们还可以通过什么方式呢?

指导学生辨别四种求助或投诉方法的特点和优点。

师:(幻灯打出珠海市政府提供服务和帮助的途径)政府为我们提供了多种求助或投诉的途径。开设热线电话,建立信访部门,发展电子政务,依法建立行政裁决、行政复议制度;此外,国家还建立了行政诉讼制度,为公民求助或投诉提供了法律途径。在这些途径中,你认为哪种方式可以面对面地联系群众了解民意?哪种方式最快捷直接?哪种透明度高?哪种属于法律途径?

师:政府为公民提供了求助和投诉的方式,公民也要学会向政府部门求助或投诉。这样做有什么意义呢?

……

课堂小结

师:本节课,我们共同探讨了两个话题,下面让我们一起来回忆一下。谈谈你都有哪些收获呢?(展示课件)

……

师:今天我们从"是什么、为什么和怎么做"三个方面学习了"政府的责任",也了解到政府为我们公民提供了多种求助和投诉途径,以及公民向政府求助和投诉的意义。

情感升华

(教师寄语)

师:"民之所忧,我之所思,民之所思,我之所行。"总理深知自己肩之重任,呕心沥血,关注民生。只有敢于承担政府责任,才能为民所忧,解民所困。

今天,我们虽处在学生时代,但须知"身在校园,心系天下"。让我们在座的每一个人都牢记自己肩上的重任。"电视声网络声读书声声声入耳,自家事国家事天下事事事关心"。行动起来,积极投身于为人民服务的崇高事业中去。(播放音乐《为人民服务》)

课堂因生活而灵动　探究因情境而精彩
——"高中思想政治课'生活情境—主题探究'教学"课例研究报告

吴望民

【摘要】

生活情境是认识产生的"土壤"。"教师的作用在于系统地给学生发现事物的机会,并给予适当的帮助,让学生在情景中亲自去发现尽可能多的东西。"本课例研究以思想政治学科教师如何创设情境以更好地组织学生开展探究活动为目标,对同一课时教学内容进行四次教学实践,在不断改进的基础上得出以下结论:在教学过程中,为了达到既定的目标,根据教材内容和学生特点,有目的地创设或引入一个相关主题的生活化情境,让学生置身于特定的情境之中,引起学生的情感体验,激活思维,使其积极参与教学活动,从而启发、帮助学生掌握和理解知识,提高学生探究和解决问题的能力。只有这样,课堂教学才有可能是精彩的、灵动的和富有高效的。

【关键词】

生活情境;主题探究;高中思想政治课教学

【研究目的】

新课程倡导的教学理念要求课堂教学遵循"发现生活—体验生活—参与生活"的逻辑,让学生在体验中感悟,在感悟中求知,在活动中成长。课堂上教师主导作用和学生主体地位的体现不再是那种只注重学习结果,忽视知识和技能获得的过程,更多的是注重让学生体验知识的发现过程和将知识与实际相结合的应用过程,因此,"生活情境—主题探究"式教学成了课堂教学的组织形式,也是思想政治学科教师广泛认同的教学模式。然而,很多的时候我们创设的生活情境并不是催发学生思维萌芽的"土壤",不能真正开启学生的智慧之窗,打开学生的思维翅膀,情境的设置缺少针对性和典型性,课堂教学往往虚而不实,学生没有太多受益,因此,这就要求我们必须设置有效的生活情境,让学生乐于参与其中,以提高课堂教学的实效。

【研究方案】

具体目标:为构建高中思想政治课的高效课堂,教师应该怎样创设生活情境? 利用生活情境引导学生开展主题探究活动要发挥怎样的功能?

研究模式:"授课—评课—反思"循环式 。

教学内容——政府的责任:对人民负责。高一年级必修②第二单元第三课第二框。

教学对象:市、县四校高一年级学生 。

执教老师:马鞍山市红星中学马丽娜。

【研究过程】

一、第一次执教

时间:2011年9月15日。

地点：马鞍山市红星中学高一(12)班。

▲可取之处

1.教师以源于真实生活中的素材创设情境运用于导入部分和知识分析部分，体现了新课程教学源于生活、回归生活的基本理念。

2.教师本身的基本素养较高，特别是语言、表情等方面的优势有利于创设的情境在课堂教学中发挥更大的作用。

▲问题发现

1.设置的情境过多。本节课各类情境共12个，老师过多地运用"电灌"，频繁使用多媒体教学情境，导致情境设置在解决教材的重点、难点问题上略显淡化。

2.组织的探究活动偏多。教师把探究看着一种点缀，一种形式，好像有一种"贴膜"的感觉。乍看上去，是注重发挥学生的主体作用，细想起来，又感到这样做是"花架子"。一些教师把探究性学习绝对化，变成一种模式，变成了机械、刻板的操作，每个知识点都要通过探究活动来掌握，这样做值不值，教师缺少更多的思考。

3.有些情境用时过长。如《温总理在抗震救灾前线》的视频长达6分20秒，其实该段视频只是让学生初步感受政府的责任是对人民负责，无须耗时过多。

4.操作化的情境设计缺乏可操作性。在分析"坚持对人民负责原则的要求"之前，教师组织了"竞选雨山区区长"活动，让学生以竞选者的身份给选民一个承诺，引导学生初步认知相关知识。但学生主动性不够，到讲台上演讲的学生语言表达随意性大，台下的"选民"热热闹闹，本应是一个非常庄重的活动被认为是在搞笑，没有达到预期的课堂效果。

▲改进建议

1.教师片面地理解"生活情境—主题探究"教学，认为要完成教材知识点的学习，都需要通过设置生活情境进行主题探究。一些很简单的问题，本来是可以直接告诉学生的或者学生不难掌握的知识，却偏要让学生去探究，浪费了宝贵的学习时间，也冲淡了重、难点问题的解决。因此，本课要精选的生活情境可主要考虑以下几个：①实物情境——展示《温文尔雅》，目的在于诱发学生的好奇心，并导入本课主题。②视频情境——播放《温总理在抗震救灾前线》，目的是让学生体验、感悟我国政府的宗旨和活动原则，唤起学生从情感、态度上对我国政府宗旨和活动原则的认同。③视频情境——播放"新闻联播"《马鞍山市政府为民办实事》报道,目的是让学生对"政府如何坚持对人民负责的原则"进行主题探究,得出基本结论。④操作性情境——学生现场就大家提出的最主要问题通过"市长热线12345"投诉,让学生切身感受政府确实在关心百姓的民生问题,这是一个实实在在的自我教育活动。⑤音乐情境——在本课结束时,播放《为人民服务》的歌曲,目的在于回味本节课所学知识,激发学生情感,实现情感态度价值观的教学目标。

2.有的视频情境应压缩,如《温总理在抗震救灾前线》的视频。把有限的时间用于学生的主题探究活动,特别是在对"政府如何坚持对人民负责的原则"进行主题探究时,要让学生通过活动探究弄清"工作态度、工作作风和工作方法"这三个观点及内在联系。这是本课的重难点所在。

3.设置操作性的情境,需要教师不仅要有精深的专业知识,还要了解学生的文化基础、学习能力,针对不同层次的学生,提出合适的探究性问题。课前要做大量细致地准备工作,要能预见学生可能想到的种种状况和探究过程中可能会遇到的困难,并做好应对预案。

二、第二次执教

时间:2012年4月6日。

地点:含山县第二中学高一(6)班。

▲改进之处

1.采用实物情境导入生动有效,不仅导入了本节课的课题和知识,也导出了学生高昂的兴致。

2.生活情境的数量有所减少,但凸显了主要的情境,这有利于在教学过程中突出重点,突破难点。

3.课堂气氛欢快活跃,师生互动频繁、自然。

▲问题发现

1.教师缺少必要的讲解和分析。在以"生活情境—主题探究"模式进行教学时,绝不是只让学生进行单一的探究性学习。学习方式的转变绝不意味着用一种方式代替另一种方式,要改变死记硬背、机械训练的状况,并不意味着要完全放弃接受性学习。

2.由生活情境所引发的问题有的过于抽象。生活是具体的、生动的,但如果设计的问题过大、过空,这样的问题不仅与设置的生活情境不够协调,而且使学生感到无所适从,从而挫伤学生的积极性。

3.探究过程中学生没有足够的时间去思考、讨论。往往是教师提出探究问题后,就立即组织学生讨论,不是同桌讨论就是小组合作,气氛显得异常热烈。有些思维敏捷的同学很快就举手回答,而大部分反应慢的同学还未来得及深思,头脑中就灌满了别人的意见。久而久之,再遇难题时,他们便只会依附于人,只听别人讲解或干脆不假思索,养成懒惰习惯,以致思维能力下降,从而失去学习的兴趣和信心。

4.探究过程忽视全员参与。尤其是学习基础较差的同学,本身就缺乏自信,他们就成了被教师忽视的群体,造成课堂成了优等生的天地。长此以往,这些被忽视的群体就会渐渐地感到被边缘化,"这件事与我无关"的种子会慢慢在心里萌发,就是今后走上社会也是这样。

▲改进建议

1.应该把探究性学习与接受性学习有机结合,充分发挥两种学习模式的互补优势,使课堂发挥最大的优势。课堂既不是教师的"独角戏",也不是学生的"一言堂",需要教师适时加以点拨的,教师就应该清晰而恰当地进行分析。

2.教师根据生活情境所设计的问题要从学生的实际知识水平出发,根据教材内容,并联系生活实际进行问题设计。设计的问题要准确到位,指向性要强。设问的语言应尽量通俗,具有生活化的特点。

3.在主题探究时,一定要留有让学生独立思考的余地,然后再相机组织讨论。这样,学生通过自己的思考而得到答案或接近答案的"边缘",都会给他们带来很大的快乐感,从而增强学习的信心。

4.要尽力让更多的学生真正地参与到课堂活动中来。可采取分组开展竞赛类活动办法激励学生"争强好胜",以调动他们的积极性,使之保持高昂的学习热情。

三、第三次执教

时间:2012年5月20日。

地点:和县第二中学高一(3)班。

▲改进之处

1.课堂中有了教师必要而清晰的讲解,特别是在"坚持求真务实的工作作风"和"坚持从群众中来到群众中去的工作方法"两处,教师的分析帮助学生从内涵和逻辑上强化了对知识的理解,而不是仅停留在感性的层面。在展示生活情境时,教师适当地使用了指导语帮助学生理解情境。使用指导语时,关注学生的感受,控制好语速,以期实现"看"和"听"的同步,教师的语言或带有感情,或幽默风趣,这些都使得指导语更具吸引力,效果更明显。

2.提出的问题具体准确,通俗易懂,指向清楚。

3.课前准备了供学生提前初步预习的学案,内容主要有"学习要点""教学环节中的思考问题"和"自主探究作业",这有利于学生把握要参与探究的主题,也给学生思考问题提供了更多的时间。

4.学生的探究活动参与面有所扩大。如教学中设计了"市长"直击"形象工程",把全班同学分为两组讨论,然后推举两名同学扮演"市长"的角色对所谓的"形象工程"发表评论。又如,全体同学各自提出自己在现实生活中遇到的问题,然后汇总、筛选出一个为大家最为关注的问题,委托一名同学通过"市长热线12345"向政府部门反映,等等,大家积极思考,认真讨论,整个课堂气氛热烈而活跃。这些在成人看来虽显得有些幼稚,但他们的身心投入却让我们看到了学生对一些现实问题思考与探索的可贵态度,这有利于培养学生的责任意识。

▲问题发现

1.神态和肢体等非语言要素还没有发挥其最大作用。比如微笑,学生都喜爱会微笑的老师。课堂教学中冷漠和严厉都是一种"病态"(但也不是要求教师一堂课自始至终都在微笑),不会笑的老师很难使得一堂课成功,因为微笑是世界上最令人温暖的东西之一,它像阳光一样,照亮学生心灵。比如说动作,动作的类型要根据教学目标的要求和课堂里学生的情绪状况来选择,更多的手势语言和频繁的走动都是下策之举。

2.教学环节还不够清晰。如果把这节课比喻为一棵大树的话,这棵树枝繁叶茂,郁郁葱葱,但没有层次感,要按照美学标准进行修剪,使之成为艺术品。这节课学生活动较多,但缺少归类,显得有些零乱。

3.教师提出的问题没能很好地引导学生充分利用生活情境中的有效信息来回答,提出的问题常规性有余,挑战性不足。

▲改进建议

1.发挥神态和肢体等非语言要素对调动学生学习积极性和感染学生情绪的作用。如,教师要在不同的环境下,用赞许的微笑、期待的微笑、鼓励的微笑去传递教师的意图,传递教育的温暖。又如,本课结束前的"教师寄语"这一环节,教师在缓慢低沉的音乐声中对学生表达寄语就不应在讲台上来回走动,而应站在讲台中间,以充满期待的表情,郑重其事地用诗一般的语言讲出,就像中央电视台大型主题晚会主持人在作结束语时一样。

2.可采取主题活动板块方式安排教学环节,呈现教学过程。

3.在根据生活情境提出问题时,对关键的信息要作必要的提示。提出的问题既不能低于学生的认知水平和生活经验,又不能要求过高。一节课要有一至二个能"刺激"学生神经的问题。

四、第四次执教

时间:2012年9月13日。

地点:当涂县第一中学高一(15)班 。

▲改进之处

1.课堂中教师的神态和肢体等非语言要素得到了明显的强化,教师的亲和力显现,师生之间心理距离拉近,课堂气氛和谐而活泼。教师恰到好处地运用了神态、肢体等非语言技术,使得这节课的"生活情境"和"主题探究"更能吸引学生。教师在课堂上的站姿、说话和倾听时的神态让人感受到的不是师长的威严,而是朋友般的亲切和真诚,所有的学生都充满欢喜地跟老师交流,甚至下课时围着老师要求签名,听课的老师也被这一幕深深地吸引。

2.提出问题的质量有所提高,有几个问题既符合教学需要和学生实际,又带有一定的思辨性。

3.优化了课堂结构。一节课的教学环节设计首要的要求是必要而清晰,如知识点的学习这个环节,创设什么样的情境、组织什么样的活动、提出什么样的问题、如何安排学生之间的评价等等,都需要认真地打磨和思考。每个环节的过渡都要追求自然、恰当,这样,整节课才能和谐顺畅。常言道"当局者迷,旁观者清",可我们在听课时往往也有"当局者迷,旁观者也迷"的感受,问题就出在各个环节的设计与过渡的混乱上。本节课在教学环节上作了大胆修改,把以前各自独立并列的生活情境调整为三个板块,即"探究活动一:感受人民公仆""探究活动二:连线身边的政府""探究活动三:寻找求助和投诉的'门道'"。这样做,既凸显了本节课以学生为主体的教学特色,又使整个教学环节更加清晰。

▲问题发现

1.在本课的开始,有"师生互动游戏"和展示《温文尔雅》实物情境两个小环节,用时近4分钟,可是学生没有真正意义上的回应,这是优质课大赛的大忌。

2.环节之间缺少必要的停顿。如在播放马鞍山市和蚌埠市为民办实事的视频时,感觉这两个视频核心思想是重复的;在讲到"树立求真务实的工作作风"前有一个过渡语"但是,阳光下也会有阴影",这个过渡语几乎是连接着上一个知识点的,没能起到把前后两个知识点相对区分开来的作用。

3.课堂中存在着习惯性、随意性的提问。如在课堂最后有个"教师寄语"的环节:"'民之所忧,我之所思,民之所思,我之所行'。总理深知自己肩之重任,呕心沥血,关注民生。只有敢于承担政府责任,才能为民所忧,解民所困。今天,我们虽处在学生时代,但须知'身在校园,心系天下'。让我们在座的每一个人都牢记自己肩上的重任,……行动起来,积极投身于为人民服务的崇高事业中去"教师声情并茂地表达完后用手指向屏幕(随即滚动播放人民公仆的图像和《为人民服务》的音乐),让学生观看视频,聆听音乐,内心感悟。这样做的目的在于激发学生情感,让学生在情绪体验中,带着深深回味和无限的联想结束本课。可是,教师在讲完"……积极行动起来,投身于为人民服务的崇高事业中去"后,大声地问同学们:"好不好?",学生大声呼喊:"好!"几秒钟后,音乐响起……由于被调动起来的学生高涨的情绪与轻柔低沉的音乐二者风格迥异,导致本应是最后出彩之处反而变成不伦不类。

▲改进建议

1.教师对学生的调动要抓住适当的时机。一节好课的开始,教师必须要调学生的"口味",把学生的情绪拉到由教师营造和主导的"情绪场"内,所谓"好的开头是成功的一半"就是这个道理。

2.课堂中各环节之间要有清晰的界限,这个界限的区分要靠适当的时间停顿和恰当的过渡语来实现。一节课最基本的要求就是清清爽爽,最蹩脚的失误就是混沌不清。

3.尽量避免习惯性、随意性的无效提问,保证学生思维的连贯性和课堂整体风格的一致性。当然,这并不意味着教师不关注课堂的自然生成。课堂教学是预设与生成、封闭与开放的矛盾统一体。预设是教学的基本要求——教学是有目标、有计划的活动,而过分强调预设就会使课堂教学变得机械、沉闷和程序化,缺乏对智慧的挑战和对好奇心的刺激,使师生的生命活力在课堂中得不到充分发挥。课堂教学是一个动态的、自然的生成过程,再好的预设也无法预知课堂教学中的全部细节。正如布鲁姆所说,我们无法预料教学所产生的成果的全部范围。没有意料不到的成果,教学也就不成为一种艺术了。在实际的教学过程中,仍然不能机械地照搬"预设",而要注重学生的发展,突出学生在活动中的能动性、创造性和差异性,根据师生、生生互动的情况,顺着学生的思路,因势利导地组织适合学生参与的教学活动。在本节课课堂上,当学生通过"市长热线12345"反映问题时,对方请学生提出对这一问题的解决建议,这本不在预设之内,但师生却很好地完成了这项活动,这一动态的生成,不仅使学生更好地理解了我国政府的责任和宗旨,也提高了他们参与国家政治生活的责任意识和公民意识。

【基本共识】

一、生活情境创设需遵循的原则

教师无论是创设实体演示情境、视频情境、操作性情境,还是通过音乐渲染情境和用语言描述情境,都要遵循以下原则。

1.趣味性原则。学生产生学习兴趣原因可能会来自多方面,如教学内容、教学形式、心情状态等,但是,其中最重要的应是"教学情境",提高情境的趣味性是吸引他们主动学习的最有价值的教学策略。可以说,趣味性是教学情境创设的第一原则,缺乏趣味的情境肯定是低效的或无效的,甚至是失败的。

2.问题性原则。创设情境不是目的,而是一种手段或策略。也就是说,情境不只是为了学生产生学习兴趣,更为重要的是在教学情境中要蕴藏准备探究的问题。在情境的催化、感染和教师的启发下,试图使学生比较自然地生成本节课要探究的问题,达到探究的目的。

在教学情境中设置的问题要具有一定的思维含量,能引发学生进行积极思考,好比"一触即发"。没有思维的启动,就没有思维的碰撞,没有思维的火花,也就没有学生思维的真正发展。问题的难度系数既不能过高,过高则不能生成问题,也不能过低,过低则学生不假思索地脱口而出。教师提出的问题应处在学生思维的最近发展区。

3.适切性原则。所谓的"适切性",是指创设的教学情境要适应学生学习的实际需求。也就是,要根据教学内容、地域特点、学生的年龄特征和认知水平,选择合适的情境素材,设置难易适度的问题。这一点,实际上是对上述两点——"趣味性"和"问题性"度的规定性。

4.简约性原则。有一句广告词,叫"简约而不简单",意思就是说,既要简洁明快,还要有内涵,有深度。遵循简约性原则,需要我们注意三点:一是情节要简单。情境过于复杂,学生很容易在情境里"流连忘返",只热衷于情境本身,而忽视了最重要的"问题"。二是问题要凸现。创设情境的目的是让学生在"不知不觉""潜移默化"中进入学习状态,产生对"研究问题"的关注。因此,情境中蕴藏的"问题"必须很清楚,当学生进入情境后能很容易感受到这个"问题"的存在,从而进行问题的有效思考。三是时间的把握要适度。一方面,一节课的时间是固定的,我们除了创设情境提出问题外,还有很多、更重要的工作要做,不能是一节课都在播放视频和展示图片,像是放电影一样;另一方面,根据认知心理规律,学生最佳学习时间是从上课后的五六分钟开始的,所以要在这个时间段呈现生活情境,以便让学生很快进入探究者的角色。

二、生活情境创设的基本要求

1.创设"障碍"情境,引发认知冲突。以富有现实性、趣味性、挑战性,并且处于学生认知结构最近发展区的非常规性问题为素材,创设认知冲突型问题情境,使学生处于一种心欲求而不得、脑欲想而无序、口欲言而未能的状态,引起认知冲突,产生认知失调,从而激发学生强烈的探究欲望。这样的情境就成了学生猜想、创新的"引子",学生探究的欲望一下子就被激发出来了;这样的情境让学生在不知不觉中参与了知识的形成过程,有利于发展他们的思维。

2.再现"生活"情境,解决生活疑难。问题由情境中来,知识从探究的过程中得出。在学生进行探究活动之前,教师为学生创设现实生活中的一些情境,会使学生在较短的时间内产生疑问和解决问题的兴趣、产生探究的愿望,让学生全身心地投入到探究活动中。高中思想政治课采取"生活情境—主题探究"模式进行教学是一个完整的过程,包括以下几个环节:了解观察、发现问题→思考探索、分析问题→寻找答案、解决问题→延伸知识、巩固升华。当然,这是就一节课而言的,对教学过程中的每一个环节都应提出这样的要求。

3.模拟"真实"情境,体验其中奥秘。国际学习科学研究领域有句名言:我听到了就忘记了,我看见了就记住了,我做了就理解了。皮亚杰也曾说过:"一切真理都要由学生自己获得,或者由他人重新发现,至少重建,而不是简单的传递给他人"。这两句话强调了"体验"的重要作用。在课堂上,有时教师有必要创设一定的问题情境让学生来体验,从而能更好地激发学生积极地探究。体验型问题情境,能真切地把学生带入了"真实"的生活情境中,有效地激发了学生的进行探究性学习、解决问题的欲望。

4.关注学生所关注的"热点",激发创新能力。许多社会热点都是学生所感兴趣的,教师要善于发现学生的兴趣,充分利用社会现实的、学生身边的具体事例,创设一定的生活情境,来激发学生参与活动的兴趣。特别注意的是,教师设置学生所关注的热点问题情境时,要让学生感受到要解决的不是教师虚拟的情境问题,而是在解决"自己"生活中的问题。如果能这样,学生就是一个把握自我的主宰者,一个未来世界的创造者,他们在活动中就会表现出高度的积极性和良好的创造性。一个教经济学的教师,讲起课来头头是道,并不意味着他就能在现实的市场中左右逢源,因为他从专业层面研究的问题并不一定就是在市场经济生活中随机遇到的现实问题。可见,教师由情境所提出的问题要尽可能地让学生觉得是在解决"自己"生活中的问题。

三、教学中情境的设置应发挥的功能

1.激发兴趣。情境设置要突出一个"激"字,把学习中的"知识点"变成学生的"兴奋点",只有这样,学生的探究热情才能激发出来。

兴趣是学习最重要最直接的内在动力,学生有内在的兴趣动机,就会表现出高涨的学习积极性。从有效的探究情境中引发学习的兴趣,是课堂设计的关键,也是吸引学生参与课堂教学的关键。高中思想政治教材有它的知识系统性,一般编写比较简练,许多地方叙述也比较抽象和枯涩,而学生的自觉性、自制力比较差,注意力易分散,好奇心和好胜心都强。在课堂教学的各个阶段,教师根据教材内容和学生特点,设置与教学内容有关有效的情境,让抽象的理论回到人们所熟悉的日常生活中去,置境设疑,以引发学生学习的兴趣,引导他们专注于教学内容的学习。当学生有了兴趣,这就能为提高课堂教学起到事半功倍的效益。

2.引起冲突。教师要通过情境的设置,在新知与学生的已知之间制造一种不平衡、不协调,把学生引向一种充满着纠结和矛盾的境地。创设这样的情境应注意从学生已有的生活经验和知识背景出发,让学生感觉到问题是与旧知识有联系,但同时又是新奇的,具有一定的挑战性。这样,一方面使学生有可能去进行思考与探究,另一方面又使其感到已有知识的局限性,激起强烈的探究欲望,让他们产生"欲罢不能"的感觉。

3.引导发现。情境的设置构思要巧妙,既要让学生动一番脑筋,但又不能使学生感到无从下手,其目的是让学生通过这一情境能"跳起来摘桃子"。

4.引起思辨。日常教学中,常常会发现教材中有许多看似矛盾的地方,如果教师能抓住这些地方引导学生质疑,并引起学生思辨,对培养学生不拘泥于教材、不迷信权威、敢于提出自己独立见解的思维品质都很有价值。日常教学中,我们也常常发现学生之间围绕某个观点发生冲突,相互间争得面红耳赤。学生不轻易认同别人的观点,这是非常难得的!但在这种情境的教学中,教师要注意把握学生的思维方向,引导学生从不同的角度看待学习中的关键问题,而不是肆意发挥,让原本"形散而神不散"的教学流程变成一盘不可收拾的"残局"。

5.关注创新。情境的设置既要帮助学生从情境(实际)感悟理论,又要引导学生由理论向实践的拓展。教师在学生已有知识的基础上,进行教学情境的迁移,鼓励学生运用所学知识解决生活中的具体问题。这是学用结合、学以致用的教育活动的最高境界,是帮助学生将知识转化为能力和资源的教学活动的必然归宿。

结语:课堂教学需要的是完整的人的教育,不仅是让学生获得一种知识,还要使学生获得一种方法、一种态度,让学生拥有一种精神、一种立场和一种不懈的追求,这些都离不开有效生活情境的创设。一个有效的生活情境能让学生发现探究的价值,回味久远。

《绿水青山就是金山银山》教学设计

安徽省马鞍山市第十九中学　桂中华

课　题	绿水青山就是金山银山 ——从治理雾霾等污染现象说起
教学 目标	【知识与能力】 　　正确认识雾霾等污染现象的危害,明确保护环境和发展经济的关系。具有坚持保护环境、节约资源和走可持续发展之路的能力。具备用实际行动保护环境、关爱自然的能力。 【情感态度价值观】 　　努力培养学生的社会责任感和环保意识。从自身做起,注意节约资源、保护环境,并敢于批评不符合可持续发展的言论和行为。具有关爱自然、保护环境、珍惜资源的情感。 【过程与方法】 　　以案例分析和学生自主探究为课堂活动的主要环节,搜集和运用社会中发生的真实事例,在学生产生共鸣的基础上进而理解教学内容。
教学 重点	了解雾霾等环境污染的危害和我们保护环境应尽的责任和义务。
教学 难点	如何让学生明确保护环境和发展经济的关系。
教法 学法	为帮助学生树立环保意识,采用以下教学方法。(1)情景教学法:通过创设情境,模拟电视访谈节目活跃课堂气氛,激发学生的学习兴趣,促进学生对知识的掌握。(2)直观演示法:利用视频、图片等手段,结合讲解,激发学生的兴趣,帮助学生更好理解知识。(3)活动探究法:以学生为主体,组织学生进行讨论,使学生在学习中解决问题,并培养自学能力。

教法学法	在指导学生学习和能力的培养方面引导学生掌握和运用以下学习方法。(1)参与学习法:在教学中尽可能多制造参与机会让学生动起来,在快乐、和谐、富有成就感的教学激励中学会合作,学会学习,学会做人。(2)自主、合作、探究的学习方法:本课教学中将通过"问题—探究"教学途径,促使学生进行主动探究学习。

			教学过程		
教学环节	知识点位	教师活动	学生活动	设计意图	备注
课前准备		模拟电视访谈节目,教师以主持人的身份出现,并做自我介绍。	感受节目气氛,与教师互动。	激发兴趣,导入新课。	
导入新课		由网络流行的歪唱——《万雾生》引出课题。 提问:这首歌的背景是什么新闻事件? 幻灯片出示"2013年10月21日清晨,哈尔滨市发生重度雾霾天气,PM2.5指数持续'爆表',市区一些地方能见度已不足50米,全市中小学被迫停课,部分公交线路停运,多条高速公路全线封闭。"	观看视频,感悟生成。	激发兴趣,导入新课,初步感知。	

教学过程					
教学环节	知识点位	教师活动	学生活动	设计意图	备注
导入新课		引出将要探讨的热点话题——绿水青山就是金山银山。			
探究活动一	雾霾的产生和雾霾产生的原因。	展示本期节目的第一个关键词:雾霾现状。 主持人提问:你们和雾霾有过"亲密接触"吗?谈谈你当时的感受? (学生回答,主持人总结) 观看视频:《毒气时代》。 主持人提问:雾霾产生的原因是什么? —— 汽车尾气的排放; ——工业生产废气的排放; ——城市建筑产生的灰尘; —— 冬季取暖排放的二氧化碳; ……	学生思考、讨论。 观看视频。 回答。	通过情境模拟,引发共鸣。	

教学过程					
教学环节	知识点位	教师活动	学生活动	设计意图	备注
探究活动二	环境问题产生的原因。	第二个关键词是:环境问题。 环境问题指人类不合理地开发利用自然资源所造成的环境污染与生态环境的破坏。 提问:我国存在哪些环境问题? 我国面临的环境问题: 1. 水土流失严重; 2. 大气污染严重; 3. 草原退化加剧; 4. 森林资源锐减; 5. 水体污染加重; 6. 地下水水位下降; 7. 生物物种加速灭绝; 8. 沙漠化迅速扩展; 9. 固体垃圾包围城市…… 提问:人类为什么要破坏我们自身赖以生存的环境呢? 观看十一假期后垃圾遍地的图片,得出结论——人们环保意识不强,素质不高。	学生讨论,回答。	让学生通过讨论,在合作学习中明确观点。	

教学过程					
教学环节	知识点位	教师活动	学生活动	设计意图	备注
探究活动二	环境问题产生的原因。	观看漫画,得出结论——某些地方政府以破坏环境为代价换取经济的一时发展。 提问:保护环境与发展经济真的矛盾吗? 观看视频:《今日观察——专家访谈》。 "美丽中国"呼唤生态文明。 "把生态文明建设放在突出地位,融入经济建设、政治建设、文化建设、社会建设各方面和全过程,努力建设美丽中国,实现中华民族永续发展。"(十八大报告) 李克强总理:"我们不能以牺牲环境来换取人民并不满意的增长。"	观看视频,感悟。	通过图片的视觉冲击,让学生明白我们要提高环保意识。	

教学过程					
教学环节	知识点位	教师活动	学生活动	设计意图	备注
探究活动三	政府及青少年保护环境的责任。	第三个关键词是:治理保护。 活动:假如你是市长。 让学生讨论,如果我们是市长怎么治理日益严重的环境问题。 情景模拟:各位电影明星的低碳生活建议。 提问:建设美丽中国,我们能做些什么? —— 树立节能环保意识; —— 履行节约资源保护环境的义务; —— 绿色出行,绿色消费; —— 争当环保小卫士; ……	思考、讨论、回答。 认知、感悟、升华。 学生感受、消化知识。	通过角色转换让学生明白政府保护环境的责任。 由学生感兴趣的话题拓展到社会,由具体到抽象,水到渠成得出结论。	

教学过程					
教学环节	知识点位	教师活动	学生活动	设计意图	备注
探究活动四	保护环境,落实行动。	主持人:我们身边总还有一些人没有意识到日益严重的环境问题对于我们意味着什么,等到失去家园时才后悔莫及。 观看视频:《剩下的果实》。 出示:"被遗忘的家园,被遗忘的朋友,不能再遗忘了……" 主持人让每一个学生拿出纸笔,写下"我们不能再遗忘什么?"并让部分学生交流一下。 最后,主持人拿出手机用微信中的"漂流瓶"功能将学生的感言发布到网上。要求在场的学生如果有手机也效仿,如果没有手机回去后利用QQ的"漂流瓶"功能在网络里呼吁保护环境,传播正能量。	学生认真思考并书写。 现场活动将节目的气氛推向高潮。	情感升华,让学生明确自己的责任,为保护环境尽自己的一份力。	
小结		结束本期的节目。			

74

课后反思	本课最大的特点就是创新式地将课堂与电视节目结合起来,很好地创设了课堂情境,让学生身临其境,激发学生的兴趣点,产生共鸣,引发思考。 　　在本课的设计上虽有特色但不能流于形式,形式大于内容会有"花哨"、"做作"之嫌。所以老师要把控好课堂,充分发挥学生的主体作用,所有环节的设计都必须从学生的角度出发。	反思教学,提升自我。

　　注:桂中华老师执教的《绿水青山就是金山银山》一课获得由教育部基教一司主办的2013年全国时事课堂大赛一等奖。

《绿水青山就是金山银山》教学实录

安徽省马鞍山市第十九中学　桂中华

（播放音频一"节目开场音乐"）

教师以主持人的身份登台，调动学生的情绪。

师：大家好，这里是《时事报告》杂志社与上海市教委联合举办的"聚焦天下事"新闻论坛节目现场，我是主持人"阿桂"，今天来到我们节目现场的是……的同学们，欢迎你们。

环节一　引入话题

师：阿桂我有一个好习惯，每天清晨都会推开窗户呼吸一下新鲜空气。可是今天早晨，当我推开窗户，你们知道扑面而来的是什么吗？

学生：雾霾。

本期节目的话题就和雾霾有关。（显示幻灯片二"展示本课热点话题"）

环节二　感受雾霾

师：说到"雾霾"，我想起最近网上流行一首歌，是一个很有才的网友根据《万物生》改编的，我们一起来听一听。（播放视频三"网络歪唱《万雾生》"）

师：这首歌展示的就是发生在我国今年10月份的东北严重雾霾事件，其实何止东北，我们国家多少城市都曾经并正笼罩在雾霾中，包括上海。（呈现幻灯片四"我国各大城市的雾霾图片"）

环节三　雾霾的危害

师：同学们，你们和雾霾有过亲密接触吗？身处雾霾中是什么感觉？（播放幻灯片五：雾霾的危害）

师：不看不知道，一看吓一跳，原来雾霾对人体的危害那么大！那雾霾究竟是从哪里来的呢？

环节四　雾霾的产生

学生讨论完，让学生回答。（答略）

（呈现幻灯片六"学生回答的归纳"）

教师将学生的回答归纳成幻灯片中展示的几个方面：

—— 汽车尾气的排放；

——工业生产废气的排放；

——城市建筑产生的灰尘；

—— 冬季取暖排放的二氧化碳

……

大家说得很好,我们发现雾霾就是我们通常所说的大气污染,它属于环境问题。我们先来了解一下环境问题。(呈现幻灯片七《环境问题的含义》)

环节五　我国的环境问题

师:除了大气污染,你们还知道我国存在哪些环境污染问题?

学生讨论回答(1.水土流失严重;2.大气污染;3.草原退化加剧;4.森林资源锐减;5.水体污染加重;6.地下水水位下降;7.生物物种加速灭绝;8.沙漠化迅速扩展;9.固体垃圾包围城市……)(呈现幻灯片八"学生回答的总结")

我国日益严重的环境问题又是谁造成的呢?

环节六　环境问题产生的原因

师:我想了解一下,今年十一长假你们出去旅游了吗? 你们知道吗,在长假过后很多旅游区都出现了下面这段场景。(呈现幻灯片九"十一假期后垃圾遍地")

这几幅图反映了什么问题?

学生:人们环保意识不强,素质不高。

师:我们再来看看这幅漫画又反映了什么问题?(呈现幻灯片十"漫画《如此发展》")

学生:某些地方政府以破话环境为代价换取经济的一时发展。

教师提问:保护环境与发展经济真的矛盾吗?

(学生讨论,回答。)

师:我们来看看专家是怎么说的。(播放视频十一《今日观察——专家访谈》)

师:从专家的意见可以看出,这两者并不矛盾。我们可以设想一下,如果你是一个投资者,你会把钱投入到一个环境优美、绿水青山的城市还是投入到一个遍地垃圾、满目疮痍的城市? 所以,保护好环境就是保护好了经济竞争力和投资吸引力,绿水青山才能变成金山银山呀!

环节七 美丽中国

师:在去年十八大报告中提出了一个新词——"美丽中国",保护好了环境才能称之为"美丽中国"。

十八大报告中提出:"把生态文明建设放在突出地位,融入经济建设、政治建设、文化建设、社会建设各方面和全过程,努力建设美丽中国,实现中华民族永续发展。"李克强总理也强调:"我们不能以牺牲环境来换取人民并不满意的增长。"(呈现幻灯片十二)

环节八 治理保护

活动:假如你是市长。

(让学生讨论,如果我们是市长怎么治理日益严重的环境问题)

学生讨论,各小组推荐学生上台陈述,教师引导总结。

师:虽然我们不是市长,但刚才你们的建议可以通过写信给相关部门,向人大代表反映等方式提出。我们作为国家的小公民应该响应国家号召,保护环境,低碳生活。我前几天采访了一些电影明星,他们就如何过低碳环保的生活提出了自己的建议,我们一起来看看。

情景模拟:各位电影明星的低碳生活建议。(播放幻灯片十三:明星环保搞笑配音)

提问:建设美丽中国,我们能做些什么?

学生讨论,回答:

—— 树立节能环保意识;

—— 履行节约资源保护环境的义务;

—— 绿色出行,绿色消费;

—— 争当环保小卫士

……

环节九 情感升华

师:我们身边总还有一些人没有意识到日益严重的环境问题对于我们意味着什么,等到失去家园时才后悔莫及。最后让我们一起来看一个发人深省的小故事。大家一边看,一边想,把自己的感悟记在心中。

(播放幻灯片十四:《剩下的果实》)

短片的最后出现一行字:"被遗忘的家园,被遗忘的朋友,不能再遗忘了……"

老师让每一个学生拿出纸笔,写下"我们不能再遗忘什么?"并让部分学生起来交流一下。学生交流时,老师拿出手机用微信中的"漂流瓶"功能将学生的感言发布到网上。要求在场的学生如果有手机也效仿,如果没有手机回去后利用QQ的"漂流瓶"功能在网络里呼吁保护环境,传播正能量。

(幻灯片十五:《保护地球的绿色》)

师:绿色是最具生命的颜色,它象征着优美的环境,也象征着清洁的能源。让我们行动起来,给地球带来更多"绿色"的快乐,青山、绿水、蓝天,这样的美丽中国建设要靠你,靠我,靠大家。让我们行动起来,一起来保护绿色,让地球一直快乐下去吧!

本期节目到这里就要结束了,如果你有什么好的话题,回去后把你们的话题发送至大屏幕下方出现的栏目组邮箱地址。

今天的节目就到这里,再一次感谢……的同学们,我们下期节目再见。

主题类思想品德课教学要领
——观摩首届全国中学时事课堂有感

韩克春

在2013年12月在上海举行的首届全国中学"时事课堂"展示活动中,十九中的桂中华老师获得了一等奖。此次活动的教学内容选题全部围绕一个热点话题展开。如结合"我的中国梦"主题教育,设立了"中国梦 我的梦"选题;围绕"建设美丽中国,建设生态文明",设立了"绿水青山就是金山银山"、"我们还有多少蓝天"等选题;结合"建设文化强国",设立了"文化产品的数量与质量"选题等。丰富多彩的教学内容,既为教师提供了广阔的展示空间,也拓宽了学生的视野。引导学生认识当前纷繁复杂时事信息的本质,并作出正确的价值判断,从而增强思辨能力和选择能力。

桂老师在活动现场抽取的选题是"绿水青山就是金山银山——从治理雾霾说起"。他将整节课都置于一个情境创设的大框架中,模拟了一档电视访谈节目,教师的身份是主持人,而学生都是节目现场的嘉宾。整个模拟访谈贯穿课堂教学始终,尽量擦去了上课的痕迹,让学生在轻松、活泼的氛围中去思考、去阐述。整节课围绕三个关键词"雾霾现状"、"环境问题"、"治理保护"展开,让学生不断地结合自己已学过的知识和生活体验去思考"雾霾对我们的危害以及产生的原因"——"除了雾霾,我国还存在哪些环境问题"——"保护环境与发展经济是矛盾的吗"——"我们该如何去爱护身边的环境",层层递进,环环相扣。在这些话题的探讨过程中,渗透了思想品德课中关于"环境保护基本国策""走可持续发展道路"等知识点。将时事教育与解决学生实际成长过程中遇到的问题相结合,提高时事教育的吸引力和针对性,引导学生理性思考问题、辩证分析问题,客观、全面、深入地认识周围事物和世界,形成正确的世界观、人生观和价值观。这种形式完全颠覆了政治课传统的时政材料为知识点服务的观点,而是在一个固化的时政热点下穿插着知识点的传授,渗透着情感的浸润。

"时事课堂"和我们习以为常的常态课思品课堂应该是有许多共同元素的。

第一,符合政治学科特色。时事课堂与政治学科有密切联系,与学习知识有着紧密联系,只要学生能关心和有兴趣,就能达到很好的效果。在教学中可以让学生自己去收集、整理时政资料,能够促使学生把目光从自身和家庭狭窄的空间投向辽阔的社会大舞台,让他们去关注,去体会世界的变化,感受时代的脉搏,从而培养学生关心社会、关心国家、关心人类的美好品质,培养他们认识社会、适应社会的能力。

第二,常规教学操作性强。由于时事内容在时间上和空间上与学生距离比较紧,可信度高,感染力、影响力强,大多数时事材料一般都能与中学思想政治理论相联系,能用教材有关知识去分析,因而必然会引起学生的学习兴趣,因此能够保证课堂环节的有序推进。可以要求学生通过多种途径获取时政信息,一方面多阅读各种有益的报纸杂志;二是要求学生每天收看新闻联播、焦点访谈和今日说法等节目。

第三,优化课堂实效性大。以学生生活时事为基础、以学科知识为支撑,着眼于学生的发展需求的教学模式,把理论观点的阐述寓于社会生活的主题之中,"时事课堂",不仅让学生了解了时事,更重要的是在了解时事的过程中培养了学生关心时事的习惯,形成必要的公民意识,更养成了学生联系学科知识的思维特点,形成重要的读题能力,对于扩大其知识面,完善其认知结构,培养其综合能力具有重要促进作用。

关于"时事课堂"怎么上?通过观摩此次大赛,也有了自己的一些认识。

第一,确定好思考方向。

选择的时事主题必须很鲜明,方向要明确。如时政热点选题中,中国梦、雾霾、网络谣言、凡人善举、分苹果引发的思考等,主题鲜明,方向明确。通过相关时事内容,能引发学生思考,形成正确的导向,突出正确的价值观。

第二,选材要接地气。思考方向确定固然重要,但达成这个方向的教学素材同样重要。"时事课堂"的最大特点是广泛性和自由性,教师的教学素材选取是极其广泛的,选择哪些素材更能支撑我们的时事课堂?教学资源选择要接地气,那就是要接学生生理年龄和心理年龄的地气。如网络谣言的主题,其实学生对网络谣言危害的理解大部分是停留在新闻报道中的,怎样才能让学生更深刻的理解?江苏的参赛教师在课堂上当场带领学生上网进入该校的百度贴吧,让学生通过讨论学校论坛版规的形式进行突破。学生的心理兴趣点一下子被抓住了,平时生活中因为一些不实的传言对自己和他人造成的困扰,一下子在学生的脑海中涌现出来。

第三,时事课堂也是"课"。虽然围绕某一个时事主题展开教学,但教学的展开必须是有序的,有线索的,教学过程是清晰的沿着一个线索进行的。要有导入、有教学环节、有总结。既然是一节课,就应该有教学目标,有重难点,有教学方法,有课堂组织。要重视学生活动,学生是课堂的主体,它囊括所有的课堂(包括时事课堂),有学生参与的教学才是有生命的课堂。

第四,教师对热点要能把握。教师在分析时事热点时,要注意政治性和科学性。涉及敏感的热点问题一定要驾驭好,所引用数据以及观点必须是国家权威部门发布符合国家主流舆论引导方向。教师自身讲不准,弄不清的热点一定要回避,切勿将教师自身带有偏向性的感情色彩传达给学生。

《世界因生命而精彩》教学设计

安徽省马鞍山市成功学校　张起磊

课　题	第三课　珍爱生命 第一框　世界因生命而精彩
教学 目标	【知识与能力】 　　在学习中,学生认识到生命间是息息相关、共生共存的,懂得保护地球就是保护我们共同的家园,培养综合分析能力和细致观察能力。 【情感态度价值观】 　　了解神奇的生命世界,欣赏生命的奥妙,感受生命之美,初步形成热爱自然、热爱生命的情感。 【过程与方法】 　　学生观看视频等材料,在小组合作学习中,认识到多彩的生命构成了缤纷的世界,每个生命的存在都是有意义和价值的,懂得尊重生命。
教学 重点	认识每一种生命都有其存在的意义与价值,尊重生命关爱生命。
教学 难点	人类要与其他生命和谐相处,生命需要相互关爱。
教法 学法	直观教学法、情境教学法、合作探究法等。

教学过程					
教学环节	知识点位	教师活动	学生活动	设计意图	备注
导入新课	（一）多彩的生命构成缤纷的世界。	首先展示一幅"荒凉沙漠"的图片,让学生谈感受。——干涸贫瘠、毫无生命气息,让人感到压抑和难受。 引导学生给这幅图片添加些什么——(添花、草、树木、动物等生命)再对比。一幅"美丽的地球"图片,引导学生思考为什么地球会这么美丽? 让学生感受丰富多彩的生命装扮了美丽的世界,世界因生命而精彩。 （板书课题）	学生欣赏图片,谈感受。 学生积极思考,提出生命话题。	直观的图片吸引注意力,可以激发学习兴趣,切入课题,为后面的教学作铺垫。	
探究活动一	1. 生命是地球上最珍贵的财富。	环节一:创设情境,感受生命。 播放视频:美丽画面《原野中的一生》展示丰富多彩的动物世界,让学生谈感受。 学生感受生命的活力与世界的丰富多彩。生命是地球上最宝贵的财富,多彩的生命构成缤纷的世界。 教师:生命是地球上最宝贵的财富,世界因生命的	学生观看、交流、讨论、回答。	让学生感受生命的活力与世界的丰富多彩。	

教学过程				
教学环节	知识点位	教师活动	学生活动	设计意图	备注
探究活动一		存在而变得如此生动和精彩。 过渡:我们的地球正是因为有了生命才变得如此美丽,那我们就一起来认识身边的生命。		生命是地球上最宝贵的财富,世界因生命而精彩。	
探究活动二	2.每个生命都有意义和价值。	环节二:互动交流,感知生命。 1.请列举校园内外的一些生命,这些生命的存在对地球、人类有何意义。 现场分为3组展开讨论,每组推荐一位发言人,总结本组的交流成果。 2.请问你曾被某种生命打动过吗?说说你们之间的小故事。 3.教师播放视频《相信,一只狗的魅力》。情感升华,感受到每一种生命都是有价值的。 教师小结:通过刚才的介绍,我们看到世界是由多彩的生命构成的。每一种生命都以其独特的方式展现着它们精彩的一生。每	采取分组讨论,小组汇报的形式。 学生列举身边的生命并谈对这些生命的认识。	我们要敬畏生命、热爱生命、与大自然和谐相处。	

教学环节	知识点位	教师活动	学生活动	设计意图	备注
		教学过程			
探究活动二		一种生命都让我们感受到它存在的价值和意义。 过渡:我们许多同学都能做到尊重其他生命,这非常好;不过在现实生活中不关爱生命的行为也时有发生。	学生分享自己和某种生命之间的小故事。		
探究活动三	(二)生命需要相互关爱。	环节三:合作探究,尊重生命。 学生观看新闻视频《盗猎猕猴》,请学生评价盗猎者的行为,并说说我们应如何与这些小生命相处。 教师小结:生命是顽强的,也是脆弱的。有时,一个不经意的动作,可能就会对一个生命造成伤害。	评价视频中盗猎者的行为,这是对生命的不尊重。我们应该保护、关爱这些小生命。	提高环境保护意识,善待野生动植物,保护野生动植物。	
探究活动四		环节四:聆听诉说,感悟生命。 教师:近些年来,由于人类过分地追求经济发展,忽视环境保护,给地球带来了难以愈合的创伤。接下			

教学过程					
教学环节	知识点位	教师活动	学生活动	设计意图	备注
探究活动四	（二）生命需要相互关爱。	来我们听听"地球的诉说"，多媒体播放录好的音频材料。 教师：每种生命都有其存在的意义与价值，各种生命间共生共存、息息相关。我们要想幸福生活在一个丰富多彩的世界里，就需要每个人去关爱与呵护周围的生命。	聆听材料，认识到自然生态环境破坏的严重后果，谈谈自身的体会，切身感受人类破坏自然最终将受到大自然的惩罚，人与自然应该和谐相处。	通过分析地球上生命之间相互依存的关系，知道生命需要相互关爱。	
探究活动五		环节五：明理升华，关爱生命。 展示一组美丽图片，教师并评价。 教师：地球是我们共同的家园，关爱生命，保护环境是我们每个人的责任。 请列举生活中，我们尊重和关爱生命、保护环境的做法。并用手机微信中的漂流瓶形式将大家的做法传递出去，让更多的人参与我们的公益行动。	学生展开讨论，列举关爱生命和保护环境的做法。	培养爱护自然、欣赏自然、保护环境的能力。	

		教学过程			
教学环节	知识点位	教师活动	学生活动	设计意图	备注
探究活动五		教师:大家谈得很好。我相信经过我们共同的努力,各种生命将可以和谐自由的生长,周围的环境会越来越好,中国会越来越美,世界会越来越精彩!			
课堂小结		教师:最后,我用《生命的阳光》这首诗来结束今天的新课,邀请大家和我一起朗读。 生命的阳光 每一朵清香的花儿 就是一只蝶的梦境 每一只起舞的蝶 就是一片草地的幸福 每一片如茵的草地 就是一条跳动的脉搏 每一个鲜活的生命 就是一件自然的杰作 它们美好、自由、温馨、热烈 每一个欢乐的瞬间 就是一缕生命的阳光 照耀世界……	师生共同朗读《生命的阳光》。	情感升华。	

教学过程					
教学 环节	知识 点位	教师活动	学生活动	设计意图	备注
课堂 小结		在新课结束时,由教师给班级送上一份特别的礼物——小植物。请班长做代表接受礼物。希望大家要照顾好这个小生命。	接收老师赠送的特别的礼物——小植物,班长代表班级表态。		
板书 设计		关爱生命　　保护环境 世界因生命而精彩		构建知识网络。	
课时 作业		用心照顾老师赠送的小植物,把它当做班级的新成员一样关心、爱护。			

注:张起磊老师执教的《世界因生命而精彩》一课获2015年第八届全国中小学互动课堂优质课评选一等奖。

《世界因生命而精彩》教学实录

安徽省马鞍山市成功学校　张起磊

一、情境导入,引出课题

教师:上课,同学们好,请坐!

今天我将和大家一起学习有关生命的话题。首先,请大家看一幅图片,(出示图片:荒凉的沙漠)请问你们看了图片之后有何感受?

生1:很贫瘠、很荒凉。

生2:死气沉沉,没有活力。

生3:感到压抑,让人感到难受。

(教师引导学生思考)

教师:似乎这里缺少些什么?

部分学生回答:生命。

(教师出示第二幅"美丽的地球"图片,与前幅进行对比,有花、草、树木、小动物等生命)

教师:请你们再谈谈此刻的感受。

生1:感到生机勃勃,充满活力。

生2:给人一种很舒适,很愉悦的感觉。

教师:两幅图分别给我们不同的感受,这说明了什么?

学生齐答:有生命的世界是美丽的。

教师:世界需要生命,世界因生命而精彩。

引出课题:世界因生命而精彩。(板书)

二、设置环节,学习新课

环节一:创设情境,感受生命。

教师:生命,让大自然变得生动美丽。接下来,我们共同走近生命,感受生命的活力。

(播放视频:美丽画面《原野中的一生》)

教师:生命之美,令人惊叹。请大家说说自己的感受。

生1:生命是地球上最珍贵的财富。

生2:生命的多样化,让我们的世界更美丽。

教师:生命是地球上最宝贵的财富,多彩的生命构成缤纷的世界,世界因生命的存在而变得如此生动和精彩。

过渡:我们的地球正是因为有了生命才变得美丽。下面,我们一起来认识身边的生命。

环节二:互动交流,感知生命。

1.请列举身边的生命,并说说它们对地球、对人类有何意义。

教师:我们把大家分成3个组,进行讨论,每组选出一位代表,汇报本组的结讨论果。

第一组:

蚯 蚓:蚯蚓能疏松土壤,促进土壤的酸碱平衡,使植物更好地生长。蚯蚓能够分解动物的粪便和生活垃圾等,对保护环境有一定的贡献,被称为是"大自然的清洁工"。

啄木鸟:啄木鸟可以捕食树干里面的害虫,保护树木生长,被称为是"树木医生"。

蝙 蝠:蝙蝠具有回声定位的能力,人类就是根据它的这个本领发明了雷达。蝙蝠的粪便还具有明目去火的作用,是一种治疗眼疾的药材。

第二组:

树木:树木通过光合作用,吸收二氧化碳,释放氧气,让地球上的生命自由地呼吸,同时还净化了空气。

仙人球:仙人球可以吸收电磁辐射,放在电脑边上,可以减少电磁辐射对我们的伤害,它还是吸附灰尘的高手,可以净化空气。

小草:小草可吸收热量、湿润空气,吸收二氧化碳、美化环境,还可以防止土壤沙化。

第三组:

马:马在古代的时候是重要的交通工具,给物资的运输和人们的出行带来了便捷。

蜜蜂:蜜蜂传递花粉,可以使果实增产,同时它们所酿的蜂蜜还有很好的营养价值。

青蛙:青蛙可以捕食稻麦田里的害虫,保护庄稼的生长,维护农民的辛劳果实。

教师总结:我们的世界正是有了多彩的生命,才变得美妙和神奇。每一种生命的存在都是有意义和价值的。在生活中,我们常和一些生命接触,有时也会被它们的故事所感动。

2.请问你曾被某种生命打动过吗?说说你们之间的小故事。

(教师提醒:可以是你亲身经历的,也可以是你听到的故事)

蚂蚁的故事:遭遇森林失火时,蚂蚁会紧紧地抱成一团,迅速地滚动,逃离火海,外围的蚂蚁可能会被烧焦,可是里面的蚂蚁却存活下来了。蚂蚁的这种团结合作和无私奉献精神让我敬佩和感动。

老鹰的故事:老鹰是世界上寿命最长的鸟类,它一生的年龄可达70岁。但是老鹰活到40岁时,爪子开始老化,啄变得又长又弯,翅膀变得十分沉重,使得它捕食困难,飞翔也十分吃力。勇敢的老鹰并没有等死,而是选择艰苦的蜕变。它用喙击打岩石,把指甲和羽毛一根一根地拔出来。5个月以后,新的羽毛长出来了,老鹰可以重新飞翔,增加30年的生命。这种不怕困难和挫折的精神值得我们学习。

"斑羚飞渡"的故事:语文课文中的一个故事,一群羚羊为了躲避猎人的追捕,逃到了悬崖边,悬崖的宽度难以越过,这时一些老羚羊纵身一跃,跳到悬崖中间作为献身的羚羊,让年轻的羚羊从它们身上踏过,越过悬崖。这种甘为人梯,无私奉献的精神很伟大,值得我们所有人敬佩。同时,我也为人类的残暴行为而感到愧疚。

蜥蜴的故事:有一次房子的主人在拆迁的过程中,发现了一只被钉子穿身而过的蜥蜴。主人发现这个钉子是20年前挂结婚照是时钉到墙上的。没有想到的是,却钉中了这只蜥蜴。令人吃惊的是,这只蜥蜴还活着。主人惊奇地观察,发现了秘密:原来这只蜥蜴的同伴不断从四处找来食物喂它,而且一喂就是20年!我觉得这只蜥蜴的同伴义无反顾地去照顾它20年,这份责任、这份坚守,很了不起。

白鼠的故事:从前一个科学家用一只母白鼠做肿瘤实验,他给那只白鼠移植了癌细胞,过了几天,肿瘤在白鼠的身上越长越大,可他惊讶地发现白鼠用嘴撕咬身上的肿瘤。过了两天,科学家发现母白鼠产下了一窝小白鼠,鼠崽们喝着母亲的乳汁,一天天长大,白鼠母亲的身体日渐消瘦,它靠着顽强的意志与癌细胞作抗争,用身体里所有的能量化为生命的乳汁,喂养着鼠崽,最终母鼠永远地倒在了笼子里。科学家发现,母鼠在产下鼠崽后,整整活了21天。而21天,恰好是白鼠平时正常的哺乳期,此后,小白鼠就可以脱离母亲而独立生存了,这只母鼠在正常情况下,因移植了癌细胞在身体内,早就应当死亡了。面对这伟大而悲壮的动物的母爱!科学家不禁流下了眼泪。

教师:同学们都谈得很好,生命是美丽的,生命是顽强的。老师也看到过一个关于狗的感人故事,下面和大家一起分享。

(播放视频《相信,一只狗的魅力》)

教师:没有完美的身体,却有完美的心灵。看了相信的故事,你有何感悟?

生1:相信凭借自己坚强的毅力,战胜了困难,让它的生命更加精彩。

生2:每一种生命的存在都是有意义和价值的,我们要尊重周围的生命。

教师小结:世界是由多彩的生命构成的。每一种生命都以其独特的方式展现着它们精彩的一生,每一种生命的存在都是有意义和价值的。所以,我们要关爱周围的这些生命。

教师过渡:通过刚才的交流,让我感受到了大家对生命的尊重与热爱,这非常好;不过在现实生活中不关爱生命的行为时有发生,请看下面的案例。

环节三: 合作探究,尊重生命。

(播放新闻视频《盗猎猕猴》)

教师:请同学们评析视频中盗猎者的行为。

生1:他们是不关爱生命和践踏生命的行为。

生2:盗猎者的行为是违法的,因为猕猴是国家二级保护动物。

教师:你认为我们应该如何与周围的生命相处呢?

生1:我们应该尊重它们,关爱呵护周围的生命。

生2:我们人类应该和其他生命和谐相处,因为每种生命都是有价值的。

教师:生命是顽强的,也是脆弱的。有时,一个不经意的动作,可能就会对一个生命造成伤害,生命需要相互关爱。特别是野生动植物,它们是我们同住地球家园的朋友。

过渡:近些年来,由于人类过分地追求经济利益,忽视环境保护,造成了严重的生态问题,给地球带来了难以愈合的创伤。接下来我们听听"地球的诉说"。

环节四: 聆听诉说,感悟生命。

(播放音频"地球的诉说",以地球的口吻诉说着环境生态等问题)

教师:听了地球的诉说,我们不禁在反思人类的行为。那么你想对人类说些什么呢？你觉得我们应如何与地球相处？

生1：人类应该反思自己的行为,不践踏生命,不污染环境。

生2：地球是我们赖以生存的家园,我们要爱护地球。

教师：每种生命都有其存在的意义与价值,各种生命间共生共存、息息相关。我们要想生活在一个丰富多彩的世界里,就需要每个人去关爱周围的生命,保护我们共同家园——地球。

环节五：明理升华,关爱生命。

教师：近年来,我国坚持可持续发展,着力打造资源节约型、环境友好型社会,目前已取得一定的成效。下面请看一组美丽的图片。(呈现图片)

教师评价图1：这是美丽的马鞍山,我们马鞍山是全国文明城市,环保模范城市,生活在这样的城市我们很幸福。

教师评价图2：这是美丽的乡村,每年的3月份,在当涂的护河镇,桃花盛开的时候十分美丽,那里人和自然和谐相处,多么令人神往。

教师评价图3：这是美丽的成功校园,校园不大,但干净整洁,是马鞍山市绿色校园。能有这样的荣誉,我想这和大家的努力是分不开的。我提议,把掌声送给学校,也送给自己。

教师：关爱生命,保护环境,这是全社会的责任,作为中学生的我们也应积极参与,承担起这份责任来。请列举生活中我们关爱生命、保护环境的做法。(随手可做的小事)

稍后我们将用手机微信中的漂流瓶,把大家好的做法传递出去,让更多的人参与到我们的公益行动当中来。(同学展开讨论,并适当记录)

生1：爱护花草树木,不践踏草坪;

生2：不吃青蛙等野生动物;

生3：节约用水,节约用电,纸张双面使用;

生4：低碳出行,尽量使用公共交通工具;

生5：不乱丢垃圾,垃圾分类处理;

生6：人人都应该关爱生命,保护地球,让青山绿水永存、蓝天白云常在,让我们的中国越来越美丽。

教师：大家谈得很好。我相信经过我们共同的努力,各种生命将可以和谐自由的生长,周围的环境会越来越好,中国会越来越美,世界会越来越精彩!

教师：刚才老师发现自己的手机响了一下,也许是我们的环保倡议得到了周围人的响应,一起来看一看。

(展示网友回复的帖子)

教师:许多人和大家一样,热爱着周围的生命,热爱着我们的地球。

三、升华情感,课堂小结

最后,我用《生命的阳光》这首诗来结束今天的新课,邀请大家和我一起朗读。

> 生命的阳光
> 每一朵清香的花儿
> 就是一只蝶的梦境
> 每一只起舞的蝶
> 就是一片草地的幸福
> 每一片如茵的草地
> 就是一条跳动的脉搏
> 每一个鲜活的生命
> 就是一件自然的杰作
> 它们美好、自由、温馨、热烈
> 每一个欢乐的瞬间
> 就是一缕生命的阳光照耀世界……

教师:非常感谢大家的精彩表现和热情参与,我有一份礼物要送给班级请班长上台接受我的礼物——小植物,也请你们好好照顾它。

班长表态:老师请放心!我们会把它当做班级的新成员,大家共同去关爱它,照顾它,让它和我们一起成长!

破茧而出　追梦之旅
——对《世界因生命而精彩》优质课的教学反思

郭荣虎

课堂作为新课改的主渠道,是学生全面、可持续发展的平台。鲜活灵动、富有魅力的政治课堂,往往精彩不断,给人以美的享受。要想让课出彩,既要把握学情、巧搭结构,又要恰当使用现代媒体,选择贴近学生情感的材料,让学生愿意说、有话说,这样的课堂才更有生命力。

　　优质的课堂常令人耳目一新,回味无穷。2015年5月,在由中央电化教育馆和全国中小学计算机教育研究中心联合举办的"2015年新媒体新技术教学应用研讨会暨第八届全国中小学互动课堂教学观摩活动"中,张起磊老师执教的《世界因生命而精彩》一课参加现场比赛获得两个全国一等奖。这节课是基于新媒体新技术的支持下,坚持生本课堂理念的教学实践,以学生活动为载体,在轻松、愉悦的氛围中达成教学目标。为了培养学生关爱生命、保护自然的意识与能力,教师充分利用新媒体技术的优势,创造丰富的教学情境,使抽象的内容形象化、生动化。教学富有活力,课堂充满魅力。张起磊老师所进行的可贵的探索,让我们感受到未来一段时期优质课的发展趋势。从优质课的打造这一角度,这节课给了我们很多有益启示。

　　一、准确分析学情,构建优质高效的政治课堂

　　课的设计应遵循"以学定教,以教导学"的原则,要从学生的认知规律和心理特点出发,重点是要符合课标的要求。为了让学生懂得生命是自然界最珍贵的财富,理解生命的意义,激发学生热爱生命、热爱自然的情感,提升爱护自然、保护环境的能力,教师以"感受生命、感知生命、尊重生命、感悟生命、关爱生命"五个环节为主线,不断创设情境,丰富学生情感体验。

　　政治课绝不是教师的一味说教。在整节课的设计上,教师从学生的认知规律和特点出发,采用初中生所喜爱的教学方式。在感受生命环节,放手让学生说,通过问题的设置:"列举我们身边的生命,并说说这些生命对人类、对地球有什么意义。"让学生小组讨论,展示交流,课堂气氛热烈,学生积极性得到极大调动。

　　这种视角独特、新颖的情境设计及在课堂上的恰当运用,充分体现"以学定教,以教导学"的原则,把课堂交给学生,学生是学习的主人,教师是学习的组织者和引导者。精准分析学情,教学贴近生活,从而让课堂更高效。

　　二、发挥主体意识,搭建智慧灵动的政治课堂

　　出彩的课题绝不是教师的"独舞"。只有通过诗意的语言、真挚的情感、智慧的手法点燃学生的激情、激发学生的灵感,才能真正给予课题"生命"。

　　有效的教学互动促进教学目标的达成,课堂的活力在于学生的参与。课堂上学生的发言,有许多是难得的教学资源,教师如能及时灵活应用,往往会有意外的收获。课堂上,让学生谈生命的感人故事活动时,有个学生分享了"老鹰重生"的事例,不仅语言表达好,而且还联系自身实际谈了感受,其他学生深受启发,自发鼓掌,把课堂推向一个高潮。老师借此机会进行点评小结,将课过渡到尊重生命环节,就显得自然流畅。

托尔斯泰曾说过,成功的教学所需要的不是强制,而是激发学生的兴趣。因此,教学过程的根本就是培养学生积极主动参与学习的意识,使他们学会学习,让他们在互动中获得一些直接体验,提高学习能力。

三、精设教学情境,展示富有魅力的政治课堂

教师作为情境探究教学的引导者,以教材为基本内容,根据学生的生活实际,选择典型材料,创设特定情境,引导学生探究并形成新知识、新观点。创设教学情境使课堂教学更贴近生活,可以更有效地激发学生兴趣,使学生成为教学活动的主角。

一节精心打磨的课,总是令人回味无穷的。在课的五个环节里,教师以学生活动为载体,巧搭结构、精设情境,课程不断深入、层层递进,让学生的情感逐步升华。在"地球诉说"内容的准备上,是由老师和学生在课前把文字材料转化成视频材料,然后课堂上再播放,让学生更直观地体会到"地球的创伤"。在学生有了情感体验之后,再对学生提问,反思人类的行为及今后该如何去做。学生谈感受、议行动,让课堂气氛再次活跃起来。

灵动的课堂在于创造,创新的课堂富有魅力。在课程结尾的作业设置上,用一盆植物作为礼物送给全班,并倡议学生精心照顾。这一教学安排让模拟情境变成了现实情境,让教学回归生活、指导生活,既轻松愉悦地达成教学目标,又实现了思想品德课的育人功能。

四、巧用现代媒体,呈现充满活力的政治课堂

信息技术手段的使用,让课堂化静为动,教学效果往往是事半功倍。当然,信息技术如何与课堂进行深度融合,如何把信息技术在教学中的强大优势展现出来,这是老师们常关心的问题,也是一线教师面临的现实课题。

"互联网+"时代的到来,更是将"小课堂"与"大社会",进行了完美的链接,有效地拓宽了教学空间。为了有效地利用现代媒体,把课堂教学延伸到课外,提高课堂教学的实效性,张起磊老师也做了大胆的尝试。例如,在"明理践行,关爱生命"环节,老师先组织学生讨论交流生活中"关爱生命,保护环境"的做法;然后,提供手机,让学生用微信漂流瓶的方式,将好做法传递出去,进行网络互动。这充分调动了学生的参与热情,更加意想不到的是,学生的环保倡议,得到了场外网友的响应,这既肯定了学生的环保行动,又扩大了课堂的影响力。现代媒体的应用,摆脱了传统课堂的桎梏,实现了课堂的延伸。

课有常,而教无常。在教学活动中,我们应积极落实"尊重学生人格,体现学生主体地位,使每位学生都获得发展"的新课改理念。教师通过巧妙的设计与学生灵动的参与打造出优质、高效的政治课堂,促进学生健康全面发展。从而,真正让政治课堂成为智慧灵动、富有魅力的舞台,把政治课堂的时光演绎成丰富而精彩的成长故事。

《永恒的中华民族精神》教学设计

安徽省含山中学　何　蓉

课　题	第七课　我们的民族精神 第一框　永恒的中华民族精神
教学 目标	【知识目标】 1.中华民族精神的巨大作用。 2.中华民族精神的基本内涵。 【能力目标】 1.民族精神的巨大作用和力量。 2.善于结合我国优秀传统文化、传统美德特别是中国共产党领导全国各族人民长期奋斗的历史,感悟民族精神的基本内涵,感受民族精神的巨大力量。 【情感、态度与价值观目标】 1.增强对优秀民族文化、传统美德和民族精神的认同感。 2.增强维护民族团结、社会稳定、顾全大局的情感,坚定实现祖国完全统一的信念。 3.认同爱好和平、团结统一、勤劳勇敢、艰苦奋斗、自强不息的民族优良品格,保持艰苦奋斗、积极进取的民族精神。
教学 重点	中华民族精神的内涵。
教学 难点	1.中华文化的力量集中表现为民族精神的力量。 2.爱国主义不是抽象的,而是具体的。
教法 学法	本节课的知识点并不多,所以教学设计希望达到的目标是,引起学生爱国主义情感的共鸣,这种共鸣,不是老师空洞的说教可以达到,而是通过他们具体的行为,通过真正的课堂感悟,发自内心的认同,从

教学方法	而引起的情感共鸣。基于这样的理念,所以教学方法上调动学生的主动性,通过学生小组合作、教师讲授、课堂体验等方式来进行教学。

教学过程				
教学环节	教师活动	学生活动	设计意图	备注
课前准备	课前布置全班同学按原有合作小组分工协作,合作研究并推选出学生代表展示中华民族精神具体内涵的四个方面(团结统一、爱好和平、勤劳勇敢、自强不息),可以命名为团结统一组、爱好和平组、勤劳勇敢组、自强不息组。 注:具体的展示方式,学生自己选择,只要能够表现主旨,任何呈现形式和表达手段都可以运用。	课前小组协作,用自己的观点、自己的理解、自己的方式来展示中华民族精神的具体内涵的四个方面。	放手学生,让学生表达他的所思所想,可能稚嫩,可能不完善,但探索、表达的过程,恰是他们认知形成的过程。要想学生发自内心的认可,树立正确的世界观、人生观、价值观,必须让他们有一个探索实践的过程。	教师在学生合作的过程中,也可以适当关注、参与。

教学过程				
教学环节	教师活动	学生活动	设计意图	备注
情境导入	习近平总书记今年"六一"前夕来到北京海淀区民族小学看望少年儿童,和孩子们交流时,说到"精忠报国"是他一生的目标! 播放视频:歌曲《精忠报国》。 提问:喜不喜欢这首歌?为什么喜欢?	观看大屏幕并合唱歌曲。 思考并回答问题。	紧密结合时事政治,让学生学会拥有身在课堂、心系天下的态度。 歌曲《精忠报国》画面恢宏,旋律优美,歌词朗朗上口,学生很容易学会并跟唱,所以鼓励他们想唱就唱,在这种愉快的歌唱中,渲染爱国主义的氛围,从而达到本课的情感教学目标。 学生的回答自然会提到爱国主义、民族精神等,顺利过渡到本节课所学内容。	

教学过程			
教学环节	教师活动	学生活动	设计意图	备注
一、中华民族精神和中华文化的关系	师：什么是民族精神？民族精神是一个民族在长期的共同生活和社会实践基础上形成的优秀传统文化的结晶。那可不可以这么理解：中华民族精神就是中华民族五千年优秀传统文化的结晶。（稍作停顿）民族精神渗透在民族文化的各个方面，贯穿整个民族历史发展的全过程，那也就是说，中华民族精神贯穿整个中华民族五千年的历史。（稍作停顿）穿越时空，从古至今，你们知道哪些人、哪些事在他们的身上可以看出这样一种伟大的民族精神？ 　　按学生座位自然分组，古代、近代、现代，共同讨论回答。 　　给学生适当思考时间，然后从古至今聆听学生的回答。 　　肯定学生的回答，并加以补充，老师也为学生选取几例。	阅读课本72页"专家点评"，然后听老师讲解。 　　紧跟老师节奏，积极思考，适当展开讨论并加以回答。	从课题《永恒的中华民族精神》直接切入，开门见山，再由民族精神引入中华民族精神，自然过渡。 　　设置穿越时空环节就是为了让学生感受到中华民族自古至今，民族精神一直存在，永不泯灭，实际上也是为后一个问题做铺垫。	

教学过程				
教学环节	教师活动	学生活动	设计意图	备注
一、中华民族精神和中华文化的关系	教师总结:所有这些人,我们称他们为中国的脊梁、民族之魂。鲁迅说: 唯有民魂是值得宝贵的。唯有他发扬起来,中国才有真进步。 ——鲁迅 过渡:这样的民族精神表现在哪儿? 中华民族精神深深植根于绵延数千年的优秀传统文化之中。中华文化的力量,集中表现为民族精神的力量。这两句话说明了什么问题? 说明了华民族精神和中华文化的关系。 过渡:中华文化的力量,集中表现为民族精神的力量,那中华民族精神又有怎样的力量呢?这是我们今天讲的第二个问题,中华民族精神的地位和作用。	观看多媒体,并聆听老师的解释,感受中华民族英雄儿女的爱国精神。 学生思考回答。	就是为了让学生了解中华民族精神自古至今绵延不绝、感天动地。 引出本节课的第一个知识点。	

教学过程				
教学环节	教师活动	学生活动	设计意图	备注
二、中华民族精神的地位和作用	师：中华民族精神是维系中华各族人民共同生活的精神纽带。余光中说："那一湾浅浅的海峡是最大的乡愁！"温总理曾说："那一湾浅浅的海峡是最大的国殇！"全体中华儿女每逢佳节会倍思亲！为什么？（停顿）因为我们的血脉中共同沉积着中华文化的底蕴，而中华文化的结晶就是中华民族精神，所以说中华民族精神是维系整个中华民族的精神纽带。 中华民族的精神是支撑中华民族生存和发展的精神支柱。2003年的非典，2008年的冰灾，5·12汶川地震，面对灾难，举国上下，万众一心，众志成城，攻坚克难，正是这样一种精神支撑我们渡过一次又一次难关。	学生结合课本阅读，思考领悟，然后听老师讲解。 认真听老师讲解。	这部分知识在考试中经常出现，学生需要深度理解才能记忆深刻并在考试中能够灵活运用，所以，这里选择了老师讲授的方式。	

教学过程				
教学环节	教师活动	学生活动	设计意图	备注
二、中华民族精神的地位和作用	中华民族精神是推动中华民族走向繁荣、强大的精神动力。今天我们说中国梦,什么是中国梦?对,是实现中华民族的伟大复兴。中国梦是什么?中国梦就是中华民族精神在今天在现时代的一种体现;中国梦是什么?是一种高昂的旋律,是一面精神的旗帜,这样一种精神的旗帜指引,推动着中华民族走向繁荣强大!所以说,中华民族精神是中华民族之魂。魂,灵魂,言下之意,中华民族精神的地位和作用非常的重要。 　　过渡:那么这样的中华民族精神的具体内涵又是怎样的呢?			
三、中华民族精神的具体内涵	师:在中华民族五千年的发展历程当中,中华民族形成了以爱国主义为核心,团结统一,爱好和平,勤劳勇敢,自强不息的伟大民族精神。 　　事先已经布置同学以小组协作的形式,用你们的视角,你们的理解,你们的	学生课前分工协作,课堂上选出代表展示。	之所以这么设计,是基于一下原因:	

教学过程				
教学环节	教师活动	学生活动	设计意图	备注
三、中华民族精神的具体内涵	观点来阐释中华民族精神除爱国主义这个核心之外的另外四个方面。 "团结统一"组： "爱好和平"组： "勤劳勇敢"组： "自强不息"组： 	学生课前分工协作，课堂上选出代表展示。	学生永远是教学的主体，应该充分地挖掘学生的潜力，为他们提供展示的舞台。无论他们展示的结果怎样，他们去研究去展示，这本身就是一种学习，一种进步。 《永恒的中华民族精神》这一课对于文科学生来说，知识难度较小，整节课设计的主旨也就是要对学生进行情感态度价值观的教	

教学过程				
教学环节	教师活动	学生活动	设计意图	备注
三、中华民族精神的具体内涵	老师总结:非常感谢四组同学的精诚协作和精彩展示。 过渡:中华民族精神这四个方面是不是彼此孤立,毫无关联的? 它们之间相辅相成,无不体现和渗透着爱国主义这个核心。 所以,我们要永远高扬爱国主义旗帜。		育,放手让学生开展小组合作研究,通过资料收集、多媒体制作、课堂展示,这整个潜移默化过程当中就已经是在对他们进行爱国主义教育了。	
四、永远高扬爱国主义旗帜	师:爱国主义是抽象空洞的口号吗? 在不同的历史时期,爱国主义既有共同的要求,也有不同的具体内涵。在当代中国,爱祖国和爱社会主义本质上是一致的。新时期,爱国主义的主题:发展中国特色社会主义,拥护祖国统一。 爱国不是抽象空洞的,而是具体实在的,爱国需要我们付诸行动!	找出课本知识点,阅读,听老师分析,加强理解。	在当代中国,爱祖国和爱社会主义本质上是一致的。对于这一知识点,学生常有疑问,所以,我采取了引用邓小平的话加以解释的方法。	

教学过程				
教学环节	教师活动	学生活动	设计意图	备注
四、永远高扬爱国主义旗帜	邓小平谈到爱国时曾说："难道祖国是抽象的吗？不爱共产党领导的社会主义新中国，爱什么呢？港澳、台湾、海外的爱国同胞，不能要求他们都拥护社会主义，但是至少也不能反对社会主义的新中国，否则怎么叫爱国呢？" 请问这些行为是爱国的表现吗？ 焚烧日企、网络传谣、埃及神庙刻上到此一游,对此类现象你想说什么？ 播放视频:我们应该怎样爱国？	展开讨论并选出代表回答问题。 观看视频。 引导学生"微话题"	爱国主义不是空谈,而是需要实实在在的行动,教师设置一些不爱国的行为,让学生加以讨论,从而得出:爱国,我们在行为上应该怎么做？ 视频播放央视国庆期间街头采访什么是爱国话题,来增加课堂的趣味性,激发学生畅所欲言的积极性、主动性。	
课堂小结		思考总结。	对本节课知识点形成整体认识。	

教学过程				
教学环节	教师活动	学生活动	设计意图	备注
情感升华	教师寄语：每个人应该遵守生之法则，把个人的命运联系在民族的命运上，将个人的生存放在群体的生存里。 ——巴金	集体诵读、感悟。	引导学生树立正确的价值观，激发学生爱国主义情感。	
教学预案反思	教师不替学生说学生自己能说的话，不替学生做学生自己能做的事，学生能明白的知识尽可能让学生讲。——魏书生 　　教育不是灌输，而是点燃火焰。——苏格拉底 　　放手学生，让学生表达他的所思所想，可能稚嫩，可能不完善，但探索、表达的过程，恰是他们认知形成的过程。要想学生发自内心的认可，树立正确的世界观、人生观、价值观，必须让他们有一个探索实践的过程。 　　通过这节课，我觉得，一个老师所应该做的，就是为学生构建这样展示的平台，让他们尽情地发挥，而且切记：犯错是学生的权利。在实践中犯错才能获得成功的经验，我们绝不能因为学生的一再犯错一再失败而终止这样的探索。			

　　注：何蓉老师执教的《永恒的中华民族精神》获2014年安徽省思想政治优质课评选一等奖和全国思想政治优质课评选二等奖。

《永恒的中华民族精神》教学实录

安徽省含山中学　何　蓉

【导入新课】

师：上课，同学们好！

欢迎你们来到今天的政治课堂。(多媒体呈现幻灯片，手指画面)这是今年"六一"前夕，习近平总书记来到北京海淀区民族小学看望少年儿童。在和孩子们交流的时候，习总书记说到小时候妈妈为他讲解"精忠报国，岳母刺字"的故事，从那时起，"精忠报国"四个字就深深地烙进了他的心里，成为他一生的目标！

"精忠报国"！(多媒体同时播放歌曲《精忠报国》)

同学可以跟着一起来唱！(鼓励学生一起跟唱，并观察跟唱过程中学生的表现)

(歌毕，画面定格在歌曲名"精忠报国"四个字上)一曲《精忠报国》荡气回肠，刚刚看我们同学唱得也是慷慨激昂！

(提问学生)管彦宸同学说说感受，刚刚看你唱得非常投入。

(学生回答)管彦宸：因为上面的主人公岳飞是我心中的大英雄，他文武双全、运筹帷幄、用兵如神，更难能可贵的是他能把他的军事才能用在报效祖国上，我非常钦佩他的这种爱国主义精神。

(教师点评)明白！你的意思就是喜欢岳飞所以才喜欢这首歌，叫做爱屋及乌！很好，请坐！

(继续提问第一排一女生)刚才我看刘晶晶唱得也挺投入的，你喜不喜欢这首歌？

(学生回答)刘晶晶：喜欢！因为这首歌的歌词写得非常好，旋律也朗朗上口，让人一听就能记住。

(教师点评)回答得非常好！请坐！

(继续提问最后一排一男生)黄涛，你来说说你为什么喜欢这首歌？刚刚看你在后面唱得是摇头晃脑。(老师笑，活跃气氛)

(学生回答)黄涛：因为这首歌大气磅礴，听了这首歌有很多感慨，主要是表达了一种爱国主义情感,(老师点题:体现了一种爱国主义!还有吗?)还体现了我们的一种民族精神。(老师继续点题,体现了我们伟大的民族精神。说得非常好,请坐)

师:我们今天所要学习的内容就是(一边点击多媒体显示的课题:"永恒的中华民族精神",一边板书课题)永恒的中华民族精神。(边板书边口述本节课的相关内容)什么是民族精神?民族精神有怎样的地位和作用?具体内涵又如何呢?

【新课教学】

师:什么是民族精神?我们同学看课本72页专家点评。(学生快速浏览书中内容,点击多媒体)我们一起来看大屏幕。民族精神是一个民族在长期的共同生活和社会实践基础上形成的优秀传统文化的结晶。那我们可不可以这么理解:中华民族精神就是中华民族五千年优秀传统文化的结晶。(稍作停顿)民族精神渗透在民族文化的各个方面,贯穿整个民族历史发展的全过程,那也就是说,中华民族精神贯穿整个中华民族五千年的历史(稍作停顿)。穿越时空,从古至今,你们知道哪些人、哪些事,从他们的身上可以看出这样一种伟大的民族精神?

带领我们同学穿越时空,一路从古至今。(教师走下讲台,近距离站在学生前面,以手势来示意)这组同学,你们现在就身处在古代(点击),你们所处的时代有哪些人、哪些事可以体现这样一种伟大的民族精神?你们就是近代(点击),你们就是现代(点击)。好,一分钟时间讨论。(走进学生中,和学生一起讨论)

(学生讨论结束)好了,我们有请第一组的同学,古代有哪些人、哪些事可以体现这样一种伟大的民族精神?(学生七嘴八舌回答,教师提取)古代:文天祥、苏武、岳飞、屈原……很好!

(走向第二组)那近代呢?鲁迅、李大钊、邓世昌……很好!

(走向第三组)那现代呢?焦裕禄、杨善洲……我们特别强调当下(点击)你们知道哪些人、哪些事可以体现民族精神?一起来!(用手势示意三组学生,提取学生答案)邵逸夫、郭明义……很好!老师也为你们选取几例。

(多媒体展示,画面自动播放,配合画面,深情讲解)苏武牧羊丈节十九载心系祖国;岳母刺字,精忠报国;戚继光,但愿海波平;李大钊,仁人志士,抛头颅、洒热血；人民的好书记焦裕禄；"年年岁岁感动中国"感动你我；最美乡村教师，扎根基层，照亮梦想的天堂。所有这些人，我们称他们为中国的脊梁、民族之魂。(稍作停顿)

(点击)鲁迅说过，唯有民魂是值得宝贵的。唯有他发扬起来，中国才有真进步。民魂是指……指什么？(学生回答，并板书在黑板中间)"中华民族精神"。"唯有他发扬起来，中国才有真进步"是什么意思？弘扬民族精神！为什么要弘扬民族精神？(稍作停顿后，引导学生找到课本文字)中华民族为什么历经沧桑而锐气不减，千锤百炼而斗志更坚？其中一个重要的原因就是中华民族精神永不泯灭。民族精神永不泯灭，意谓着从古至今中华民族精神一直延续存在，刚刚我们穿越时空，已经感受到了。民族精神熔炼于辉煌的古代文化之中，玉成于近代中国人民救亡图存、前赴后继的奋勇抗争之中，更彰显于建设中国特色的社会主义事业之中。

(点击)这样的民族精神表现在哪儿？中华民族精神深深植根于绵延数千年的优秀传统文化之中。中华文化的力量，集中表现为民族精神的力量。这两句话说明了什么问题？(停顿30秒，提问)

(学生回答)这两句话说明了中华文化和中华民族精神之间的关系。

中华文化的力量，集中表现为民族精神的力量，那中华民族精神又有怎样的力量呢？这是我们今天讲的第二个问题，中华民族精神的地位和作用。(图示方式板书)

(引导学生看课本内容，约1分钟后，点击题目)中华民族精神是维系中华各族人民共同生活的精神纽带，是支撑中华民族生存和发展的精神支柱，是推动中华民族走向繁荣强大的精神动力。怎么理解这三句话？(停顿30秒)老师帮助你们理解。

中华民族精神是维系中华各族人民共同生活的精神纽带。余光中说："那一湾浅浅的海峡是最大的乡愁！"温总理曾说："那一湾浅浅的海峡是最大的国殇！"全体中华儿女每逢佳节会倍思亲！为什么？(停顿)因为我们的血脉中共同沉积着中华文化的底蕴，而中华文化的结晶就是中华民族精神，所以说中华民族精神是维系整个中华民族的精神纽带。

中华民族精神是支撑中华民族生存和发展的精神支柱。2003年的非典，2008年的冰灾，5·12汶川地震，面对灾难，举国上下，万众一心，众志成城，攻坚克难，正是这样一种精神支撑我们渡过一次又一次难关。

中华民族精神是推动中华民族走向繁荣强大的精神动力。今天我们说中国梦,什么是中国梦? 对,是实现中华民族的伟大复兴。中国梦是什么? 中国梦就是中华民族精神在今天在现时代的一种体现;中国梦是什么? 是一种高昂的旋律,是一面精神的旗帜,这样一种精神的旗帜指引推动着中华民族走向繁荣强大! 所以说,中华民族精神是中华民族之魂。魂,灵魂,言下之意,中华民族精神的地位和作用非常地重要。那么,这样的中华民族精神的具体内涵又是怎样的呢?

第三个问题,中华民族精神的具体内涵。(板书同时,引导学生看课本)我们看课本72页,(和学生一起诵读)在中华民族五千年的发展历程当中,中华民族形成了以爱国主义为核心,团结统一,爱好和平,勤劳勇敢,自强不息的伟大民族精神。可看出,中华民族精神总共有几个方面内容? 五个方面! 我事先已经布置同学以小组协作的形式,用你们的视角,你们的理解,你们的观点来阐释中华民族精神除爱国主义这个核心之外的另外四个方面。接下来,我们一道来欣赏你们的观点、你们的视角、你们的展示。我们有请第一组,"团结统一"组,哪位同学代表来展示? 非常好,欢迎你!

"团结统一"组同学代表:各位同学,大家好! 我们小组合作探究的主题是团结统一。拿到这个主题,我们小组的同学不约而同地想到了土尔扈特部的东归。(多媒体自动呈现画面)公元1771年,在远离了祖国140多年以后的土尔扈特部自伏尔加河下游重回故土。启程时约有十七万人之多,可是在途中因为疾病、饥饿、战争而死亡的人数竟达一半。土尔扈特部的东归体现了怎样的民族精神呢?(停顿)对,这就是我们今天的主题:团结统一、爱国主义。那么,这样的民族精神又是怎样形成的呢? 其实中华的先民们很早就认识到,面对复杂多变的环境,个体必须凝结成整体才能够求得生存与发展,这种认识后来就凝结成了团结统一的民族精神。那么,这样的民族精神又有什么样的作用呢?(点击)这样的民族精神无论是在祖国兴旺发达还是在祖国面临危难的时刻都迸发出了强大的力量。(点击,手指画面,自动切换)这是2003年的非典,2008年的冰灾,5·12汶川地震,舟曲泥石流,玉树不倒、青海常青,中华儿女始终都相拥在一起,共同面对前进道路上的困难与挫折。现在我们生活在这样一个团结统一幸福的大家庭,我们由衷地感到幸福。就让我们用心以最豪迈的声音来表达我们的感激之情。

(歌唱)五星红旗 你是我的骄傲。

（示意全班跟唱）五星红旗，我为你自豪，为你欢呼，我为你祝福，你的名字，比我生命更重要……

师：非常感动，团结统一组让我真正地了解了什么叫做团结就是力量！接下来，有请第二组"爱好和平"组，我们欢迎你！

"爱好和平"组同学代表：各位同学，大家好！今天我们小组合作探究的主题是爱好和平。首先为大家带来的是英国哲学家罗素的一段名言：（点击呈现图片）如果世界上有"骄傲到不肯打仗"的民族，那么这个民族就是中华民族。我们知道，中华民族素来以热爱和平、崇尚交流的礼仪之邦著称于世，享誉于史。还记得北京奥运会开幕式上那一个荏苒千年的"和"字吗？（点击呈现图片）在当代国际社会中，中国始终高举和平、发展、合作的旗帜，在世界维和事业中（点击呈现图片）处处有着中国人民爱好和平的身影，他们热爱和平、不畏艰险、崇尚正义、不辱使命（点击呈现图片），甚至不惜牺牲自己的个人生命（点击呈现图片）来维持当地的和平和秩序，为祖国和人民赢得了全世界的赞扬和尊重。朝核危机，六方会谈（点击呈现图片），中国积极斡旋其中；叙利亚战火纷飞，生灵涂炭（点击呈现图片），中国主张遵循联合国宪章的遵旨和原则，希望以和平的方式解决国际争端。（点击呈现图片）和平鸽、橄榄枝一直是我们每个人心总最好的期盼。（点击呈现图片，定格）谢谢大家！

师：说得多好，和平鸽、橄榄枝一直是我们每个人心总最美好的期盼！真心地祈愿世界各国的老百姓能够幸福平安！

好，接下来我们有请第三组的同学，"勤劳勇敢"组！

"勤劳勇敢"组同学代表：同学们好！我们小组合作探究的是勤劳勇敢（点击）。正如老师前面所说，中华民族精神深深植根于中华优秀传统文化中，在辉煌灿烂的五千年文化中有很多很多关于勤劳勇敢的成语故事和典故，不信，请看我们小组带来的成语大接龙。（点击，小组同学合作接龙）

好，谢谢！同学们，通过这些成语可以想到些什么呢？我想到一种动物——牛！在座的大家可能都属牛吧？大家是否具有这种勤劳勇敢的精神呢？我也属牛，大家看我是否具有这种精神呢？（学生笑，齐声回答没有）

在我们的文化中还有很多很多关于勤劳勇敢的成语故事和典故。（学生举例）

再看看我们的党，中国共产党在长期的奋斗历程中，将勤劳勇敢精神发扬光大，使艰苦奋斗成为党的优良传统和作风，领导了中国人民创造了一个又一个令世人瞩目的奇迹。苦不苦,看看长征两万五,(点击呈现图片)这真是大渡桥横铁索寒,(手指画面)但是中国共产党人以他们"五岭逶迤腾细浪,乌蒙磅礴走泥丸"的精神渡过了一个又一个难关。新中国成立初期一穷二白,但是我们却造成了两弹一星,(点击呈现图片)让世人为之震惊。这两弹一星的发明成绩的取得正是体现了我们中华民族的勤劳勇敢精神。新时期,我们的科研更加辉煌,凭着特别能吃苦,特别能战斗,特别能改关,特别能奉献的精神,我们取得了载人航天(点击呈现图片)、蛟龙深潜(点击呈现图片)、天宫对接(点击呈现图片)等一个又一个令世人赞叹的科研成果。

同学们,在这样一个我们备受呵护的年代,我们还是否具有这样勤劳勇敢的精神呢? 我们应该怎么做,怎么样去拥有这样一种勤劳勇敢的精神呢? 对,就从勤奋学习、勇敢做事开始吧! 谢谢!

师:说得非常好! 在这样一个你们备受呵护的年代,老师其实特别希望你们能够继承这样一种勤劳勇敢的优良品质。

接下来,我们分享第四组"自强不息"组,看他们从什么样的角度,带给我们什么样的理解? 好的,你来!

"自强不息"组同学代表:(配乐背景)各位同学,大家好! 今天,我为大家讲述一个我们身边的故事。郑碧峰,(点击呈现图片)原含山县谢集中学学生。他三岁时母亲因患重症导致面肌瘫痪双目失明,最终丧失了劳动能力。七岁,父亲也因不堪家庭的重负抛弃了母子二人,自此,郑碧峰便用他稚嫩的肩膀扛起家庭的重担。七岁的年纪,当我们还在感受童年的欢乐时,郑碧峰已经懂得了生活的艰辛;七岁的年纪,当我们还在父母的怀里撒娇时,郑碧峰却早已在母亲的教导下学会做繁重的家务。每天早晨,他都会提前起床准备早饭,并搀扶妈妈洗漱、吃饭,在洗完碗筷后再去上学。中午放学后,他还要骑上二十多分钟的自行车,只为让独自在家的妈妈吃上一口热饭。生活的艰辛并没有压垮郑碧峰,相反,这让他更加具有上进心。自小学一年级开始,他便每年取得全校第一的学习好成绩,他更是以全校第一的成绩升入了谢集初中,三年后,他也以优异的成绩考入了马鞍山二十二中宏志班这个温暖的大家庭,并担任了班长一职。谈及未来的理想,郑碧峰说,他理想中的大学是清华,在未来的三年里,他也将为之努力,为之奋斗! 当人生低谷时,郑碧峰用自强书写坚韧,用双手支撑家庭。他坚信:风雨过后,一定会看见彩虹! 他常说,阴霾阻挡不住前进的脚步! 十多年来,郑碧峰用他的行为为我们唱响了一曲孝心大爱、自强不息的命运之歌！

谢谢大家！

师：唉，老师还深深地沉浸在我们含山学子郑碧峰的自强不息事迹的感动当中。

好的，非常感谢四组同学的精诚协作和精彩展示。让我们再次对你们的出色表现鼓掌！

我们前面说到中华民族精神除了爱国主义这个核心，另外还有四个方面，那么，这四个方面是不是彼此孤立，毫无关联的？(停顿)不是。它们之间是相辅相成，无不体现和渗透着爱国主义这个核心。土尔扈特部的东归，团结统一，热爱祖国；爱好和平，祖国才能和平安宁；勤劳勇敢、自强不息，国家才能繁荣富强。有国才有家，所以，我们要永远高扬爱国主义旗帜。

(边板书边提问)爱国主义是抽象空洞的口号吗？爱国主义当然不是抽象空洞，而是具体实在的。屈原自投汨罗江，岳飞屈死在风波亭，是不是爱国？百日维新，戊戌六君子喋血菜市口，谭嗣同梁启超是不是爱国？钱学森、赵忠尧面对一穷二白的祖国毅然选择回国，并强调，回国不需要理由，不回国才要理由，这是不是爱国？今天和平年代，杨利伟、王亚平，我们教师的楷模谭千秋、张丽莉是不是爱国？老师说这些想说明什么？(停顿)在不同的历史时期，爱国主义既有共同的要求，也有不同的具体内涵。在当代中国，爱祖国和爱社会主义本质上是一致的。新时期，爱国主义的主题是：发展中国特色社会主义，拥护祖国统一。

刚才有一句话：在当代中国，爱祖国和爱社会主义本质上是一致的，这句话应该怎么理解？(停顿)老师帮助你们理解。我们来看邓小平说过的一段话。(点击呈现图片)邓小平谈到爱国时曾这样说："难道祖国是抽象的吗？不爱共产党领导的社会主义新中国，爱什么呢？港澳、台湾、海外的爱国同胞，不能要求他们都拥护社会主义，但是至少也不能反对社会主义的新中国，否则怎么叫爱国呢？"言下之意，爱国和爱社会主义本质上是一致的。

爱国不是抽象的，而是具体的，爱国需要我们付诸行动！请问这些行为是爱国的表现吗？焚烧日企、网络传谣、埃及神庙刻上到此一游，对此类现象你想说什么？给你们讨论时间。(1—2分钟)

(学生回答)张义：要理性爱国、文明上网，国外出游不仅代表自己还代表国家形象，要文明出游。

唐圩:爱国放在自己心中。

师:(总结)爱国放在自己心中,从点滴小事做起,注意自己的言行!

好了,一段视频,我们看一下怎样爱国?

(视频播放,最后画面定格)

师:这位大妈说得多好,有了大国才有小锅!有了国家的繁荣强大才有老百姓生活的幸福安康。八个字,一起读! 空谈误国,实干兴邦!

今天课堂上,老师为你们提供契机,微话题:一句话证明你爱国! 为了让你们明白,我们也选取了几例网友的微话题,有网友说:我的手机铃声是国歌,证明他爱国;还有网友说:人生自古谁无死,留取丹心照汗青;还说:或者待我长发及腰,报效祖国可好? 抛砖引玉,同学可以互相讨论,每人说出一句。你们说得比较好的,可以发布在我们的班级微博上。

一名学生发布微博,下面的学生畅所欲言。

生:有一种语言,我学了十七年,那个语言就叫做中国话!

师:说得多好,给她鼓鼓掌!

生:我从牙牙学语时学会的第一句话就是中国话,我已经说了将近十八年,并且我将说一生!

师:(笑)你肯定会说一生的! 谢谢你!

读出学生所写:最好的地理就是中国地理。(点击发布)

生:我为自己是个中国人而骄傲!

读出第二位学生所写:我看了几百张中国地图,他们告诉我,钓鱼岛是中国的!

师:大永说得非常好!

师:接下来,我们再来一个环节,开通你的思维,想好做一件事证明你爱国,可以自己想,可以和同学之间沟通。

生:这是一元钱,或许它价值不大,但如果它掉地下了,我们就应该把它捡起来。(师:爱钱! 学生哄堂大笑)因为上面有国徽,象征着中国!

师:非常好! 还有吗?

生:我想为大家朗诵聂耳《毕业歌》中的一段歌词:

我们要做主人,

去拼死在沙场,

我们不愿做奴隶而青云直上,

我们今天是桃李芬芳，

明天我们是祖国的栋梁，

我们今天是弦歌满堂，

明天要掀起民族自救的巨浪！

师：说得多好，谢谢！做一件事证明你爱国，我们同学做得非常好！希望，在生活中大家都能做到！好，至此，今天这节课的所有内容我们已经上完了，那你学到了什么？

【课堂小结】

（呈现小结内容图片）

生：不仅仅是理论上的，还有……

师：那理论上你们学到了什么？

生：理论上我学到了中华民族精神的基本内涵，中华民族精神的地位和作用以及它与中华文化之间的关系，然后从中华民族精神讲到了爱国主义，还有团结统一、爱好和平、勤劳勇敢、自强不息这几个精神，但是最主要我学到的还是在现实生活中要爱国，要从小事做起，从好好学习，从现在做起。

师：说得非常好！

【情感升华】

最后，老师和你们一起共享，我们一起来：

（教师寄语，点击呈现图片）每个人应该遵守生之法则，把个人的命运联系在民族的命运上，将个人的生存放在群体的生存里。

世纪老人巴金，与你们分享！

下课！

让"磨课"助推教师的专业成长
——对《永恒的中华民族精神》优质课的反思

郭为华

"千淘万漉虽辛苦,吹尽狂沙始到金"。每每想起何蓉老师《永恒的中华民族精神》一课的打磨过程,情不自禁地就会想起这句诗,倒不是说这节课如何的金光闪闪,只是更多感悟其间的艰辛!也让我充分地认识到,要想上好一节课,上好一节有创意的好课是多么的不易。而正是这种不易对于教师特别是年轻教师的专业成长有着不可估量的价值。

教师的专业成长离不开"实践反思、同伴互助和专业引领",而"磨课"则是这三维一体的综合体现。记得曾听过这样一句话,"好课"是从课堂实践中熔炼出来的,没有任何捷径可行,这是教育行为修炼的颠扑不破的法则。磨课的过程既是一个学习、研究、实践的过程,也是一个合作交流、反思和创新的过程,更是一个专业素养提升的过程。在一次次磨课的过程中,使教师对新理念的把握更准确,对教材的研读更深入,对学情的了解更透彻,同时也使教师的点拨引导能力、临场应变能力、教学创新能力得以提升,教学实践不断丰富,教学智慧得以发展。同时,磨课还能磨出教师间合作交流的默契,磨出教研组团队理性思维水平的提升。

一次完整的磨课要经历准备、实施、总结三个阶段,准备阶段也就是要选课和制定本次的磨课计划;实施阶段是关键,包含了教学方案的设定—说课—上课—评课—修改方案五个环节,在上课—评课—修改方案这三个环节中开展多轮循环往复的"磨课",这种循环往复不是低水平的简单重复,而是螺旋式的上升;总结阶段要做好经验的总结和资料的收集整理留存等工作。磨课后,任教者要博采众长,反观自问,消化吸收,甄别筛选,整合方案,根据自己的经历和活动纪要,最终形成适合自己的优化方案。同时,参与者可以将其中感悟最深、最有价值的认识写成研究文章,形成个人教研成果。

回顾何老师这节课的打磨过程,我们能够很清晰地感受到"磨课"对教师专业成长的助推作用。

一、准备阶段:用心选课——自我斟酌开头难

"2013年的9月,接到参加马鞍山市高中思想政治优质课大赛的通知,就开始琢磨着上怎样一节课来参赛。仔细地审视自己,发现虽然参加工作年头已经不短,但自己的理论功底还是比较薄弱,对课本教材的深层次挖掘的功力还是欠缺,而语言表达、整体课堂驾驭以及和学生之间的互动应该是我的强项,用同组老师的话说,就是我的课堂充满了亲和力。在仔细审视自己的基础上,我开始了挑选课题的历程。相对来说,《文化生活》每节课的课本知识点难度不大,而且文化的内容更多感性的东西,这样就有利于我特长的发挥。正好那段时间,我在各个学校进行"中国梦"的宣讲活动。于是最初,我就特别想将"中国梦"和我的课堂相结合,而《文化生活》中能将这两者结合起来的只有《永恒的中华民族精神》这一课。于是选课上,我就选择了《永恒的中华民族精神》,并且定下基调,要从激发学生的爱国主义情感这个角度来定性我的课堂教学。在这样的自我定调下,我开始了个人准备,并且开篇就用了很大的篇幅去介绍"中国梦",然后由"中国梦"来导入新课,学习民族精神,整个设计下来,我还自鸣得意,以为自己紧跟时代节奏,把握思想政治课的真谛。在这样一种自我陶醉中,我开始组内听课的历程。"(以上文字摘自何老师的教学反思)

从何老师的选课历程当中,我们不难看出:一个教师要对自身进行深度的剖析与认知,要对教材进行深度挖掘与解构,同时还要对学生进行深度的了解,在这样的基础之上,他才可能开始备课的过程。而这样的认知、挖掘、了解的过程,就是一个教师专业成长的开始。

二、实施阶段

1.组内听课——反复切磋求成形。

9月17日,第一次试讲。何老师依据自己的设计,从"中国梦"开始侃侃而谈,用了将近10分钟时间才导入新课。课后,所有老师聚在一起,开始对课进行麻辣点评:用"中国梦"导入新课费时费力不讨好,过多概念的介入给人感觉老师过于强势而学生被动接受的感觉;课堂中学生的交流一定要充分,不能只是走过场,为了交流而交流,而且学生的思路一定要拓展开来,要允许学生有真知灼见;课堂的生成性因素才是一节课上最宝贵最闪光的亮点……听了同事们真诚的建议,她的教学思路开阔多了,这为下一步调整教学方案提供了许多参考的依据。

2.校际交流——集思广益提水平。

10月4号,我面向全县中学政治教师开放了我的这节课,目的依然是——磨课。历经前期的打磨,这次的听课,老师的点评有了一些肯定的声音。(或许是听课的老师毕竟来自不同的学校,给我留些面子吧)但我还是记忆犹新县教研员汤老师的话:"何老师,我以前也听过你的课,感觉你的课已经进入了一个瓶颈期,很难再有突破!"恩师李家祥老师说:"你的这节课'花活'的东西太多,扎扎实实朴素的东西太少!"杨明月老师讲:"这节课的深度还有待挖掘,环节设置还可以更多创新!"恩师、前辈、同仁的谆谆教导让我醍醐灌顶的同时也汗流浃背,但我明白,唯有如此我和我的这节课才能破茧化蝶!(以上文字摘自何老师的教学反思)

从本质上说,磨课不是磨"课",更多的是磨教师的专业成长和学生的个性发展。磨课为学生,让学生可以享受高效高质的课堂教学;磨课为教师,让教师可以享受驾驭课堂的乐趣。磨的过程就是教师不断成长的过程!但是,如果磨课教师急功近利,缺失思考,磨出的课就易变成简单华丽的堆砌;如果磨课教师浅化思考的程度,自己就易变成磨课组的课堂傀儡,无疑就卡住了自身专业发展的咽喉,这就背离了磨课的初衷和本质。所以说,磨课是一件痛苦的事,反反复复重复着同样的事情,自己的思想却在大家的辩驳中慢慢流失,到最后面目全非,甚至体无完肤,而这恰恰是才会破茧而出的时候。

三、总结阶段:最终展示——蚕蛹破茧终化蝶

一次次的试教,一次次的修改,一次次的再设计……原来的活动设计仿佛是一件件的旧衣被一层层地脱去,最后呈现给大家的总会让人眼前一亮或是更值得大家交流、探讨的内容。

"磨课就是一个不断的否定自我、超越自我、感动自我的过程;磨课就是一个'众里寻他千百度,蓦然回首,那人却在灯火阑珊处'的过程;磨课就是一个学会反思,追求完美的过程;磨课就是一个走进学生,熔炼自我'重生'的过程。"(以上文字摘自何老师的教学反思)

水尝无华,相荡乃成涟漪;石本无火,相击而发灵光。教师的专业成长不仅需要磨"课",更需要磨理念、磨学情、磨反思等全方位的磨砺,只有这样,才能让自己在磨砺中不断成长。

《新时代的劳动者》教学设计

安徽省马鞍山市外国语学校　俞　莉

课　题	第五课　企业和劳动者 第二框　新时代的劳动者
学情 分析	高一新生在学习品质方面,学习意志水平相对比较低,对初中与高中政治教学的差异性的适应能力还不强,对于政治课的重视程度不够。因此,提高学生的学习兴趣,让学生积极参与课堂教学就成为教师在备课中重点考虑的问题。根据贴近学生、贴近生活、贴近实际的原则,课堂教学以大学生求职为主线索,激发学生学习的兴趣、动机和欲望,从而积极参与讨论、探究、生成知识,升华情感。
教材 分析	《新时代的劳动者》是第二单元第五课第二框的教学内容。第二单元的核心概念是生产,围绕的主题是如何理财,而其主体就是生产者(劳动者)。在社会再生产的四个环节中,生产者起着决定作用。劳动者的就业状态关系到国民经济的可持续发展,特别是作为未来建设者中学生的创业精神,正确择业观的培养对促进经济的发展意义重大;国家提出了"以人为本"的方针,现实社会中劳动者尤其是农民工的权益问题成为困扰社会的一大症结,如何保护好劳动者的合法权益,确保社会的长治久安具有十分重要的意义。因而,从教育的意义上来看,本节课更侧重于德育意义。
教学 目标	【知识目标】 　　1.识记就业的意义;正确的就业观;劳动者依法享有的权利;劳动者依法维权的途径。 　　2.理解在我国国情下,树立正确就业观的意义。 　　3.运用所学知识解决实际生活中的问题:如果现在毕业,应如何选择职业;作为劳动者,如何维护自身的合法权益。

课 题	第五课 企业和劳动者 第二框 新时代的劳动者		
教学 目标	【能力目标】 培养学生分析问题、参与经济生活的实践能力。 【情感、态度与价值观目标】 1.培养学生树立正确的择业观,有利于人民安居乐业、国家长治久安。 2.学生深切认识到诚实劳动、积极创业在现代经济生活中的价值。 3.增强学生依法维护劳动者自身合法权益的法律意识。		
教学 重点	1.就业是民生之本。 2.劳动者权利的维护。		
教学 难点	树立正确的择业观念。		
教法 学法	通过创设课堂情境和课堂探究活动使学生增强自主学习能力与课堂参与意识,充分体现学生的课堂主体作用,为学生培养探究能力、创新能力、实践能力搭建平台。		
教学过程			
教学环节	教师活动	学生活动	设计意图
导入: 谈理想 说未来	提问:长大后你想从事什么样的工作? 请谈谈你的职业理想。	思考后,谈职业理想。	激发学生兴趣,引出课题。

教学过程			
教学环节	教师活动	学生活动	设计意图
创设情景:小宇的求职路。将课堂探究设置为四个环节 进入第一个探究环节"劳动者之盼" 引出第一个探究题:劳动和就业的意义	"劳动者之盼"。(小宇的求职路) 情景一:小宇是2013届安徽某大学旅游管理系的学生,去年此时他面临的首要问题便是找工作。 大四上学期末,在安徽国际会展中心举行了一年一度的人才招聘会。那天早上天气很冷,不到6点钟,小宇就早早地起床了,并且边穿衣服边暗自期盼着:希望今天能顺利找到工作! 思考:小宇为什么希望能找到工作? 人为什么要工作、要就业? 组织学生活动。 教师归纳:劳动和就业的意义(出示马克思的名言) (一)劳动和就业的意义。 1.劳动光荣。 2.就业是民生之本。	学生讨论回答。	设置情境,让学生用已学过的知识和生活的经验探究"劳动和就业的意义",以此来帮助学生掌握教学重点。

教学过程			
教学环节	教师活动	学生活动	设计意图
	个人: ①获得报酬,获得生活来源使社会劳动力能够不断再生产。 ②实现自身的社会价值,丰富精神世界,提高精神境界,促进人的全面发展。 国家和社会: 创造物质财富和精神财富。 情景二:小宇来到了会展中心。(出示四幅表现招聘会上人山人海的场面图片)请学生用一个关键词来形容!		
过渡	(二)就业形势非常严峻。 如此严峻的就业问题,要不要解决? 怎么解决呢?现如今,一个人的就业问题往往关系和影响着一个家庭,小宇的一家也为小宇的就业发愁,在招聘会的前夕,小宇的一家就开了个家庭会议,为小宇的就业出谋划策。	学生坚定地回答:需要。	为进入课堂的第二个关键环节铺垫。
进入第二个探究环节"劳动者之思"	"劳动者之思"。 情景三:"小宇的家庭会议"。 (根据课本探究题改编)		

教学过程			
教学环节	教师活动	学生活动	设计意图
进入第二个探究环节"劳动者之思"	 请学生参与到小宇的家庭会议中,进行合作探究,针对家庭会议中的四种突出的观点,即靠政府、求稳定、爱面子和凭兴趣,进行评析,指出每种观点的合理之处和误区。(请每个小组派代表在全班进行总结发言) 教师在学生合作探究和小组代表发言之后,归纳总结并做适当的补充。 (三)就业形势严峻的应对措施。 1.党和政府应采取就业优先战略和积极的就业政策与方针。 2.劳动者必须不断提高自身的素质,树立正确的就业观。包括自主择业观,竞争就业观,职业平等观,多种方式等就业观。	学生合作探究,并归纳小组的观点,派代表发言。	创设情境,让学生合作探究,找到解决问题的办法,一方面通过讨论明确严峻的就业形势要靠国家和个人共同解决;另一方面这种探究形式能培养学生合作的意识和能力。

劳动者之思 小宇的家庭会议
姐姐:工作要体面,不要让人看不起。
姑姑:就业就要靠政府。
父母:不管什么职业,只要能稳定地干一辈子就行。
哥哥:一定要找与自己专业知识对口、志趣爱好一致的工作。
小组合作探究:上述不同观点的合理之处和误区。
(可重点选择一种观点思考讨论,每一小组选派代表发言)

教学过程			
教学环节	教师活动	学生活动	设计意图
针对严峻的就业形势开展小组合作探究，找出应对措施	教师出示相关时政材料,反映政府在缓解就业问题的工作的一些措施。 　党的十八大报告和政府工作报告:实施就业优先战略,开发更多就业岗位,优化就业创业环境,实施不间断的就业创业服务,提高大学生就业创业比例。 　各级政府的优惠扶持政策:自主创业的高校毕业生可以免交多项行政事业性收费;对创业资金不足的给予小额贷款支持;开展不同形式的创业前的培训活动等。	学生聆听教师的归纳总结,了解时政信息。	
过渡	严峻的就业形势,需要我们共同努力来应对。那么小宇在招聘会的现场有收获吗?	学生聆听,并期待故事的进展。	为第三个环节做铺垫。
进入第三个探究环节"劳动者之忧"	"劳动者之忧"。 　情景四:寻觅中,小宇突然眼前一亮,一幅巨大的招聘广告映入了他的眼帘。	两位学生亲身模拟招聘面试的现场,其余同学观看。	

教学过程			
教学环节	教师活动	学生活动	设计意图
创设情景，模拟招聘面试	请两位同学模拟招聘面试现场。 学生模拟之后，教师请其余的"观众"评价"小宇"是否具有科学正确的就业观。	观看之后学生评价。	小型的模拟招聘面试现场可以活跃课堂气氛，调动学生的积极性，让学生在活动中获得知识，体验成功的喜悦，同时突破教学难点。
劳动者维权	情景四：功夫不负有心人，小宇被这家国际旅行社看中可担任导游一职。可是在一次外出工作时，由于旅行社的车出故障而导致了车祸，小宇不幸受了重伤住进了医院，可旅行社对此事却不管不问 爸爸说：公司太不讲人情了，明天我找几个人去公司，一定要威胁他们，要他们多赔点钱，否则就把公司砸了。 结合教材思考： 1.在这起安全事件中，旅行社侵犯了小宇的哪项合法权益？ 2.除了上诉权利，劳动者还享有哪些其他的劳动权益？	学生自主探究教材回答相关问题。	让学生运用初中的已有的知识储备和现有教材的知识进行自主探究，培养学生自主学习的能力，轻松突破教学重点。

教学过程			
教学环节	教师活动	学生活动	设计意图
劳动者维权	劳动者的权利有： 获得劳动安全卫生保护的权利； 平等就业和选择职业的权利； 取得劳动报酬的权利； 休息休假的权利； 接受职业技能培训的权利； 享受社会保险和福利的权利； 提请劳动争议处理的权利。 维护劳动者合法权益的措施： 国家——规范和协调劳动关系，依法维护劳动者权益。 企业——要提高社会责任感，诚信经营，依法经营，依法维护劳动者的合法权益。 (四)维护劳动者合法权益。 为什么要维护劳动者的合法权益？ 这是社会主义本质的要求，是保障劳动者主人翁地位的前提，是充分调动和发挥劳动者的积极性、创造性的保证。 我们应该如何保护劳动者的合法权益？(国家、企业、个人) 什么是正确的维权途径？ ※教师组织学生讨论，对学生进行指导，并归纳知识点。		

教学过程			
教学环节	教师活动	学生活动	设计意图
劳动者维权	个人——自觉履行义务,依法签订劳动合同。 　　劳动者维权的正确途径: 　　投诉,协商,申请调解,申请仲裁,向法院起诉。		
进入探究的第四个环节"劳动者之喜"	"劳动者之喜"。 　　小宇通过法律途径,合法权利得到了有效的维护。在积极的治疗下,他很快康复出院了。他继续担任导游的工作,并不断提升自我……	学生了解到依法维权是解决问题的最好的方式。	展现给学生一个美好的未来,给学生应对艰难问题的勇气与信心。
课堂小结	一路走来,我们共同感知了小宇的求职、就业与维权之路,如果你是小宇,这一路走来你会有什么样的感悟呢? 		

教学过程			
教学环节	教师活动	学生活动	设计意图
板书设计	（一）劳动和就业的意义 （二）我国就业形势严峻 （三）就业形势严峻的应对措施 1.政府 2.劳动者个人（树立正确的择业观） （四）维护劳动者合法权益 1.劳动者的合法权利的内容 2.如何维权		检测学生的课堂效果，帮助学生建构直观的知识体系。
课后探究	通过今天所学的课堂知识感悟小宇的求职之路，重新审视自己的职业理想和规划。	学生谈收获。	学以致用，延伸课堂知识。
教师寄语	教师寄语： 低调做人，你会一次比一次稳健， 高调做事，你会一次比一次优秀。 当别人还没有想到时，你已经想到； 当别人想到时，你已经做到； 当别人做到时，你已经做得不错； 当别人做得不错时，你已经做得很好； 当别人做得很好时，你已经换了跑道！ 祝你成功！	学生聆听。	情感升华，帮助学生树立正确的就业观、价值观。

教学过程			
教学环节	教师活动	学生活动	设计意图
课后反思	本节课成功之处是： 1.本课容量大,课前研究充分,整合教材知识点,做到了详略得当,重难点突出。 2.抓住学生的兴趣点,找准课堂探讨的切入点。在导入环节,设计了"谈理想"话题就抓住了学生的心,激发了他们的兴趣,从而让学生继续研究学习打下了基础。 3.课前做足预设,课堂才有精彩生成。教学中,一方面,充分挖掘学生的现有资源,真正走进学生的生活,让学生展现鲜活的发生在身边的事例,将课本的知识活化;另一方面以教师高度热情来感染学生,调动学生情绪,使学生思维和智力活动处于兴奋状态。 4.激发学生学习兴趣的同时要充分考虑课堂教学的实效性,所以构建知识网络体系必不可少。教学设计最后的课堂小结展示,虽然词少,但意全,便于学生抓住关键。 5.采用多媒体教学手段,增加了课堂教学的信息密度,提高了课堂教学的效果,同时增加了学生对本学科的学习兴趣。 6.研究性教学模式充分调动了学生的学习积极性,课堂讨论、模拟应聘等方面充分显示了学生探究问题的兴趣和积极性。 需要改进的是： 分组讨论、课堂回答是为了提高课堂的实效性,但并没能让每一位学生都充分地参与进来,让每一位学生都能表达出自己的思想。同时,教学中的语言还要不断地修饰,让课堂更加完美;本课探究问题的深度还不够,所以,研究性教学模式对教师的问题设计提出了相当高的要求。		

注:俞莉老师执教的《新时代的劳动者》获2013年马鞍山市高中思想政治优质课评比一等奖,并获得2014年安徽省思想政治优质课评比三等奖。

《新时代的劳动者》教学实录

安徽省马鞍山市外国语学校　俞　莉

【课前准备】

播放轻音乐,舒缓气氛。

【导入新课】

上课,同学们好,请坐下!

欢迎同学们走进今天的政治课堂,很高兴能有机会和大家一起探究政治,探究生活,希望你我今天都能有所收获。

同学们,我的职业是什么?(学生回答:教师)我从小就立志当一名人民教师,如今我已经实现了我的职业理想。那么大家能告诉我你们的职业理想是什么吗?

学生谈。(略)

看来大部分同学对自己的未来还是有所打算的。

我们每个人可能从孩提时代起就对自己的未来抱有美好的憧憬,而如今是高中生的你们更是对自己的未来职业有了相对明确的目标,理想与目标就像一盏明灯指引着我们前行的道路。但是理想和现实是有差距的,实现理想的过程并非一帆风顺,它往往是艰辛的!下面就请大家随我一起走进第五课第二框"新时代的劳动者"。(点击课件)首先,让我们走近一位去年刚刚毕业的大学毕业生小宇的生活,来一起感受小宇的求职之路,感受他在实现理想过程中的点点滴滴。(点击课件)

【新课探究】

作为一名新时代的劳动者,小宇在他的求职的道路中,有过期盼,有过思考,有过忧愁,也有过喜悦。(短暂停顿)

下面就让我们进入第一个环节"劳动者之盼"。(探究活动一)

小宇盼什么呢?(稍作停顿)作为2013届安徽某大学旅游管理系的学生,去年此时,和很多面临毕业,面临即将踏入社会的大学生一样,他最大的期盼就是

找到一份满意的工作。因此,在安徽省举办年度大型招聘会的那天早上,不到6点钟,他就早早地起床了。(展示课件内容)

同学们,小宇为什么希望找到工作,我们为什么要工作,要就业呢?

学生谈。(略)

(结合学生的回答,总结提升)是啊,同学们说得真好!说到就业我们不得不谈劳动。人类起源于劳动,正如马克思所说:"劳动创造了人本身""任何一个民族,如果停止劳动,不用说一年,就是几个星期,也要灭亡"。劳动是光荣的,就业是参加劳动的一种方式,是民生之本,对于个人和国家社会而言都有着十分重要的意义。对于个人而言,就业不仅使我们获得报酬和生活来源,也是实现自身社会价值促进自我全面发展的一个重要途径。对于国家和社会而言,就业能创造出社会发展所需的物质和精神财富。因此,人人都应该参加劳动,人人都应该就业。(点击课件,展现劳动和就业的意义)

看来小宇已经明白了其中的道理,才会有这样的期盼。那么小宇的求职顺利吗?我们一起来看。

小宇来到了会展中心,可8点还不到,会展中心已经被挤得水泄不通了。

同学们,如果你是小宇,看到了这一幕场景,你会用什么词来形容我国的就业形势呢?(学生回答:严峻)

是啊,老师也有同感,就业形势很严峻,如此严峻的就业形势,我们该怎么应对?(停顿)

好,下面就让我们进入第二个环节"劳动者之思"(探究活动二),来共同思考探究解决就业问题的办法。(点击课件)

一个人的就业问题不仅关乎个人,也关系着一个家庭。小宇家人为小宇的就业问题也是伤透了脑筋。瞧,这是在招聘会前夕,小宇一家开的家庭会议,(展现课件内容)每个人都发表了自己的看法:姑姑说就业就要靠政府;父母认为只要能稳定的干一辈子就行;姐姐说要有面子,不能让被人看不起;哥哥说要与自己的专业和兴趣爱好一致。(稍作停顿)那么,接下来,我们也来参与小宇的家庭会议,针对家庭会议中突出的四种观点(靠政府,求稳定,要面子,凭兴趣)展开讨论。请同学们前后四人一小组进行合作探究,指出每一种观点的合理之处和误区。可重点选择一种观点讨论,之后选派代表汇总发言。

好的,看到大家积极地合作探究,老师很欣慰,能否将你们的合作成果展现出来呢?(合作小组派代表回答)

很好,通过大家刚才的合作思考探究,我们清晰地认识到,面对严峻的就业形势,党和政府,以及个人都必须采取相应的积极措施。(展现课件内容)

党和政府要采取就业优先战略和积极的就业政策与方针。在党的十八大报告和政府工作报告中都明确指出:要实施就业优先发展战略,开发更多就业岗位,优化就业创业环境,实施不间断的就业创业服务,提高大学生就业创业比例。(稍作停顿)同学们这里多次提到了一个词,是什么?(学生回答:"创业"。)自主创业不仅能解决个人的就业问题,还能为他人提供更多的就业岗位,因此,国家鼓励自主创业,各地政府还出台了相应的优惠政策,比如高校毕业生自主创业可以免交多项行政事业性收费,对创业资金不足的给予小额贷款支持,各地还开展了多种形式的创业前的培训活动等。

我们的政府一直在努力着,我们要相信政府,但是解决严峻就业形势的问题不是一朝一夕的事,要经历一个相对长期的过程,那么劳动者个人在这样的形势下,就更要提高自身素质,树立正确的就业观,什么才是正确的就业观呢?(稍作停顿)正如刚才几位代表同学所说的那样,不能等靠要,要树立自主择业观;要不断提高素质,树立竞争就业观;要明白各种正当的职业都是社会所需的,职业没有高低贵贱之分,正所谓360行,行行出状元,要树立职业平等观;还要适时转变观念,拓宽就业渠道,树立多种方式就业观。要积极响应国家的号召,就业的同时也应该懂得去创业,现如今"宠物美容师""颜色搭配师""短信写手"等等这些新兴职业就是在这种形势下应运而生的。未来还有更多的职业类型等待你们去开启。

同学们,你们有没有正确的择业观呢?(观察学生的反应)我希望大家通过学习,能自觉树立正确的择业观。小宇有没有正确的就业观呢,他在招聘会上有收获吗?

下面,我们就进入第三个环节"劳动者之忧"。(探究活动三)

小宇忧心忡忡地在招聘会上寻觅着,突然眼前一亮,一幅巨大的招聘广告映入眼帘,(点击课件)是一家国际旅行社在招兵买马。(教师读略)同学们,如果你是小宇,你会感兴趣吗?(学生回答:当然会)心动不如行动,接下来小宇要做的肯定是要去面试了。尽管小宇面试的现场我们无缘亲身经历,但是今天我们可以借此机会模拟一次招聘面试。我想请两位同学来分别担当小宇和旅行社负责面试的工作人员两个角色,来模拟招聘面试。看看谁能大胆来尝试。(稍作停顿,以期待的目光给予学生勇气和力量)

好的,有请两位自信的同学来给大家模拟招聘面试的现场。(学生展示)

面试结束了,感谢两位同学的精彩演绎,让我们有了身临其境的感受。面试结果还在等待中,趁着空闲,同学们,我们来评价一下两位同学的行为,你们认为小宇是否具有科学正确的就业观呢?(学生评价略)

那么,小宇成功了没有呢?(点击课件)

功夫不负有心人,小宇被这家国际旅行社看中担任导游一职。可是在一次外出工作时,由于旅行社的车本身有故障导致了车祸,小宇因此受重伤住进了医院,可是旅行社却不管不问。真是"天有不测风云"。下面请同学们自学教材44页内容,独立思考,自主探究。(展示课件中的自主探究题)

在这起安全事件中,这家国际旅行社侵犯了小宇的哪项合法权益?

除了上诉权利,劳动者还享有哪些其他的劳动权益?

很好,已经有同学有答案了,(学生回答略)自学成果不错!(课件展示"劳动者的权利"内容)

事情怎么解决呢? 爸爸说:公司太不讲人情了,明天我找几个人去公司,我一定要威胁他们,要他们多赔点钱,否则就把他们公司砸了。(停顿,观察学生反应)

同学们,小宇的合法权益受到了侵害,要不要维护,为什么?(学生答略)

这是社会主义本质的要求,是保障劳动者主人翁地位的前提,是充分调动和发挥劳动者的积极性创造性的保证。

你赞同爸爸的观念吗? 为什么?

我们应该如何保护劳动者的合法权益?

大家讨论一下,看看能不能从国家、企业和个人三个方面说说自己的看法。(学生讨论略)

这起事件到底如何解决呢?

我们进入最后一个环节"劳动者之喜"。(探究活动四)

经过多方协调,小宇通过法律途径,(展示课件)合法权利得到了有效的维护。在积极的治疗下,他很快康复出院了。他继续担任导游的工作,并不断提升自我……我们相信有理想有实力的小宇的未来肯定是美好的!(停顿)

【课堂小结】

小宇这一路走来,经历了风风雨雨,同学们,如果你是小宇,从求职到工作再到维权,他所经历的点点滴滴,你会有什么样的感悟呢? 请谈谈你的想法。
(学生谈感受)

大家说得真好,看来感受颇深啊! 是的,劳动最光荣,作为参加劳动的主要途径——就业,是民生之本,而当前的就业形势比较严峻,我们必须正确择业,在就业中如遇非法侵害,我们要依法维权。(点击课件,展现本课的知识网络结构)

【课外探究】

课堂的探究是有限的,希望你们能将课堂所学延伸到现实生活中去,去重新审视自己的职业理想和人生规划,如果你有任何想法,想要找人倾诉和交流,老师愿做那个聆听者和交流者。

【教师寄语】

课堂的时间是短暂的,但人生的道路是漫长的,每个人都会面临很多种选择,尤其是在择业的问题上,未来还有很多困难等待着我们去解决,老师衷心地希望你们在未来成长的道路上能够取得成功。

(课件展示)教师深情表达:

"当别人还没有想到时,你已经想到;当别人想到时,你已经做到;当别人做到时,你已经做得不错;当别人做得不错时,你已经做得很好;当别人做得很好时,你已经换了跑道。

低调做人,你会一次比一次稳健;高调做事,你会一次比一次优秀!"

衷心祝愿大家将来都能成为一个合格的乃至于优秀的新时代劳动者,奉献社会,实现自己美好的梦想! 祝你们成功!

创设情境,构建生活化的政治课堂
——对《新时代的劳动者》省优质课的教学反思
司贤斌

构建主义认为,学习总是与一定的社会文化背景即"情境"相联系的,鲜活的情境可以使课堂教学富有生命。课堂教学不仅仅是为了知识而教学，更是为了人的发展而教学。一堂好课绝不应孤立于生活之外，而应"源于生活，寓于生活，高于生活。"在生活化的课堂中，学生成为学习的主人。学生不仅可以解放他们的眼、耳、口、手、脚等器官，而且更为重要的是，学生在课堂教学中有了自己思维与活动的时间与空间，学生在学习知识、掌握技能的过程中，将自己的体验与兴趣结合起来，将自己的方法、价值观与知识的获取结合起来。课堂由过去"死"的课堂转变成为"活"的课堂，由过去"静"的课堂转变成为"动"的课堂，由过去"教"的课堂转变成为"学"的课堂。

下面就《新时代的劳动者》这节省优质课谈谈自己的感受。

一、抛砖引玉的导入艺术，为生活化的课堂点燃火种

良好的开端是成功的一半。一堂课如果导入得当，就能直接吸引学生，引起学生的注意，极大地调动学生学习的积极性，激发学生学习的兴趣，使其产生良好的学习动机，能主动参与教学过程，为整节课做好准备。

捷克教育家夸美纽斯在他的《大教学论》中指出，教学是一种艺术，是一种教起来使人愉悦的艺术。好的课堂导入，使课堂气氛变得轻松活泼，师生关系融洽，课堂活动就能顺利进行，提高课堂效率。

在这节优质课的导入起始，俞莉老师首先提出了一个简单的问题——"同学们，我的职业是什么？"大家带有疑惑地回答："是教师！"继而俞老师坦言道："我从小就立志当一名人民教师，如今我已经实现了我的职业理想。那么大家能告诉我你们的职业理想是什么吗？"看似简单的提问，实际正在点燃生活化课堂的火种。因为，在现实生活中大部分人都是从孩提时代起就对自己的未来有了一定的期许，老师也不例外，由老师先行表达，学生自然也会敞开心扉，为之后教学的互动奠定了基础。

二、创境燃情，引领学生进入佳境探索，让课堂充满生活的智慧与灵动

捷克教育家夸美纽斯在《大教学论》中还写道，一切知识都是从感官开始的。情景式教学方式可以为学生提供接近现实的场景，提高其学习兴趣。提供的情景可激起学生主动学习的热情和思考问题的积极性，使得原本枯燥的叙述性知识内容以场景形式活灵活现地展现在学生面前，学生易于接受而且印象深刻。情景式教学中各种场景的引入可弥补学生实践经验的不足，不仅能让学生以模拟现实的方式体验现实，而且还有利于提高学生的综合素质和组织、协调能力，激发学生的创造性。与实际去现场参加实践相比，采用情景式教学方法在时间安排上更加灵活,内容具有针对性,而且大大降低了各种人为或自然因素的干扰,在有限的教学学时内保证能够完成预定的知识内容,在时间利用上更加高效。所以,能否创设鲜活的情景对一节课来说至关重要。

在这节优质课的课堂探究中,俞老师精心选取大学生成功的案例,设置一个典型的案例"小宇的求职路",以这位刚刚大学毕业的小宇的求职之路为线索,将探究分为了脉络清晰的四个环节:劳动者之盼,劳动者之思,劳动者之忧,劳动者之喜。在第一个环节中,师生合作理解了劳动和就业的意义;在第二个环节中,生生合作探寻了缓解严峻就业形势问题的对策;在第三个环节中,实景模拟与谈论交流结合明确了劳动者维权的意义和途径;在第四个环节中,给学生们展现了一个美好的未来。

有人说过,告诉我的我会忘记,给我看的我会记住,让我参与的我会理解。卡耐基曾说过"一两的参与重于一吨的说教",可见,单靠教师的说教,德育是苍白无力的。要让思想政治融入生活,让生活走进思想政治。这节课俞老师精心创设情境、巧妙布置活动,设置一个大学生小宇的求职艰辛路和现场模拟招聘面试,以触动学生的心灵,给学生思想以洗礼,在这一真实情境中激发学生的真情实感,让学生参与到带有情景的教学过程中来,多方面调动学生参与课堂的积极性和主动性,通过引导学生分析问题、解决问题从而掌握相关知识内容的过程,来提高学生的思考能力、分析能力、判断能力、创新能力、利用理论知识解决实际问题的能力,实现"从简单到复杂,从具体到抽象,从感性认识到理性认识"的过程,让学生在情境中"怦然心动",在活动中"百感交集",感知"豁然开朗",觉察到"妙不可言",使得整个课堂气氛融洽、愉快和谐,最终实现教学目标,有效提高了课堂教学的质量。或许多年以后,学生忘记了老师、忘记了知识,但某个经典案例和某次亲身的尝试却能影响他的一生,也许这就是教育的真谛。

三、诗意的结尾情景,令生活化的课堂余音袅袅

古人说:"起句当如爆竹,骤响易彻;结句当如撞钟,清音有余。"一堂好课必须"善始善终",不仅要有引人入胜的"序曲"、扣人心弦的"主旋律",而且也应该有一个让人感到余音绕梁、不绝于耳、韵味无穷的"结尾"。成功的课堂结尾,应起到概括总结、衔接新旧教材,使学生对关键问题豁然开朗。以"不全"求"全",在"有限"中追求"无限",突破课堂教学的时空局限。注意浓郁的色彩、艺术的含蓄,使学生感到"言已尽而意无穷",激发学生课后咀嚼回味的兴趣,从而展开丰富的想象。耐人寻味的课堂结尾,不仅能巩固知识,检查效果,强化兴趣，还能激起学生求知的欲望，活跃思维，开拓思路，发挥学生的创造性，在热烈、愉快的气氛中把一堂课的教学活动推向高潮。

在这节优质课的结尾，俞老师就设置了"三步曲"。第一步，设问："小宇这一路走来，经历了风风雨雨，同学们，如果你是小宇，从求职到工作再到维权，他所经历的点点滴滴，你会有什么样的感悟呢？请谈谈你的想法。"；第二步，娓娓道来："课堂的探究是有限的，希望你们能将课堂所学延伸到无限的生活中去，去重新审视自己的职业理想和人生规划，如果你有任何想法，想要找人倾诉和交流，老师愿做那个聆听者和交流者。"；第三步，深情寄语："课堂的时间是短暂的，但人生的道路是漫长的，每个人都会面临很多选择，尤其是在择业的问题上，未来还有很多的困难等待着我们去解决，老师衷心地希望你们在未来的成长的道路上能够取得成功。""当别人还没有想到时，你已经想到；当别人想到时，你已经做到；当别人做到时，你已经做得不错；当别人做得不错时，你已经做得很好；当别人做得很好时，你已经换了跑道。你会一次比一次优秀！""衷心祝愿大家将来都能成为一个合格的乃至于优秀的新时代劳动者，奉献社会，实现自己美好的梦想！祝你们成功！"

在学生们热烈的掌声中，一节课圆满结束了。课后，还听到了有学生留言道"老师，您最后的那番话，太激励，太感人，太棒了！"

要使思想政治课教学更生动、更有效，需要体现以下几个原则。

主体性原则。"学"为主体，学生是学习的主体，以学生生动活泼的发展为出发点和归宿，使学生真正成为学习的主人。

问题情境化原则。将教学目标设计成一个个体现学科特点的，由浅入深，由易到难的问题情境系列，让学生在解决问题的过程中，获得知识、掌握方法、体验成功、享受快乐。

生活化原则。在合作教学中，从学生身边的生活出发，如就业的严峻、求职的艰辛和维权的点滴等，让他们通过学习，了解生活、尊重生活和健康生活。

人性化原则："以人为本"，以学生为本，做到一切为了学生，让所有学生都有机会参与，人人有进步，培养学生积极向上的健康心态。

政治课教学走向生活化是教学改革的基本方向，但也是一个渐进的过程。

《生命与健康的权利》教学设计

安徽省马鞍山市外国语学校　俞　莉

课 题	生命与健康的权利
教学目标	【知识目标】 通过教学,帮助学生认识人格权的内涵和特性;引导学生明白公民的生命健康权是首要的人格权,不容侵犯,受法律保护;了解法律对未成年人生命和健康的特殊保护。 【能力目标】 通过教学,使学生懂得用法律保护自己生命和健康的权利,增强法律意识,提高学法用法的能力;并提高学生搜集信息、处理信息的能力及分析问题、解决问题的能力。 【情感态度价值观】 使学生进一步提高用法律保护自己生命和健康权利的思想觉悟,懂得运用法律武器分析和解决现实问题,从而提高法律意识。
教学重点	生命健康权是首要的人格权,受法律保护。
教学难点	人格权的涵义及特点;法律对未成年人生命健康的特殊保护。
教法学法	确立从学生生活实际出发,让教学活动回归学生生活世界的生态课程观和自主、探究、合作的知识建构观。按照启发式教学原则和理论联系实际的教学原则,采取探究式教学、情景教学、比较分析等教学方法。

教学方法	引导学生自主合作、互动探究,充分体现学生的课堂主体作用,为学生培养探究能力、创新能力和实践能力搭建平台。				
教学过程					
教学环节	知识点位	教师活动	学生活动	设计意图	备注
课前准备		播放乐曲,教师和学生交流。	欣赏歌曲,与教师互动。	拉近师生距离,建立和谐师生关系。	
导入新课		教师运用多媒体展示故事《艰难的抉择》。 有一个年轻人跋涉在漫长的人生路上,到了一个渡口的时候,他已经拥有了"健康"、"美貌"、"诚信"、"机敏"、"才学"、"金钱"、"地位"七个背囊。渡船开出时风平浪静,说不清过了多久,风起浪涌,小船上下颠簸,险象环生。艄公说:"船小负载重,客官只能背一个背囊方可安渡难关。"假如那个客官是你,你最终会选择哪一个呢?	学生思考并自由回答问题。	激发兴趣,导入新课,初步感知。	

教学过程					
教学环节	知识点位	教师活动	学生活动	设计意图	备注
导入新课		教师同时提问：如果你是主人公？你会怎样选择？ 教师总结：拥有健康才可能拥有一切。若将健康与其他利益相比，健康是"1"，名誉、金钱、友情、爱情、地位等都是"0"。有了"1"，这个数可以是十、百、千、万乃至无穷大；若没有"1"，即失去了健康，后面的名誉、金钱等再多也是"0"。今天，我们就针对"生命与健康的权利"这块内容进行探讨。 （展示课题）	在营造的课堂氛围中感受健康的重要性。		
探究活动	一、生命健康权是首要的人格权。	探究活动一：选小偷和抓小偷。 多媒体出示两则案例。 案例一：投票选"小偷"。 一天，某市服装	观看案例、思考、以四人为一小组来共同讨论研究讨论。		

教学过程					
教学环节	知识点位	教师活动	学生活动	设计意图	备注
探究活动		技校的一女生寝室丢了东西,学校查了但没查出谁是小偷。于是校长、老师和几个班长一合计,决定采取投票选举的办法,把小偷给选出来。该校校长说:"我们就来一个无记名投票选举,看看到底谁是大家公认的小偷?"选举结果显示,共有6位同学榜上有名,根据选举结果,"票数最多的处罚最重,票数少的处罚最轻。" 案例二:农民抓小偷被判重刑。 《今日说法》栏目曾报道过这样一则新闻:湖北省通城县沙堆镇村民柳国皇夫妇在家中抓到一个翻墙而入的小偷后立即报警,在警方赶到之前		以生活为背景,通过时事案例,创设情景,让学生感受人格权的重要性。	

教学过程					
教学环节	知识点位	教师活动	学生活动	设计意图	备注
探究活动	1.人格权。	将小偷捆绑并使劲殴打,当民警赶到现场时小偷由于伤势过重死亡。法院认为柳国皇的丈夫构成了故意伤害罪,判处有期徒刑10年。 课堂讨论:(1)你如何看待案例一的学校的做法? (2)案例一中被评为"小偷"的同学可能会怎么想,会怎么做? 为什么? (3)案例二中农民为什么会被判刑? (4)在上述两个案例中,你认为被侵害的行为有哪些不同点? 有哪些相同点? 教师在学生讨论和回答的基础上运用多媒体呈现人格权的知识体系图。	仔细观察课件中的体系图,听老师讲解。	通过问题设置,让学生联系自己想问题,提高学生参与的积极性,引导学生换位思考,激发学生思维碰撞,同时,教师及时帮助学生构建知识体系,让学生对人格权有相对完整的理解。	

144

教学过程					
教学环节	知识点位	教师活动	学生活动	设计意图	备注
探究 活动		探究活动二：小试牛刀。 　教师运用多媒体出示四则案例让学生判断各侵犯了公民的什么权利？ 　1."神医"胡万林非法行医，治死190余人，后被检察院批准逮捕。 　2.某摄影中心未经顾客同意，擅自将顾客照片放入互联网。 　3.某校初二学生叶某写作文时，用了邻居的真实姓名，虚构了邻居重男轻女、家庭不和的情节，被校刊选登后，造成了恶劣的社会影响。 　4.吴某在动物园门口被保安强行搜身，受到极大的心理伤害。 　教师在学生回答的基础上适当点评，讲解。	学生运用所学新知识尝试回答。	及时通过课堂训练，加强学生对人格权相关内容的巩固认识，同时为学习"人身自由权"做好铺垫。	

教学过程					
教学环节	知识点位	教师活动	学生活动	设计意图	备注
探究 活动	2.人身自由权。	探究活动三：法律知识探究。 　　教师通过多媒体出示自学提纲： 　　1.人身自由权的定义。 　　2.人身自由权的作用。 　　3.法律对人身自由权的规定。 　　课堂辩论：法律规定，公民的人身自由不受侵犯，也就是说，无论谁、任何时候，都不可以搜查、拘禁公民。 　　教师小结：为了打击违法犯罪，更好地保护公民的人身自由权利，司法机关和执法机关有权依法搜查公民、剥夺或限制犯罪嫌疑人和被告人的人身自由。	学生自学教材相关内容，掌握"人身自由权"的相关内容。 　　学生展开小型的辩论。	通过自学提纲，帮助学生提高自学能力。 　　通过小型的课堂辩论，使学生充分意识到在宪法和法律的范围内，公民的人身自由权不受侵犯。	

教学过程					
教学环节	知识点位	教师活动	学生活动	设计意图	备注
探究 活动	3.生命健康权。	探究活动四:想一想,说一说。 过渡:如果说人身自由权是公民的重要的人身权利的话,那么生命健康权就是公民最根本的人身权利。 教师提问:为什么生命健康权是公民最根本的人身权利呢? 探究活动五:侵害大搜索。 你能列举哪些侵犯公民生命健康权的行为? 教师出示漫画,关于一则"小狗伤人"的案例让学生分析。 探究活动六:案件追踪。 多媒体出示案例。 教师讲述:我是一个不幸的孩子,在	学生思考回答。 学生讨论回答,教师归纳。 学生欣赏漫画后讨论回答相关问题。	通过问题设置,在思考的基础上,让学生对生命健康权的重要性有进一步的认识。	

教学过程					
教学环节	知识点位	教师活动	学生活动	设计意图	备注
探究活动	二、法律捍卫我们的生命健康权。	出生不到3个月的时候,妈妈嫌弃我是一个女孩,把我扔在了车站附近一个花坛里,在饥寒交迫中我渐渐失去了知觉…… 后来我被一对夫妇收养了。然而天有不测风云,我的父亲在一次煤矿瓦斯爆炸中失去了宝贵的生命,家里一下子没有了经济来源。妈妈说:"我看见一家服装厂在招工,你也14岁了,要不就跟妈妈一起上班吧。"服装厂的老板娘非常同情我们娘俩的遭遇就收下了我们。从此我开始了打工的生活…… 妈妈的做法侵害了她的什么权利?请拿出相关的法律依据。你是如何看待老板娘的行为?议一	学生讨论,教师归纳。	通过搜索,让学生明确在日常生活中,公民的生命健康权会受到侵犯,我国的法律是捍卫公民的生命健康权的。同时,对学生进行必要的安全教育。	

教学过程					
教学环节	知识点位	教师活动	学生活动	设计意图	备注
探究活动		一议:为什么国家要禁止使用童工?你知道保护未成年人生命健康权的法律有哪些吗?			
课堂小结		我思我悟。 师:今天我们一起探讨了什么问题,下面让我们一起来回忆一下,你能谈谈你的收获吗?	回忆、总结。	引领学生归纳知识点并谈感受,体现学生学习的主体性。	
走进生活实践探究		为了不让我们再遭受来自外界的生命健康的威胁,请同学们创作设计一幅维护生命健康的漫画、一则公益广告或宣传用语等等。	学生课后完成。	学以致用,让课堂的有限化为课堂以外的无限,让课堂知识得以延伸到课外。	

教学过程					
教学环节	知识点位	教师活动	学生活动	设计意图	备注
情感升华		教师寄语： 世界是这样的美丽，让我们把生命与健康珍惜。 一天又一天，让晨光拉着我，让夜露挽着你 。 只要我们拥有生命与健康，就什么都可以争取。 一年又一年，为爱我们的人，也为了我们自己。 祝你一生平安!	聆听、感悟。	以《祝你平安》的音乐为背景，教师深情寄语，给学生以美的感受，唤起学生对生活的热爱。	
板书设计		一、生命健康权是首要的人格权。 1.人格权； 2.人身自由权； 3.生命健康权。 二、法律捍卫我们的生命健康权。		构建知识网络。	
课后反思		本课成功的方面是： 1.增加趣味性和亲和力，让课堂"活"起来。教学中，一方面，充分挖掘学生的现有资源，真正走进学生的生活，让学生展现鲜活的发			

教学过程					
教学环节	知识点位	教师活动	学生活动	设计意图	备注
课后 反思		生在身边的故事,将课本的知识活化;另一方面,自己充分投入而且始终保持高度热情,以此感染学生,调动学生情绪,使学生思维和智力活动处于兴奋状态。 　2.抓住学生的兴趣点,找准课堂探讨的切入点。"好的开始是成功的一半",在导入环节,我设计的"艰难的抉择"活动就抓住学生的心,提高他们的兴趣,从而为学生继续研究学习打下了基础。 　需要改进的是: 　1.由于受到课堂时间和个人能力的限制,教师在引导学生探究问题的方法和要求上还要周密思考,以求能够获得更好的实效。分组讨论、课堂回答是为了提高课堂的实效性,但并没能让每一位学生都充分地参与进来,让每一位学生都能表达出自己的思想。同时,教学中的语言还要不断地修饰,让课堂更加完美。 　2.本课探究问题的深度还不够,所以,研究性教学模式对教师		反思教学,提升自我。	

教学过程					
教学环节	知识点位	教师活动	学生活动	设计意图	备注
课后反思		的问题设计提出了相当高的要求。所以,作为教师,还要将课内延伸到课外,与学生一起去深入探究,去寻找解决问题的各种方法,使我们的教学任务和教学目的不流于形式,使学生真正去学习对生活有用的政治知识,从而实现素质教育的最终目标。同时,参与其中,教师也能不断更新自己的教育观念,提高自身的教学能力,开创更多、更新的教学方法和方式。		反思教学,提升自我。	

　　注:俞莉老师执教的《生命与健康的权利》一课获 2008 年安徽省"教坛新星"称号。

《生命与健康的权利》教学实录

安徽省马鞍山市外国语学校　俞　莉

【课前准备】

播放乐曲。
师生做简单的交流。

【导入新课】

师:上课! 同学们好!

师:请坐!

首先请允许我自我介绍一下。我是来自于马鞍山市第十三中学的政治老师俞莉,很高兴能和咱们阜阳九中的同学一同走进今天的思想品德课堂,共同探究生活,探究思想品德课的奥秘,希望今天你我都能有所收获!

同学们,作为学生,我想大家平时一定做过不少选择题,今天俞老师也想来考考大家。请看大屏幕。(教师用多媒体展示故事《艰难的抉择》,并且深情地读出故事情节)学习中我们面临很多的选择题,生活中我们也会遇到一些艰难的抉择。如果你是这个故事中的主人公,你会选择什么呢? 是"健康"、"美貌"、"诚信"、还是"机敏"、"才学"、"金钱"或者"地位"?(学生思考自由回答)

师:听得出来,大家都有自己的思想,有的同学的想法还很独到。而我的想法也与很多同学的想法不谋而合:拥有健康才可能拥有一切。若将健康与其他利益相比,健康是"1",名誉、金钱、友情、爱情、地位等都是"0"。有了"1",这个数可以是十、百、千、万乃至无穷大;若没有"1",即失去了健康,后面的名誉、金钱等再多也是"0"。今天,我们就针对生命与健康的权利进行一次探讨。(出示课题:生命与健康的权利)

【新课教学】

探究活动一:选"小偷"和抓"小偷"

师:同学们,日常生活中你听说过"小偷"或者遇到过"小偷"吗? 下面,老师给大家介绍两则发生在我们身边的关于"小偷"的案例。(教师用多媒体出示两则案例)请前排的这两位同学把这两则案例介绍给大家。(学生读案例)谢谢两位同学！大家已经对两则案例有了了解,我也发现有些同学甚至忍不住要发表自己的看法了。那这样好吗？请大家结合这两则案例围绕屏幕上显示的探究题(多媒体展示)前后四人一小组,进行合作探究,然后,请每个组派一到两位代表阐释本小组的探究结果。(学生展开课堂探究约2分钟,教师走到学生之间去聆听或引导)

师:看来大家应经有了结论了,下面,请大家说说小组成员的想法。(学生代表回答)

教师总结:大家说得真好！有思维的碰撞就会有思想的进步！是啊,被定性为小偷是要以事实为依据的,而不能通过投票来决定,选小偷是侵犯当事人的人格尊严权;即使是小偷,也有自己的生命健康权,生存权是平等的。无论是人格尊严权还是生命健康权,实际上都属于人格权。下面,我们一起来阅读教材的相关链接,来了解一下人格权。(出示人格权的知识体系图,教师做必要的解读)

探究活动二:小试牛刀
师:通过刚才两个案例以及教材相关链接的解读,我们已经初步对人格权有了认识,那么下面就请同学们来自我检测一下,"小试牛刀"。(出示四则案例让学生判断各侵犯了公民什么权利)

师:看来同学们相关知识掌握得不错,不过还是有一些问题,特别是对第四个案例的判断有分歧。下面就请同学们对"人身自由权"做全面的探究。

探究活动三:法律知识探究
师:(出示自学提纲)请同学们根据屏幕上显示的自学提纲自学教材内容,稍后老师来检查。(课堂安静下来自学教材,2分钟后,学生回答相关问题)

师:大家的自学成果不错啊！我国法律规定,公民的人身自由权不受侵犯。那么,是不是说无论谁、任何时候,都不可以搜查、拘禁公民呢？(出示辩论话题)

师:(学生辩论)同学们说得真有道理,看来大家具备了一定的思辨能力。的确,为了打击违法犯罪,更好地保护公民的人身自由权利,司法机关和执法机关有权依法搜查公民、剥夺或限制犯罪嫌疑人和被告人的人身自由。

探究活动四:想一想,说一说
过渡:如果说人身自由权是公民重要的人格权,那么,生命健康权就是公民

最根本的权利。为什么生命健康权是公民最根本的人身权利呢?(学生思考回答)

师:同学们回答得很好,大家很有思想!

探究活动五:侵害大搜索

师:你能列举哪些侵犯公民生命健康权的行为?(学生思索回答)

大家列举得真不少,老师也找了一些。(出示一则案例"小狗伤人"漫画,让学生分析)

师:狗是人类的好朋友,但是我们在与它交流的过程中,也应注意自身的安全,要保护自己的生命健康权。作为宠物的主人也应该起到管理的作用,不得侵犯别人的生命健康权。这样才能营造一个和谐的生活环境。

探究活动六:案件追踪

师:法律规定保护公民的生命健康权,但是,在现实生活中,侵害的事件还是时有发生的。(多媒体出示案件一则"真情告白")请这位同学上台来,你以主人公的角色,给大家介绍一下案件的始末。(学生深情读出主人公的心声)

师:谢谢这位同学!

案件讲述的是一个不幸女孩的遭遇。同学们,请大家想一想妈妈的做法侵害了她的什么权利?(学生回答)那么,请你拿出相关的法律依据。(学生回答)

你是如何看待老板娘的行为?(学生回答,并且有些争议)

老师从刚才同学们的回答中发现,同学们的意见并不完全一致。有的认为,老板娘是在帮助这个孩子,但有的认为她是侵犯了孩子的权益。那么,老师想提出几点供参考:同学们在思考这个问题时,有没有充分考虑这个孩子的身心发展。这个孩子成年了吗? 在她这个年龄的孩子应该做什么? 你们认为到底什么才是真正的帮助呢?(先前认为老板娘的行为不是违法的,是对孩子的帮助的那些学生思想有所动摇)是的,老师的观点和大部分同学的观点是一致的,尽管种种迹象表明,老板娘是处于同情收留了这个孩子,给了她一份工作,但是实际上,老板娘的行为是触犯了法律。我国法律规定:禁止使用童工! 其实,老板娘如果想要帮助这个不幸的孩子,可以通过其他合法的途径来实现。(同学们若有所思后点头表示理解)

下面我们来了解一下我国法律在禁止使用童工这一方面的规定。(师生共同阅读教材"相关链接")同学们,为什么国家要禁止使用童工?(学生回答)那么,大家知道保护未成年人生命健康权的法律有哪些吗?(学生列举)

师:大家的见识还是很广的,还是有一些法律常识的。

好了,课堂的时间总是有限的,下面,让我们来梳理一下自己的思路,回忆一下,在这节课中,我们共同探究了什么? 你有哪些收获呢?(学生回答,教师评价与归纳)

师:看来大家的收获还真是不少,其实老师也受益匪浅。从你们的身上我看到希望,学到了尊重,获得了知识。正如大家所说,我们每一个公民都享有人格权,其中的人身自由权是重要的权利,而生命健康权是公民最根本的权利。但是,在生活中这些权利还是时有被侵犯的,特别是未成年人的生命健康权容易受到侵犯,因此,我国颁布的很多法律对未成年人的生命健康权进行特殊的保护。作为,青少年学生,我们应该学法、知法、懂法、守法,用法律保护自己,同时也应自觉维护他人的相关权利。

【课外探究】

最后,为了不让我们再遭受来自外界的生命健康的威胁,请同学们创作设计一幅维护生命健康的漫画、一则公益广告或宣传用语等等。当然,这需要同学们课后去完成,如有兴趣可以和我交流,我的邮箱地址是eyuli822@163.com,老师期待着你们的回音。老师相信,只要你我齐心协力,明天会更加美好!

【情感升华】

(播放《祝你平安》背景音乐)

教师深情朗诵诗歌:

世界是这样的美丽,让我们把生命与健康珍惜。

一天又一天,让晨光拉着我,让夜露挽着你。

只要我们拥有生命与健康,就什么都可以争取。

一年又一年,为爱我们的人,也为了我们自己。

祝你一生平安!

(学生掌声)

师:下课,同学们再见!

挖掘生活热点　打造优质的思品课堂

——对一节《生命与健康的权利》安徽省"教坛新星"评比课的教学评价与反思

严　晖

教学是什么？这个看似简单的问题,在课程不断进行改革的当前,变得似乎难以捉摸,不少教育学家和教育工作者们都孜孜以求。著名教育家苏霍姆林斯基指出,课堂上一切困惑和失败的根子,绝大多数场合下都在于教师忘却了:上课,这是教师和学生的共同劳动,这种劳动的成功,首先是由师生关系来确定的。无独有偶,有人曾提出,人类的教育活动起源于交往,教育是人类一种特殊的交往活动。新课程理念认为,教学过程是师生交往、积极互动、共同发展的过程。没有交往,没有互动,就不存在或未发生教学。思想品德课的课堂教学要收到好的效果,成为优质的课堂,更是与能否调动学生与教师共同参与、共同劳动、共同思考这种师生互动及生生互动的程度息息相关。我们的思想品德课在历经了时代的洗礼之后,不断地推陈出新。翻开思想品德课的课本,你会发现新教材给了我们太多的惊喜,内容丰富,语言精炼,图文并茂,活动环节大大增加,不再过多强调知识点之间的逻辑关系,更有亲和力和生命力……但是在惊喜的同时,你更多地会发现新教材更加着重感悟、探究交流活动以及课外实践活动,高度重视学生逐步扩展的生活,每一课时篇幅少了,但是实质性的内容却增多了,新教材留出了太多的空白需要我们去填补,加上社会素有的偏见,使思想品德课中的师生交往产生了障碍,学生不愿意学,不愿意主动与教师沟通,教育工作者在打造优质的课堂的过程遇到了困惑,导致课堂教学效果欠佳。当俞莉老师参加安徽省第三届教坛新星评比时,这一问题更加凸显。如何在短时间内与本来陌生的学生建立信任,如何建立和谐的师生交往,如何激活课堂,实现教学目的,打造优质课堂呢?

【参赛历程】

2008年5月,俞莉老师怀着激动的心情,肩负着马鞍山市教研室和本学科同仁们的殷切希望到阜阳市代表马鞍山市参加安徽省第三届教坛新星——政治学科的评比。本次活动安排为:5月×日下午2点半抽签确定上课课题和节次,3点到5点半集中写教案,次日上课,上课结束后进行教学经验演讲和答辩。其中,最具挑战性的是当天临场抽题写教学设计和第二天上课。

第一阶段:撰写教学设计。

当俞老师来到阜阳第九中学进行抽签时心情是特别忐忑的,而当抽到的课题是八年级下第三课第一框《生命与健康的权利》时,心情更是有些低沉。本框内容概念性知识多,偏重于知识的认知和记忆。从平时的教学经验来看,这样一个框题老师需要讲解的较多,调动学生的课堂积极性较为困难。

冷静下来之后,对于这一框题,教师首先认真思考了两个问题:课标的基本要求是什么;如何按照课标要求组织课堂教学,以实现教学目标。

本框主要向学生讲述人格权的概念,以及人格权中的生命健康权、人身自由权,法律保护生命健康权的规定。重点讨论生命健康权以及法律对未成年人生命健康权的特殊保护。本框内容概念性知识多,偏重于知识的认知和记忆。如何激活课堂,突出重点,充分体现新教材、新课标的精神,避免简单的概念认读,这是本节课教学设计的起点。

随后,俞老师深刻地思索一个问题:优质课需要什么?

一堂好课,一节优质课必须处理好三对关系:理论和生活的关系、预设和生成的关系、学生主体和教师主导的关系。

基于以上的思考,在有限的时间里,教师将本节课进行了如下设置:

1.导入:案例引入;

2.课堂探究活动一:选择几则有关人格权的案例,进行分析(得出人格权的相关知识);

3.课堂探究活动二:小试牛刀(检测学生对人格权诸权利的掌握情况);

4.课堂探究活动三:自学天地(人身自由权学习);

5.课堂探究活动四:想一想,说一说;

6.课堂探究活动五:侵害大搜索;

7.课堂探究活动六:案件追踪;

8.课堂小结:收获季节;

9.走进社会 实践探究。

第二阶段:进一步完善教学设计。

　　三个小时临时抽签后撰写教学设计,难免会有欠缺,评委会允许参赛教师在第二天的比赛中对先前的教学设计做适当调整。因此,在原有的教学设计的基础上,俞老师进而又深入思考了三个问题:

　　一是导入环节,如何体现新意,在课堂的开头就抓住学生的兴奋点;二是法律知识的教学必须有案例,如何精选案例;三是教材内容在设置上有个难点,中心是"生命与健康的权利",但还添加了"人身自由权",如何将二者有机结合,贯穿,使课堂教学不生硬。

　　思考之后,教师对先前的教学设计做了改进:

　　1.导入:生活小故事——"艰难的抉择";

　　2.课堂探究活动一:选小偷和抓小偷(精选案例,精心设置问题,帮助学生构建人格权的知识体系);

　　3.课堂探究活动二:小试牛刀(课堂及时巩固,并设置小"陷阱",自然过渡);

　　4.课堂探究活动三:自学天地(学习探究人身自由权);

　　5.课堂探究活动四:想一想,说一说(过渡到对生命健康权的学习探究);

　　6.课堂探究活动五:侵害大搜索;

　　7.课堂探究活动六:案件追踪;

　　8.课堂小结:收获季节;

　　9.走进社会 实践探究;

　　10.教师寄语(教师诗歌朗诵,情感升华)。

　　第三阶段:磨课。

　　这次的磨课和以往不同,在有限的时间内没有学生参与的情况下,只有靠教师自己,这是对教师基本功的最大考验。一是要凭借以往的教学经验,去揣测课堂上学生可能会有的种种反应;二是依据教材内容、教学设计和想象中的学生写出教学流程,精炼课堂语言。

　　第四阶段:上课。

　　第五阶段:教学经验演讲和答辩。

【课堂教学自我评价与反思】

　　紧张刺激的仅仅为期一天的比赛早已拉下了帷幕,基于在比赛过程中的出色表现,俞莉老师被授予了安徽省"教坛新星"的荣誉称号。获奖的背后带给我们更深的思考：一节优质的思想品德课最需要什么？一节优质的思想品德课堂，内容必须贴近学生的生活，而这些内容需要教师如何运用生动的语言来传递？

"工欲善其事，必先利其器。"对教学来讲，"善其事"就是要按质量上好每堂课，"利其器"就是要认真备好每节课，而备课的关键是能依据教材内容，备好课堂中教师交往的对象——学生这一主体。教学中应该充分尊重学生的发展潜能与个性，应该时刻关注学生的情绪变化，应该真正走进学生的生活实际，充分挖掘学生的生活热点。

初中思想品德是一门"综合课程"。作为综合课程，它涉及的面十分广泛，不仅涉及学生的品德与生活，也涉及科学、社会、劳动；不仅涉及学生的学校生活，也涉及学生的家庭生活、社会生活。《思想品德课程标准》指出：初中生逐步拓展的生活是思想品德课建构的基础。著名教育家陶行知先生说："生活即教育"。心理学研究表明，每个人都非常喜欢了解与自己周围有关的人和事。因此，教师必须学会开发和利用学生资源，利用已有的生活经验，选取学生关注的话题。也就是说，要将书本外、课堂外鲜活的生活引入课堂，从正在发生的、活生生的生活实际中寻找教育源泉，把大社会融入小课堂，把课本的抽象概念、观点和原理还原于具体生动的社会生活，积极挖掘贴近学生生活的素材，精心创设有效的学习情境，实现"从简单到复杂，从具体到抽象，从感性材料到理性认识"的过程。让学生在情境中"怦然心动"，在活动中"百感交集"，感知"豁然开朗"，觉察到"妙不可言"，进而于不知不觉中爱上思想品德课，喜欢与思想品德老师打交道，轻轻松松将理论知识内化，从而积极主动地指导实践。

例如在这节比赛课中，在导入环节俞老师就精选了一个富有生活哲理的趣味故事《艰难的抉择》，第一时间抓住学生的兴奋点，课堂进入第一个高潮，大部分学生都有话可说，都有自己的想法，学生们自然感受到了生命健康权的重要性，而且有种意犹未尽的感觉，期待着课程的进行。接下来，为了突破重难点，俞老师精选了与学生日常生活结合紧密的几则案例：一是选择了学生较为熟悉的与"小偷"有关的案例，便于学生从已有的生活实践出发，得出理性的认知。学生尽管对"小偷"有着自己各自的看法，但是遇到了实际的案例，却能辩证地去分析，有情有理，课堂上针砭时弊，思维的火花顿时迸发，课堂进入第二个高潮；二是由于生活中养宠物的人越来越多，纠纷因此而增加，俞老师就选择了一则"小狗伤人"事件，通过漫画的形式呈现出来与学生共同分析维护生命健康权的重要性,继而又选择了与同龄女孩的遭遇来启迪学生的思维,让学生换位思考,有的学生甚至眼睛湿润地有感而发,课堂气氛瞬时进入第三个高潮。

思想品德课的教学离不开素材,而摆在眼前的素材琳琅满目,如何去选择课堂所需的,这对教师是一个考验。一旦选择得不适合,那么就无法引起学生的共鸣,学生则不可能积极参与,与教师就不可能有实质性的交流,也就不可能自觉接受知识,理解知识,从而去指导实践,思品课的课堂就谈不上是优质的,教学目的更是无法实现。要实现优质,实现目标,思想品德课就应加大对现实生活、学生自身生活的关注,作为最具有时效性和最富有生活指导意义的课程,思想品德课要最大限度地贴近学生、贴近生活。教师必须学会"用教材教"而不是"教教材",应该用新闻记者的敏感去关注时事,用评论家的敏锐分析时事,用政治家的智慧引导学生用心去经历,用心去体验,体验生活的酸甜苦辣,体验人生的美好艰辛,体验他人的奋斗与幸福……从而真正丰富他们的内心世界,丰富他们的情感世界,让学生的心灵变得敏感起来,细腻起来,才能真正有效地树立学生的道德认知,为学生良好的道德行为奠定基础。而实现这一过程,达到这一目标,除了内容的要求之外,还需要一个关键的因素——教师生动的语言。

思想品德课应该是充满情感的课,思品课在态度、情感、价值观上比其他科有更高的要求,思品课教师应该比其他科老师更富有师爱。师爱是重要的教育因素,是教育成败的心理基础。思想品德课堂教学是师生情感双向交流和沟通的过程,在思想品德课教学中一定要强化情感的交流和碰撞。教育家季米良捷夫说过,教师不是传声筒,把书本的东西传达出来;也不是照相机,把现实复写下来,而是艺术家和创造者。毫无疑问,教学是一门艺术。我们大都有这样的体验:听一堂好课,就像观赏一幅名画,心动神移,流连忘返;就像欣赏一首名曲,余音在耳,袅袅不绝。再看学生,个个双眸凝视,犹如被磁铁吸住似的听着、想着、记录着……达到此情境的一个主导性因素就是教师的语言。语言是教学过程中情感交流和知识传承的主要工具和手段,我们要创造性地运用语言的艺术来表达我们对学生的"尊重"、"保护"和"关爱",用生动的语言唤醒他们心中对知识的渴望。

在这节比赛课中,教师充分地运用了一系列的生动的语言。其中有生活化的语言,例如在导入环节,俞老师亲切地提问"同学们,大家平时一定做过不少选择题,今天,老师也想给大家出个选择题,看看同学们会怎样选择?"学生一听,咦,正上着公开课呢,怎么一上来就做选择题,兴趣顿时大增。在之后的课堂中,还不时地运用了幽默和形象化的语言,适时地开一些小玩笑,用一些象声词和形容词,来表达教学内容,调动了学生的积极性,活跃课堂气氛。当然,课堂中也少不了艺术化的语言。在课的结束环节,俞老师在《祝你平安》的配乐中声情并茂地朗诵了一首诗:"世界是这样的美丽,让我们把生命与健康珍惜。一天又一天,让晨光拉着我,让夜露挽着你。只要我们拥有生命与健康,就什么都可以争取。一年又一年,为爱我们的人,也为了我们自己。祝你一生平安!"学生们安静地欣赏着,心灵受到了触动和渲染,并报以热烈的掌声。在掌声中,执教者和听课者都明白了思想品德课的情感教育目标已经实现。尽管是陌生的学生,但是短短的45分钟,他们已经充分感受到了老师的真诚与爱心。

如果说,思想品德课的教学是一片海,以上就是作为教师的我们在赶海时,收获的几朵浪花,几串彩贝。王国维在《人间词话》里说:"古今之成大事业者,大学问者,必经过三种之境界:昨夜西风凋碧树,独上高楼,望尽天涯路;衣带渐宽终不悔,为伊消得人憔悴;蓦然回首,那人却在灯火阑珊处。"我们不正是在自己的事业中经历着这种心路历程吗?

《按劳分配为主体 多种分配方式并存》教学设计

安徽省当涂第一中学　邰纯兵

课题	第七课　个人收入的分配 第一框　按劳分配为主体 多种分配方式并存
教学目标	【知识目标】 1.识记按劳分配、按生产要素分配的含义。 2.理解现阶段实行按劳分配的客观必然性;坚持按劳分配原则的意义;确立按生产要素分配的意义。 3.联系经济生活中的实际,初步认识我国目前存在的多种分配方式,并确认按生产要素分配的必要性和必然性。 【能力目标】 培养学生全面系统地看问题,正确认识现实生活中的收入分配差距,提高综合分析问题的能力。 【情感态度价值观】 通过本框学习,使学生感受到我国现阶段的收入分配制度有利于充分调动各方面的积极性和创造性,有利于促进社会财富的增加和社会生产的发展。
教学重点	按劳分配是我国个人收入分配的主体。
教学难点	按劳分配是我国个人收入分配的主体。
教法学法	确立从学生生活实际出发,让教学活动回归学生生活世界的生态课程观和自主、探究、合作的知识建构观。按照启发式教学原则和理论联系实际的教学原则,采取探究式教学法、情景模拟教学法、多媒体辅助教学等教学方法。自学阅读、教师启发引导、课上讨论等学生作为主体参与的教学形式。

教学过程					
教学环节	知识点位	教师活动	学生活动	设计意图	备注
课前准备		播放歌曲视频:《越来越好》。 教师自我介绍。 教师和学生交流。	观看歌曲视频,与教师互动。	拉近师生距离,建立和谐师生关系。	
导入新课		观看视频《关于深化收入分配制度改革重点工作分工的通知》,通过视频引导学生了解分配制度改革。 师:《通知》中提出,"坚持和完善按劳分配为主体、多种分配方式并存的分配制度";同学们了解我国的分配制度吗? 其次,《通知》中强调,初次分配和再分配都要处理好效率和公平的关系,再分配更加注重公平;十七大报告中也首次提出"创造条件让更多群众拥有财产性收入"。	讨论,思考并回答问题。	通过恰当的视频,有效引导学生迅速进入本课内容。	

教学过程					
教学环节	知识点位	教师活动	学生活动	设计意图	备注
导入新课		引出课题:按劳分配为主体　多种分配方式并存。(出示课题)	感知分配制度。		
探究活动	（一）按劳分配为主体。 1.按劳分配的基本内容和要求。	探究活动一:畅想未来生活。 　师:(畅想生活)大学毕业后,我们准备怎么养活我自己? 　师:八仙过海,各显神通。不论你以后想从事什么样的职业,你都通过自己的努力赚钱了。 　师:从大家所讲的各种养活自己的途径中,进一步结合书本58页知识来思考:按劳分配的基本内容和要求是什么?它在我国的分配制度中处于什么地位? 　学生阅读教材,积极思考。 　1.按劳分配的基本内容和要求。(板书) 　思考:按劳分配的范围是什么?按劳分配的依据是什么?按劳分配的对象是什么?按劳分配的原则是什么?	分组讨论,发表想法。 　阅读教材58—59页,积极思考并回答。	充分发挥学生自主学习的积极性,并通过比较分析,使学生对按劳分配有了清晰的理解。	

教学过程					
教学环节	知识点位	教师活动	学生活动	设计意图	备注
探究活动	2.按劳分配的地位。	教师出示上述问题答案的课件并讲解。 　　师:回顾我国的基本经济制度,思考按劳分配在我国的分配制度中处于什么地位? 　　2.在社会主义初级阶段,实行公有制为主体,相应地就必然实行按劳分配为主体,表现为按劳分配在分配制度中占主体地位。(板书)	学生回忆并回答。		
探究活动	3.按劳分配的必然性。	探究活动二:感受按劳分配制度的发展历程。 　　播放多媒体《改革开放30周年之分配制度》。 	观看视频,交流看法。		

教学过程					
教学环节	知识点位	教师活动	学生活动	设计意图	备注
探究活动	3.按劳分配的必然性。	师:提出问题——坚持按劳分配的必然性。 3.按劳分配的必然性。(板书) 师:视频里一再强调社会主义生产资料公有制是分配制度改革的前提,收入分配制度改革是让人民共享改革发展成果,与社会主义现代化建设的目标是一致的。 (1)生产资料公有制是实行按劳分配的前提。(展示课件) ★话题分析: 播放《南街村——红色亿元村神话破灭》视频。 师:"南街村十年内生活生产资料实现按需分配"可能吗?	观看视频,交流看法。	让学生先从现象入手,有所感性认识,再结合实际生活与教材进行讲解,使学生不至于机械地接受,并最终对知识有确切的理解和认识。	

教学过程					
教学环节	知识点位	教师活动	学生活动	设计意图	备注
探究活动	3. 按劳分配的必然性。	师:引导学生证明不能实行按需分配。 (2)社会主义公有制条件下生产力的发展水平,是实行按劳分配的物质基础。(展示课件) 师:通过分析《改革开放30年纪实之分配制度改革》片段,我们反思现阶段可不可以实行平均分配的方式? (3)社会主义条件下人们劳动的性质和特点,是实行按劳分配的直接原因。(展示课件)	观看视频,交流看法。 思考讨论,结合实际生活中的现象,发表见解。		
探究活动	4. 按劳分配的意义。	探究活动三:体味国家良苦用心。 播放《对话"红色坦克手"》视频: 师:刚才分析的是实行按劳分配的现实条件,而实	观看视频,交流看法。	选择典型视频,让学生感知、体会,在专家的讲解中明确按劳分配的意义。	

教学过程					
教学 环节	知识 点位	教师活动	学生活动	设计意图	备注
探究 活动	4.按 劳分配的 意义。	行按劳分配后,会有什么样的积极作用呢? 　师:为了获得更多的收入,你们想想你们会在本职岗位上怎么做? 　引导学生得出结论:实行按劳分配的重要意义。 　4.按劳分配的意义。 (板书)	讨论、回答。		
探究 活动	二、多种分配方式并存。	探究活动四:走进生活、身临其境。 ★走进生活: 　播放《小商品市场》视频。			

<table>
<tr><td colspan="6" align="center">教学过程</td></tr>
<tr><td>教学
环节</td><td>知识
点位</td><td>教师活动</td><td>学生活动</td><td>设计意图</td><td>备注</td></tr>
<tr>
<td>探究
活动</td>
<td>1. 按个体劳动者劳动成果分配。</td>
<td>
师:通过观察小商品市场里个体经营者,经营买卖的过程,请问同学们:在这里劳动者充当了什么角色? 经营者的收入构成的性质? 这种分配方式的特点和意义是什么?
引导学生得出结论:个体经济形式的劳动者参与分配的方式是:
1. 按个体劳动者劳动成果分配。(板书)
师:多种分配方式并存,那除了按个体劳动者劳动成果分配外,还有什么分配方式吗?</td>
<td>学生分组观察义乌小商品市场里的劳动者,思考、讨论、回答。</td>
<td>把握重点,突破难点。

通过现实事例,环环相扣的问题设计及提问,增强学生对此问题涉及内容的深刻理解。</td>
<td></td>
</tr>
<tr>
<td>探究
活动</td>
<td>2. 按生产要素分配。</td>
<td>★ 身临其境
引导学生阅读教材60页漫画与材料,并思考问题:按生产要素分配内容、意义和要素类型。</td>
<td>观察图片,阅读材料,思考交流看法。</td>
<td></td>
<td></td>
</tr>
</table>

教学过程					
教学环节	知识点位	教师活动	学生活动	设计意图	备注
探究活动	（1）按生产要素分配类型。	2.按生产要素分配。（板书） （1)按生产要素分配类型。(板书) 师:参与收益分配的生产要素主要有劳动、资本、技术信息、管理等。 探究活动五:体验未来生活。 体验一:毕业工作后,如果你同学有一项前景非常好的项目,他提供技术,邀请你提供资金,你会考虑参加吗? 体验二:如果还有其他同学有的有厂房、有的学的是管理专业等等,对自己开办公司有利,你会邀请他们参加吗? 为什么?	讨论、回答。		

教学过程					
教学环节	知识点位	教师活动	学生活动	设计意图	备注
探究活动	(2)按生产要素分配的意义。	回答在我国为什么允许这些要素参与分配？生产要素参与分配有什么重要意义？ 师:继"大学毕业后,我准备怎么养活我自己"的话题,分析同学是通过哪种分配方式获得收入的？ 引导学生得出结论:各种生产要素按贡献参与分配。 师:确立了生产要素按贡献参与分配的制度,给社会经济发展带来什么样的积极作用？ 引导学生认识到健全生产要素按贡献参与分配制度有着重要的意义,同时为下一个框题内容的学习铺垫,帮助同学坚定社会主义分配制度优越性的信念,增强拥护党的方针政策自觉性。 (2)按生产要素分配的意义。(板书)	参与体验,结合课本,思考讨论,发表见解。	通过模拟体验,让学生真实地感受生产要素的意义,既提高了知识的理解水平,又提高了学生对生活的认知能力。	

教学过程					
教学 环节	知识 点位	教师活动	学生活动	设计意图	备注
课堂 小结		师:老赵一家五口,赵某承包了责任田,收入不错;妻子开了个小店,纳税后也有不少收入;儿子在某国有公司上班,还通过炒股,赚了不少钱;女儿是工程师,在私营企业当技术顾问,也有一份丰厚的报酬;赵某的母亲靠出租房屋也有一定的收入。 　思考:赵家五人(赵某、妻子、儿子、女儿、母亲)收入各来自何种分配方式。	讨论、回答。	引领学生归纳知识点并谈感受。	
情感 升华		多媒体展示诗歌: 《劳动创造美好生活》 劳动创造财富 知识创造财富 让我们用 勤劳的双手、智慧的头脑 丰富的知识、卓越的技能 创造累累硕果 创造更加美好的明天…… 教师寄语。(播放背景音乐《劳动最光荣》)	倾听、感受。	升华了"劳动"、"知识"的意义,让学生增强学会尊重生活的情感。	

教学过程					
教学环节	知识点位	教师活动	学生活动	设计意图	备注
板书设计		一、按劳分配为主体多种分配方式并存 　1.按劳分配为主体 　　{ 按劳分配的基本要求 　　　按劳分配的必然性 　　　按劳分配的意义 　2.多种分配方式并存 　　{ 按个体劳动者劳动成果分配 　　　按生产要素分配 { 按生产要素分配的类型 　　　　　　　　　　　　按生产要素分配的意义		构建知识网络。	
课时作业		1.实行按劳分配之所以能调动劳动者的积极性,是因为（　A　）。 　A.它把劳动者的个人收入与自己付出的劳动数量和质量直接联系在一起。 　B.它促进了生产力的发展。 　C.它消除了几千年来不劳而获的剥削制度。 　D.它体现了劳动者共同劳动、平等分配的社会地位。 　2.合理且适度的收入差距是贯彻党和国家尊重劳动、尊重知识、尊重人才、尊重创造等重大方针的必然要求。它有利于(　D　)。 　①克服平均主义,更好地发挥收入分配的激励作用。 　②尊重和保护一切合法的劳动收入和非劳动收入。		巩固消化所学知识。	

		教学过程			
教学环节	知识点位	教师活动	学生活动	设计意图	备注
课时作业		③鼓励知识创新和科技创新,充分调动广大科技人员创新的积极性。 ④发挥公有制经济的主体作用。 A. ①②④ B. ①③④ C. ②③④ D. ①②③			
课后反思		英国教育家赫伯特·斯宾塞认为:"痛苦的功课使人感到知识讨厌,而愉快的功课会使知识吸引人。"本课时内容理论性比较强,与学生生活实际联系的内容不是特别多,在本节课上构建"快乐"的教学方式,倡导自主、合作、探究的学习方式;运用生活化的教材,让学生对教材产生浓厚的兴趣,并设置愉悦的课堂情境,调动学生主动合作、积极思索,让学生去深刻理解这些知识,并能够从自己的实践中理解、把握我国分配政策的合理性,升华学生对当前劳动、知识的尊重情感。本节课激发了学生的学习兴趣,唤起了学生的自觉性、主动性、创造性,并且能够体验成功的快乐。		反思教学,提升自我。	

注:邰纯兵老师执教的《按劳分配为主体 多种分配方式并存》一课获得2010年安徽省高中思想政治课优质课评选三等奖

《按劳分配为主体　多种分配方式并存》
教学实录

安徽省当涂第一中学　邰纯兵

【课前准备】

（播放视频,欣赏音乐《越来越好》）

教师自我介绍。

师:各位……班的同学们,你们好! 我姓邰,来自安徽省当涂第一中学,大家可以叫我小邰老师。今天能和大家在一起合作,上一节公开课《按劳分配为主体　多种分配方式并存》,老师感到非常开心,在此预祝我们合作愉快。谢谢大家!

教师与学生做互动交流。

【导入新课】

师:上课! 同学们好。

师:请坐。请同学们欣赏视频《关于深化收入分配制度改革重点工作分工的通知》,《通知》中提出,"坚持和完善按劳分配为主体、多种分配方式并存的分配制度";其次,《通知》中还强调,初次分配和再分配都要处理好效率和公平的关系,再分配更加注重公平;十七大报告中也首次提出"创造条件让更多群众拥有财产性收入"。

通过视频,我们了解到了"分配制度和按劳分配"这两个词,这话题不仅是国家关注的,也是关系到我们每个公民的日常生活,这堂课就让我们一起来探讨这个话题——"按劳分配为主体　多种分配方式并存"。（出示课题）

【新课教学】

探究活动一:畅想未来生活

师:前面刚讲到"分配制度和按劳分配"这两个词,不仅是国家关注的,也是关系到我们每个公民的日常生活;那么下面我想请同学们,畅想一下自己的未来生活,大学毕业后,我们准备怎么养活我自己?

（安静一会儿,给学生思考的时间）

（学生答略）

师：同学们说得非常好。八仙过海,各显神通,从大家所讲的各种养活自己的途径中,我看到了大家都有对自己未来的规划和设想,但不论你以后想从事什么样的职业,你都通过自己的努力赚到钱了。那么,下面请同学们进一步结合书本58页知识思考:我们赚的钱是属于什么分配? 其中按劳分配的基本内容和要求是什么? 它在我国的分配制度中处于什么地位?

（学生阅读教材,积极思考）

师：什么是按劳分配? 按劳分配的范围是什么? 按劳分配的依据是什么?按劳分配的对象是什么? 按劳分配的原则是什么?

（学生答略）

师：谢谢各位同学,请坐下。同学们讲得都很好,说明对书本内容有了深刻的理解;理解按劳分配,需注意以下几点:第一,按劳分配是与公有制经济相联系的,生产资料社会主义公有制的建立,是按劳分配的基础和前提。适用范围是公有制经济。(出示课件)

第二,对个人消费品进行分配的客观依据是劳动,社会以劳动为尺度向劳动者分配个人消费品。分配依据是劳动(劳动的数量和质量)。(出示课件)

第三,分配的是个人消费品,即是消费资料而不是生产资料,分配对象是个人消费品。(出示课件)

第四,社会以劳动为尺度分配个人消费品时,多劳多得,少劳少得,有劳动能力者不劳不得。分配的原则是多劳多得、少劳少得。(出示课件)

师：同学们还记得我国的基本经济制度吗? 请大家回忆一下。

（学生答略）

师：回答得很好。按劳分配的分配范围既然是公有制经济,而我国公有制占主体地位,按劳分配也在分配制度中占主体地位。

师：那么,为什么实行按劳分配? 坚持按劳分配有何意义呢?

探究活动二:感受按劳分配的历程

（播放视频:《改革开放30周年之分配制度》）

师：视频里强调收入分配制度是经济社会发展中一项带有根本性、基础性的制度安排;深化分配制度改革,是改革开放30年来的实践成果;社会主义生产资料公有制是分配制度改革的前提,实现改革发展成果由人民共享,与社会主义现代化建设的目标是一致的,也是为全面建成小康社会奠定扎实基础。

师:生产资料公有制是实行按劳分配的前提。(出示课件)

★话题分析:《南街村——红色亿元村神话破灭》(播放视频)。

师:现实生活中总有不断探索和实践的空间。同学们看了这段视频,知道这是哪里吗? "南街村十年内生活生产资料实现按需分配"可能吗?

(学生回答略)

师:同学们交流得很活跃,课外知识也很丰富;事实上,社会主义公有制条件下生产力的发展水平,是实行按劳分配的物质基础;(出示课件)可见,在现有的生产力条件下南街村十年内生活生产资料是不可能实现按需分配的。

师:那么,我们现阶段可不可以实行平均分配的方式?

(学生回答略)

师:同学们分析得非常好,社会主义条件下人们劳动的性质和特点,是实行按劳分配的直接原因。(出示课件)刚才分析的是实行按劳分配的现实条件,而实行按劳分配后,会产生什么样的积极作用呢?

探究活动三:体味国家的良苦用心

(播放视频:《对话:"红色坦克手"》)

师:张宏良,任职于中央民族大学成教学院,时评人,以宣传毛泽东思想、捍卫红色文化享誉国内外,被北大教授孔庆东称为"红色坦克手",被广大网民称为"中国底层民意的真实代表""草根阶层的喉舌"。看了张老师的视频,我们明白了改革开放以来,为了激发广大劳动者的积极性和创造性,我们国家进行了分配制度改革,提倡按劳分配,多劳多得;也明白了按劳分配对消除两极分化,实现共同富裕,体现劳动者的共同地位、平等分配的社会地位有着重要的意义。

师:为了获得更多的收入,你们想想你们在工作岗位上会怎么做? 现在我们来进行一次角色模拟,请同学们先以前后四人为一组,相互讨论,发表自己的看法,然后我们再请两位同学到台上来发表讲话。

师:(对每位同学的话要引导、点评)总之,刚才两位同学表现得非常不错。其实,当我们每个劳动者都在努力工作,获得劳动报酬的同时,我们也促进了整个社会生产的发展进步。

师:而除了按劳分配之外,我国还有哪些分配方式呢?

探究活动四:走进生活 身临其境

★走进生活:播放视频《小商品市场》。

师:同学们,结合视频,请你们来看一看我们中国义乌小商品市场的繁荣。

（视频结束后,给学生讨论一会儿）

下面每讨论组里我请一位同学来回答:通过观察小商品市场里个体经营者在经营买卖的过程中,作为劳动者充当了什么角色? 经营者的收入构成如何? 这种分配方式的特点是什么?

师:谢谢,同学们回答得非常棒。个体经济形式的劳动者参与分配的方式是:按个体劳动者劳动成果分配。(出示课件)

师:中国义乌小商品批发市场拥有43个行业,1900个大类、170多万种商品,商品辐射212多个国家和地区,行销东南亚、中东、欧美等地,被为全球最大的小商品批发市场,每天有来自全国各地的二十多万个体户活跃在市场里;他们既是劳动者又是经营者、投资者,不仅付出劳动,还要承担经营风险。正如同学们所述的那样,他们的辛勤劳动是为了提高自己的生活水平,创造财富,同时个体劳动既有利于生产力发展、经济发展,又体现对劳动的尊重。我们国家是保护这些个体劳动者的合法收入的。

师:多种分配方式并存,那除了按个体劳动者劳动成果分配外,还有什么分配方式吗?

★身临其境:看教材漫画《同富不同路》。

师:同学们,下面我们一起来阅读教材60页漫画与材料,思考下我们生活中还有哪些分配方式? 按生产要素分配的要素类型有哪些?

（多媒体同时出示漫画《同富不同路》,供学生讨论）

师:下面我们请三位同学身临其境,分别扮演漫画里的劳动者,我们一起来咨询下他们的劳动感悟。

……

师:谢谢这位同学。我们这位劳动者说是靠劳动要素——"下面条"致富;是的,虽然辛苦了点,但我们付出了劳动、付出了汗水,也获得了回报发家致富。

……

师:非常好。我们这位同学说,他凭借自己的技术发家致富,类似比尔盖茨。那么他参与收益分配的要素就是技术要素。

……

师:谢谢这位女同学。我们这位女同学扮演得很有女强人的气质,她投资几千万下去获得的回报,那就是资本要素收入。其实,生活中还有许多要素可以获得收入,我们把这类按生产要素参与收益的分配方式称为按生产要素分配

179

(出示课件),我们归类一下参与收益的生产要素主要有劳动、资本、技术信息、管理等。

师:我们国家为什么要确立生产要素按贡献参与分配的制度? 能为社会经济带来什么样的积极意义?

探究活动五:体验未来生活

(多媒体设置两种情景,请同学分组讨论)

师:继"大学毕业后,我准备怎么养活我自己"的话题,我们请同学们来继续体验未来生活,等会儿请几位同学上讲台来模拟未来生活的情景。

情景一:毕业工作后,如果你同学有一项前景非常好的项目,他提供技术,邀请你提供资金,你会考虑参加吗?

情景二:如果还有其他同学有的有厂房、有的学的是管理专业等等,对自己开办公司有利,你会邀请他们参加吗? 为什么?

......

师总结:谢谢各位同学的参与,大家都能广开思路,谋求发家致富,相信各位在未来的生活中也是成功人士。在情景一里面,我们这几位同学都说可以考虑,因为同学提供的是技术要素,而我们自己提供的是资金要素。在情景二里,我们同学中大多数考虑邀请有生产要素的其他同学参与进来一起开公司,说是各尽其才,充分调动身边劳动、技术、管理和资本等生产要素的活力。老师也非常赞同。

师:其实,在分配过程中各尽其才的同时,也体现了对公民权利的尊重,对劳动、知识、人才、创造性的尊重,也是对各种生产要素所有权存在合理性、合法性的确认。这样才能激发一切能够创造社会财富的源泉充分涌流,从而造福人民。所以,我们在座的同学,更要努力读书提高自我,争取在未来社会中贡献自己一份力量。

【课堂小结】

展示课件:《老赵一家人收入》。

师:请同学们分组自主学习并合作探究:分析赵某一家人的收入分别来自何种分配方式?(教师巡回学生中间,帮助答疑解惑)

这个过程中,学生不太能够理解按生产要素分配的含义。

师:生产要素指的是参与分配的劳动、土地、资本、技术、管理、信息、技术等,从这些要素中获得的分配收入。

(学生继续讨论赵某、妻子、儿子、女儿、母亲的不同形式收入。几分钟后,学生心中都有了答案,开始逐一确认)

第一组学生:……

师:好、非常棒! 赵某的分配收入属于按劳分配! 按劳分配的前提是公有制,物质基础是生产力水平,直接原因是劳动的性质和特点。赵某承包的责任田是集体所有,是公有制经济范畴。

第二组学生:……

师:对。 国家是保护合法的个体劳动收入,个体经营者既是劳动者,也是投资者,他们不仅要付出劳动,还要承担经营风险。

第三组学生:……

师:好的,赵某儿子有两份收入,要看清楚哦! 国有公司上班的工资、奖金和津贴属于按劳分配。炒股属于按生产要素里的资本要素分配得来的收入。

第四组学生:……

师:房屋依附于土地上,所以是生产要素里的土地要素。

第五组学生:……

师:谢谢! 非常好! 一个是技术要素,另一个是用劳动得来的收入,是劳动力要素。

师:同学们分析得都非常好,老赵一家收入分配的多样化,让我们了解到我国的各种收入分配形式,更体现了我们国家对劳动、知识、人才创造的尊重,让它们竞相进发,造福于人民,也让我们明白了各种收入分配的意义。

【课堂情感升华】

(多媒体展示诗歌——《劳动创造美好生活》)

教师寄语:今天,我们虽身在校园,但也须知生活的艰辛,让我们在座的每一个人都牢记自己肩上的重任,让我们用汗水、用劳动来创造我们未来的幸福生活。(播放背景音乐《劳动最光荣》)

幸福课堂之快乐教学

——浅析《按劳分配为主体 多种分配方式并存》的教学探索

王武权

　　一些学生心中的思想政治课是枯燥、单调、教条的,而要想达到好的教学效果,作为政治课教师就要千方百计使学生的情绪处于热情、愉悦、向上的状态,避免学生的情绪陷入冷漠甚至灰心的境地,从而失去学习的兴趣。我们政治老师要通过我们的教学,激发学生求知进取、奋发向上的动力,使学生面对老师教学观念的转变和教学方式的改进,"乐在其中"。学生热情洋溢的良好情绪与教师的情感反应也起着互相感染、互相促进和互相激励的作用。

　　邱纯兵老师的《按劳分配为主体 多种分配方式并存》一课的教学活动回答了我们关注的一个问题:如何才能实施快乐教学,让课堂教学过程先"幸福"起来?

　　一、教师自己先快乐起来

　　要微笑着进课堂。微笑代表一种亲密关系,是一种"我不讨厌你"或"喜欢你"的具体表现。真诚而自然的微笑将使你缩短与学生之间的距离,将感化学生的情绪,将使你的讲课内容具有出人意料的说服力。古人云:"亲其师,信其道,乐其教",学生看到教师对自己微笑,对教师倍感亲切,对自己充满信心。例如,课前准备阶段,邱老师通过多媒体播放歌曲《越来越好》放松学生的同时,教师微笑着自我介绍,并与学生做互动交流,很快拉近了与学生之间的距离,增强了学生的认同感。

　　所以,教师自我情感要积极、快乐,保持微笑,要学会并善于调节自己的情绪,当工作或生活中遇到了问题,特别是易于使自己激动和发怒的问题,要保持冷静的头脑,不能板着一张脸面对学生,要保持正常的良好的心态,以微笑面对学生,保持积极快乐的人生态度,这样才能营造快乐的课堂氛围。

　　二、让教材生活化

　　我国古代伟大的教育家孔子有一句名言:"知之者不如好之者,好之者不如乐之者"。今天我们的政治课教学,怎样才能做到让学生对其产生浓厚的兴趣,使他们成为"乐之者",从而进入最佳学习境界呢?

教师要用鲜活的生活内容,唤起学生的学习兴趣,构建以生活为基础、以学科知识为支撑的课程模块,这既是新一轮课程整合的追求,也是营造快乐思想政治课堂的重要方面。可以说使政治课的基本观点和基本原理与现实生活接轨,是实现愉快教学的基础。

要讲清各种分配方式,邰老师并没有一味地从理论上灌输各种分配方式,而是列举生活中的"老赵一家人收入"事例:"赵某一家五口人,赵某承包的责任田每年收入很多;赵某的妻子在马路边开了间小店,纳税后也有不少收入;赵某的儿子在某国有公司上班,每月除工资、奖金和津贴外,还通过炒股赚了不少钱;赵某的女儿是工程师,同时在一家私企当技术顾问;赵某的母亲则把县城的一间祖屋出租,每月有一定收入"。继而在解析过程中,请同学们分组自主学习并合作探究,分别总结出:赵某本人承包责任田是属于按劳分配收入;赵某妻子的小店属于个体经济,所以属于按个体劳动者劳动成果分配;赵某儿子属于按劳分配收入;赵某母亲出租房屋属于按生产要素分配;赵某女儿的收入有两份,一是劳动力要素,一是技术要素,都是属于按生产要素分配。我们以身边的收入分配事例,讲教材的收入分配,让学生体会到教材是活的、动的、用的,也加深了学生对知识的理解,体会到学习的简单与快乐。

三、构建"快乐"的教学方式

积极倡导自主、合作、探究的学习方式是新课程的核心理念之一。真正实现学习方式的转变,在于学会经营课堂,建构师生、生生交往互动的课堂。经营的主导者是教师,理念的学习方式的转变,途径在于教会学生学习,落脚点则是学生在快乐学习中发展。

以前,我对高一新生做过一个"对初中政治课看法"的问卷调查表明:58%的学生表示喜欢初中政治课,理由大多是"老师的课上得生动、丰富,听得开心,学得快乐",而42%的学生表示不是很喜欢,理由多是"觉得政治课非常枯燥、乏味,老师讲的东西不理解、没兴趣、考试忙着死记硬背,而成绩又不理想"。

从中可见,教师的教学方法对学生学习兴趣具有重大影响,学生对政治课的看法往往取决于政治课教师采取一种什么样的教学方法和形式。

那么怎样才能激发、提高学生对政治课的兴趣呢?我在教学实践中认识到:政治课教师必须改变以往传统的空洞式理论说教,应采取生动活泼、丰富多样的教学方法和形式。

1.增加课堂游戏成分让学生玩中学。

思想政治课老师要有勇气让学生参与到教学中来,教学过程可适度引入游戏进入课堂,让学生从游戏中和娱乐中感悟知识、提炼知识和升华对知识的认识。如通过小品、歌舞、戏曲等形式进课堂,让学生互动。例如,在讲解按生产要素分配的含义和要素类型等问题时,邰老师就设置了互动环节——"开公司",让学生们在"玩"中学到知识。

情景一:毕业工作后,如果你同学有一项前景非常好的项目,他提供技术,邀请你提供资金,你会考虑参加吗?

情景二:如果还有其他同学有的有厂房、有的学的是管理专业等等,对你开办公司有利,你会邀请他们参加吗? 为什么?

在这一过程,即形象地解读了各种生产要素参与分配的现象,又通过学生的参与,描述了哪些生产要素参与分配的问题。使整个课堂气氛活跃,学生积极参与,乐在其中,完全没了政治课枯燥乏味的现象。正如苏联著名教育家霍姆林斯基说过,任何一位优秀的教师,他必须是一个善于激起学生对自己课堂兴趣,确立自己课程吸引力的教师。

2.设置愉悦的课堂情景。

思想政治课教学中,构建快乐的教学课堂,教师可通过故事、漫画、幽默、多媒体等喜闻乐见的方式创设和谐快乐的课堂情景,让教材枯燥单调的内容与愉悦生动、形象的情景融合起来,让学生在愉悦、生动、形象的环境中学习,寓教于乐。邰老师精心预设几个情境,为学生创设了一个有助于其身心充分发展的课堂,把学生的学习兴趣给激发出来,让学生在宽松自由的课堂里体验学习的愉悦、享受学习的快乐和幸福、感悟自己的成长。

情境创设一:《小商品市场》。

通过观察小商品市场里个体经营者经营买卖的过程,引导学生分组讨论:作为劳动者充当了什么角色? 经营者的收入构成如何?"(班级正好三大组)话声一落下,学生就积极热烈地讨论开来。学生回答完后,教师适当地总结,并以幻灯片的形式展现知识点内容。

情境创设二:《开公司》。

情景一:毕业工作后,如果你同学有一项前景非常好的项目,他提供技术,邀请你提供资金,你会考虑参加吗?

情景二:如果还有其他同学有的有厂房、有的学的是管理等等,对开办公司有利,你会邀请他们参加吗? 为什么?

此时学生像蓄积了好久的能量需要爆发一样,和同桌、周边同学热烈讨论着,很多学生还没等老师提示就主动站起来发表了自己的看法。教师在学生讨论回答的基础上总结,并以幻灯片展示相关知识点。

总之,以多样化的教学手段,展示精心预设的几个情境,吸引学生主动参与,会刺激学生主动进行多角度、多层面的思考解决问题。心理学家皮亚杰认为,教师不应企图将知识硬塞给学生,而应该找出能引起学生兴趣、刺激学生的材料,然后让学生自己去解决问题。

3.合作学习。

思想政治课堂教学中,教师可以通过让学生分组合作学习的形式,实行生生互动与师生互动相结合,组内学生分工协作,共同思考、互相帮助,让学生在合作中培养学生的学习能力和合作精神,让学生体验合作的乐趣。学生在快乐的状态下学习效果最好,思想政治课教师要遵循学生心智成长的规律,诱导学生的兴趣发展,鼓励学生进行自我教育,培养学生良好的习惯,构建快乐的思想政治课堂,帮助学生树立快乐的心态和学习方式。

教育家苏霍姆林斯基还说过,在人的心灵深处,都有一种根深蒂固的需要,希望自己是一个发现者、研究者、探索者。所以,在教学的体验环节,教师要时刻注意自己仅仅是引导者,引导学生自主去完成,去创造。例如在讲解个体经济形式的劳动者参与分配的方式时,播放视频《小商品市场》,通过观察小商品市场里个体经营者经营买卖的过程,引导学生分组讨论在这里劳动者充当了什么角色? 经营者的收入构成? 这种分配方式的特点? 意义是什么? 等一系列问题,让学生带着问题,共同合作共同探究。这时,师生之间、生生之间相互合作,彼此沟通,彼此给予,彼此分享,共同拥有。这样,教学的进程就是教师和学生分享人类精神财富的过程,就是分享各自生活经验和价值观的过程。在这样的合作分享中,教师与学生都能够彼此享受到尊重的幸福、交流的幸福、成长的幸福。

当然,快乐课堂仅仅是幸福课堂模式探索的一部分,但这一过程,可以是学生乐在老师的教学中,变得想上、喜欢上政治课。英国教育家赫伯特·斯宾塞认为,痛苦的功课使人感到知识讨厌,而愉快的功课会使知识吸引人。受委屈的孩子很少会去反省自己有什么过错,因为愤怒和不平占据了心灵,而被感动的孩子则常常反省,因为感动增加了他内心勇气和智慧。快乐教育主张从情感教育入手,以情感为动力,激发学生的学习兴趣,唤起学生的自觉性、主动性、创造性,并且能够体验成功的快乐。思想政治课堂教学中教师要学会捕捉快乐,实施快乐教育,教师要在现有教材的基础上对学生进行快乐教育,完善快乐的思想政治课堂。

《人生理财，投资诚信——做诚信的人》教学设计

安徽省马鞍山二中实验学校　夏　芳

课题	人生理财，投资诚信——做诚信的人
教学目标	【知识与能力】 1.理解诚信是当今社会的宝贵资源，是人生发展和成功的重要条件。 2.知道在具体的情境中做到诚实守信应坚持的基本立场。 3.学生依据"善"是诚信核心的道理，培养在具体的生活情境中做到诚实守信的能力。 【过程与方法】 通过本框学习，培养学生积极进取的意识和精神，积极学习投资的相关知识，树立理性理财观念。学生依据"善"是诚信核心的道理，具备在具体的生活情境中做到诚实守信的能力。 【情感态度价值观】 1."转变"——学生实现从谈到诚信问题时的灰色心态向积极健康情绪的转变。 2."认同"——学生认同诚实守信对于提升自我价值、抓住人生机遇具有重要意义。 3."渴望"——学生从抱怨社会、等待社会，转化为渴望拥有诚信人格。
教学重点	为了培养学生渴望做诚信之人，认同诚信是提升自我价值、抓住人生机遇的重要条件，转变学生在谈到社会诚信问题时的灰色心态，本课把教学重点放在诚信与人生价值的关系上，进而使学生产生追求诚信人格的渴望。

教学难点	具体生活情境的变化会对诚信行为产生不同的要求,这需要人们具备顽强的意志和辩证的智慧。而初中生的意志力、辩证智慧和具体问题具体分析的能力比较薄弱,因此,帮助他们领会诚信的核心,并能够在不同的生活情境中做到诚实守信是本课的教学难点。
教法学法	采用启发式教学、情景教学、比较分析等教学方法。 　创设情境引导学生自主合作探究,充分发挥学生的主体作用。

教学过程					
教学环节	知识点位	教师活动	学生活动	设计意图	备注
课前准备		1.提前一周布置学生每天记录自己如下行为完成的情况:按时交作业、独立完成作业、不作弊、不逃避值日、不迟到、准时赴约、不说谎、信守诺言。 　2.课前统计学生选票,评选出班级三名"诚信之星"。	1.每天如实记录自己在本周内各项行为的执行情况。 　2.根据自己日常观察,评选班级"诚信之星"。	1.为课堂上学生建立诚信账户做好准备。 　2.为说明诚信,积累信任,进而为人生赢得机遇做好铺垫。	
导入新课		人生就是一笔财富,我们都希望通过合理的规划来实现人生的价值增值。今天,			

教学过程					
教学环节	知识点位	教师活动	学生活动	设计意图	备注
导入新课	一、"投资诚信，打造人格品牌"——诚信的意义。	老师向大家推荐一只人生理财产品，这只理财产品是什么呢？为了让同学们认同这只理财产品，我们先来做一个活动。 活动一："品牌的秘密"。 1. 向学生出示"可口可乐"、"海尔"、"同仁堂"的商标，请同学说一说你看到这几个品牌的直觉感受。 2. 宣布"可口可乐"的品牌价值高达653亿美元（世界之最），"海尔"的品牌价值达78.6亿元（中国之最），"同仁堂"的品牌价值达29.6亿元（老字号之最）。 3. 提问：为什么品牌具有如此之大的魅力和价值？品牌效应的秘密是什么？	1. 看品牌，谈感受。	把人生比喻成财富，新颖而有吸引力，从而调动学生学习的兴趣和积极性，达到导入新课，初步感知诚信的目的。	

教学过程					
教学环节	知识点位	教师活动	学生活动	设计意图	备注
导入新课	一、"投资诚信，打造人格品牌"——诚信的意义。	4.出示海尔和同仁堂的经营理念"真诚到永远"、"炮制虽繁必不敢省人力，品味虽贵必不敢减物力"，让学生体会品牌形成的秘密。 5.概括学生发言，引导并得出结论： 长期的诚信经营，提供高质量的商品和服务赢得了人们的持久信任。人们的信任会凝结成品牌效应，同学们的直觉反应就证实了这一点。大量的社会信任提高了商品的价值和商品实现价值的机遇。品牌效应就是信任效应，品牌的秘密就在于诚信经营。 活动结论： 商品：诚信经营，积累信任，形成品牌，提升价值，赢得机遇。	2.学生根据自己对品牌的理解，思考品牌的意义和品牌形成的原因。 3.体会社会信任对于商品的价值以及价值实现的意义。		

教学环节	知识点位	教师活动	学生活动	设计意图	备注
探究活动	一、"投资诚信，打造人格品牌"——诚信的意义。	活动二："诚信之星"。 1.请学生反思：你的人格具有品牌效应吗？你有打造自己人格品牌的理念吗？你的社会信任度有多少呢？ 课前，我们评选了"诚信之星"，他们是甲、乙、丙。这些同学的人品在班级里是有口皆碑的，在同学心目中已经具备了品牌效应。 板书：诚实守信、积累信任、人格品牌。 2.品牌能够提升商品的价值，大家的信任是否同样提升了这几位同学的价值和发展机遇呢？我们看看甲、乙、丙参加过哪些活动，他们得到过哪些荣誉。想一想为什么。	1.反思自己的社会信任度。	1.通过"诚信之星"的活动为班级同学树立诚信的榜样。	

教学过程					
教学环节	知识点位	教师活动	学生活动	设计意图	备注
探究活动	一、"投资诚信,打造人格品牌"——诚信的意义。	3.引导学生得出结论: 赢得大家信任的同学可以提升自我的价值,赢得更多地展现自我的机遇。 板书:提升价值、赢得机遇。 4.总结: 现在你们知道老师推荐的人生理财产品是什么了吧!诚信是一种宝贵的社会资源,在"人生理财"的过程中,要想提升自我价值、抓住人生机遇,一定要投资诚信,诚信是当前一个非常好的投资理财产品。 活动结论: 人生:诚实守信,积累信任,人格品牌,提升价值,赢得机遇。	2.认识到诚信对于现代人的意义,规划人生一定要投资诚信。	2.帮助学生认识到诚信对于自身赢得信任,提升自我价值,抓住机遇的重要意义。	

教学过程					
教学环节	知识点位	教师活动	学生活动	设计意图	备注
探究活动	二、"如何投资诚信"——如何做一个诚信的人？	活动三："诚信账户的建立与维护"。 投资诚信需要一个理财账户。请同学们把老师布置一周的诚信记录拿出来，其实这个记录就是同学们的诚信账户。 1.请"诚信之星"展示自己的账户，看看他们为什么赢得了"诚信之星"。 2.请学生对自己的诚信账户综合考察，给出自我评价。 3.和他人交换，请同学对自己的诚信账户进行综合评价。 4.提问：考查自己透支诚信的行为是如何发生的？是什么影响了你对客观事实的尊重？ 板书：客观事实。 5.提问：你当时面临的选择冲突是什么？并发散思维，导	1.考查"诚信之星"的诚信账户，感受榜样的力量。 2.看看自己的诚信账户哪些方面经常存入诚信，哪些方面经常透支诚信。	1.通过建立诚信账户，让学生反思并考查自己的诚信状况，综合多方面信息，综合他人和自己评价形成对自我诚信状况的比较客观的认识。	

教学过程					
教学环节	知识点位	教师活动	学生活动	设计意图	备注
探究活动	二、"如何投资诚信"——如何做一个诚信的人？	致人作出不诚信行为的冲突还有那些情况？ 教师概括学生发言，从中提炼各种利益冲突的情况。 板书：个人私利与多数人利益、眼前利益和长远利益、情与法。 6. 提问：你当时的立场和出发点是什么？请"诚信之星"和其他同学给出选择意见。 7. 提问：发散思维，你的失信行为给你带来的眼前利益和个人私利是什么？你可能因此而失去的长远利益、公众利益、社会信任、发展机遇是什么？ 8.引导学生得出结论： 作出正确选择应	3. 对自己的诚信状态给出综合自评。 4. 学生之间进行互评。 5. 反思失信对自己的不良影响。	2. 使学生把自己日常的细小行为与诚信建立起意义联系。	

教学过程					
教学环节	知识点位	教师活动	学生活动	设计意图	备注
探究活动		该站在正确的立场上：多数人利益、长远利益、法。 板书：要求立场正确。 活动结论： 诚信的立场：站在多数人利益、长远利益、法的一边。	6.反思自己透支诚信时的选择冲突，并得出在各种利益冲突中作出正确选择应当坚持的立场。	3.帮助学生认识诚信行为应当坚持的正确立场，并能够在遇到利益冲突时作出正确的选择。	
探究活动	三、诚信的核心——善。	活动四："投资诚信有智慧"。 1.提问：有这样几笔诚信的款项，不知道是否应该存入诚信的账户？ 古希腊哲学家苏格拉底提出问题："将军欺骗士兵说，援兵就要赶到，以此鼓舞士气，并取得了胜利；父亲告诉孩子药很好吃，并治好了孩子的病。"这是否属于不诚信的行为呢？	1.思考苏格拉底的提问，考察诚信的复杂性、情境性，应具体问题具体分析。	1.帮助学生认识诚信的复杂性、情境性，提高具体问题具体分析的能力。	

教学过程					
教学环节	知识点位	教师活动	学生活动	设计意图	备注
探究活动	三、诚信的核心——善。	2.提问：同学们在记录诚信账户的时候是否遇到了类似的问题？ 3.提问："说谎"是否就是不诚信的行为？ 4.提问：在这些情况中将军、父亲、同学们坚持的立场是什么？ 5.提问：各种诚信行为背后的一致之处是什么？ 6.引导学生得出结论： 这些行为都是善意的，并不违背诚信的道德原则。作出诚信的行为要具体问题具体分析，依据不同的情境具体作出行为的判断。诚信的核心是善，依据善的原则作出判断，保证我们站在多数人利益的一边，长远利益一边、法	2.透过现象看本质，抓住各种诚信行为背后的核心，即善的原则。	2.通过概括，得出各种诚信行为皆是善，帮助学生抓住诚信的核心和灵魂，形成在不同情境中做到诚实守信的智慧。	

教学过程					
教学环节	知识点位	教师活动	学生活动	设计意图	备注
探究活动		的一边。投资诚信的智慧就要抓住善这个诚信的核心。 活动结论： 善是诚信的核心。			
探究活动	四、书写"诚信箴言"。	活动五："书写诚信箴言"。 1. 教师引导：今天我们开了一个诚信账户，以存入的诚信代表本金，记录以后自己的诚信收支状况，努力存入诚信，不断投资诚信，积累人生资本。 2. 请同学根据自己的实际生活情况和未来的人生理想，在诚信账户上补充进自己需要的其他项目，并持久地记录。 3. 宣布学期结束的时候，我们再次进行自评和互评，并上交接受老师评价和	1. 根据自己的情况，在诚信账户上添加上自己的实际以及未来需要的项目。	1. 激励学生诚信的信心，强化学生诚信的愿望。	

教学过程					
教学环节	知识点位	教师活动	学生活动	设计意图	备注
探究活动	四、书写"诚信箴言"。	家长的评价,看看自己的进步是什么。 4.模仿海尔、同仁堂的经营理念,请同学们在自己的诚信账户上写出一句自我激励的诚信箴言。	2.书写诚信箴言。	2.在自评与他评、自我监督与他人监督、自我激励与他人激励下努力培养诚信人格。	
板书设计					
课堂小结		继续维护自己的诚信账户,为它存入更多的资本——诚信。		巩固消化所学知识。	

教学过程					
教学环节	知识点位	教师活动	学生活动	设计意图	备注
课后反思		1."氛围健康"——本课的整体教学以引导学生追求诚信可贵的积极行动代替对社会匮乏诚信的一味抱怨。 2."形式活泼"——诚信的话题比较严肃，投资理财的话题比较时尚，把人生比做财富，把诚信比做理财产品，以活泼形式呈现严肃的内容，有利于增强内容的亲和力，进而调动学生的积极性。 3."活动开放"——本课的学生活动始于课前的一周记录，明确于课堂教师的引导，完成于日后的点滴积累，具有开放性。课前活动积累素材，课上活动明确意义，课后活动形成效果。		反思教学，提升自我。	

注：夏芳老师执教的《人生理财，投资诚信——做诚信的人》一课获得2010年安徽省初中思想品德课优质课评选三等奖。

《人生理财，投资诚信——做诚信的人》教学实录

安徽省马鞍山二中实验学校　夏　芳

【课前准备】

1. 教师提前一周布置学生每天记录自己的如下行为完成的情况：按时交作业、独立完成作业、不作弊、不逃避值日、不迟到、准时赴约、不说谎、信守诺言。

2. 教师课前统计学生选票，评选出班级三名"诚信之星"。

【导入新课】

师：上课！同学们好。

生：老师好。

师：请坐！

师：人生就是一笔财富，我们都希望通过合理的规划来实现人生的价值增值。今天，老师向大家推荐一只人生理财产品，这只理财产品是什么呢？为了让同学们认同这只理财产品，我们先来做一个活动。

活动一："品牌的秘密"

（向学生展示"可口可乐"、"海尔"、"同仁堂"的商标）

师：我们对这些商标一定不陌生，能和大家说说你对它们的了解吗？

生1："可口可乐"是国外的品牌，是我们很喜欢的一种饮料。

生2：我的爷爷奶奶非常信任"同仁堂"这个牌子，买药的时候经常选这个牌子的。

生3："海尔"算是国际品牌了，我家好多电器都是海尔的，质量很好，售后服务也好。

师：你们知道这些品牌的价值吗？它们值多少钱？

（学生猜价值，兴致勃勃）

师：据了解"可口可乐"的品牌价值高达653亿美元（世界之最），"海尔"的品牌价值达78.6亿元（中国之最），"同仁堂"的品牌价值达29.6亿元（老字号之最）。

提问：为什么品牌具有如此之大的魅力和价值？品牌效应的秘密是什么？

生1：我认为这些品牌之所以拥有如此高的价值，是因为他们注重商品的质量，当商品得到消费者的认可就有价值了。

生2：这些企业注重自己的企业形象，有很好的口碑，更多人相信他们。

（出示海尔和同仁堂的经营理念"真诚到永远"、"炮制虽繁必不敢省人力，品味虽贵必不敢减物力"，让学生体会品牌形成的秘密）

师：长期的诚信经营，提供高质量的商品和服务赢得了人们的持久信任。人们的信任会凝结成品牌效应，同学们的直觉反应就证实了这一点。大量的社会信任提高了商品的价值和商品实现价值的机遇。品牌效应就是信任效应，品牌的秘密就在于诚信经营。

【新课教学】

师：对于商品来说，品牌就是社会信任的标志，品牌形成于社会信任的累积，品牌的创立源于点滴的诚信经营。人也是一样，谁具有持久的社会信任，谁就能在现代社会提升价值、赢得机遇。

活动二："诚信之星"

师：你的人格具有品牌效应吗？你有打造自己人格品牌的理念吗？你的社会信任度有多少呢？

课前，我们评选了"诚信之星"，他们是甲、乙、丙。这些同学的人品在班级里是有口皆碑的，在同学心目中已经具备了品牌效应。

（板书：诚实守信、积累信任、人格品牌）

师：品牌能够提升商品的价值，大家的信任是否同样提升了这几位同学的价值和发展机遇呢？我们看看甲、乙、丙参加过哪些活动，他们得到过哪些荣誉。想一想他们承担的工作和赢得的机遇与他们的诚信之间有着怎样的联系。

生：甲是我们学校护旗手，专门负责国旗的升降。有很多次，我在放学时都发现她一个人在操场上降国旗。有一次是清晨国旗升上去不久后，开始下雨，为了不让国旗淋湿，她一个人撑着伞去降国旗，等她回来时几乎身上都淋湿了，但是国旗却完好无损。我认为她尽到了自己的责任，履行了自己的义务，就也是一种诚信。

师：赢得大家信任的同学可以提升自我的价值，赢得更多地展现自我的机遇。

（板书：提升价值、赢得机遇）

师:现在你们知道老师推荐的人生理财产品是什么了吗?

生:诚信。(齐声回答)

师:对。诚信是一种宝贵的社会资源,在"人生理财"的过程中,要想提升自我价值,抓住人生机遇,一定要投资诚信,诚信是当前一个非常好的投资理财产品。

活动三:"诚信账户的建立与维护"。

师:投资诚信需要一个理财账户。请同学们把老师布置一周的诚信记录拿出来,其实这个记录就是同学们的诚信账户。首先请"诚信之星"展示自己的账户,看看他们为什么赢得了"诚信之星"。

生1:答应别人的事,他们都做到了,信守承诺。

生2:自己的事情自己做,面对责任,勇于承担自己的责任。

师:看了"诚信之星"的账户,我们来看看自己的诚信账户,给出一个自我评价。再和同桌交换,请同桌对你的诚信账户进行综合评价。

(学生每两人为一组展开自我评价与综合评价)

师:回忆一下,你透支诚信的行为是如何发生的?是什么影响了你对客观事实的尊重?

(板书:客观事实)

生:前两天数学没考好,不敢把试卷给家长签字。

师:你当时紧张吗?你当时面临的选择冲突是什么?

生:紧张。给家长签字吧,怕挨骂,不给吧,又怕老师批评。

师:躲得了初一,还能躲得过十五吗?不签字,暂时安全了。一旦东窗事发,后果可能更严重,可不能只顾眼前利益。导致人做出不诚信行为的冲突还有那些情况?

(教师概括学生发言,从中提炼各种利益冲突的情况)

(板书:个人私利与多数人利益、眼前利益和长远利益、情与法)

师:你的失信行为给你带来的眼前利益和个人私利是什么?你可能因此而失去的长远利益、公众利益、社会信任、发展机遇是什么?

生:失信行为可能给我们带来些蝇头小利或是满足了自己一时的欲望,但从长远来看,是得不偿失的。可能损害了他人的利益或自己的长远利益,失去他人的信任,可能也会因此丧失更多发展的机会。

师:说得好,当我们面对个人私利与多数人利益、眼前利益和长远利益、情与法的冲突时,应该做出正确选择,站在多数人利益、长远利益与法的一边。

(板书:要求立场正确)

活动四:"投资诚信有智慧"

师:既然我们有了诚信账户,就想要把这账户充盈起来。我有这样几笔诚信的款项,不知道是否应该存入诚信的账户?

(向学生展示材料:古希腊哲学家苏格拉底提出问题:"将军欺骗士兵说,援兵就要赶到,以此鼓舞士气,并取得了胜利;父亲告诉孩子药很好吃,并治好了孩子的病。")

师:这些是否属于不诚信的行为呢?

生:不属于。(齐声回答)

师:你在记录诚信账户的时候是否遇到了类似的问题?

生1:医院里,有时候医生会隐瞒病人的真实病情,希望病人心情不受影响。

生2:我有一次在学校犯错误了,班主任说帮我隐瞒,不告诉家长,条件是考试有进步。

师:医生和老师"说谎"是否就是不诚信的行为?

生:不是。(齐声回答)

师:在这些情况中将军、父亲、医生、班主任坚持的立场是什么? 各种诚信行为背后的一致之处是什么?

生:不是为了自己的利益,而是为对方着想。

师:这些行为都是善意的,并不违背诚信的道德原则。做出诚信的行为要具体问题具体分析,依据不同的情境具体作出行为的判断。诚信的核心是善,依据善的原则做出判断,保证我们站在多数人利益的一边,长远利益一边、法的一边。投资诚信的智慧就要抓住善这个诚信的核心。

活动五:"书写诚信箴言"

师:今天我们开了一个诚信账户,以存入的诚信代表本金,记录以后自己的诚信收支状况,努力存入诚信,不断投资诚信,积累人生资本。请同学根据自己的实际生活情况和未来的人生理想,在诚信账户上补充进自己需要的其他项目,并持久地记录。等到学期结束的时候,我们再次进行自评和互评,并上交,接受老师评价和家长的评价,看看自己的进步是什么。

(学生根据自己的情况,在诚信账户上添加上自己的实际以及未来需要的项目)

师:最后请同学们模仿海尔、同仁堂的经营理念,在自己的诚信账户上写出一句自我激励的诚信箴言。

生1:诚信成就人生,诚信成就梦想。

生2:让我们用诚信经营生活。

生3:播种诚信,收获人生。

【课堂小结】

师:在现实生活中,会遇到各种各样的诚信问题,只要我们遵守诚信守则,与人为善,出于公心,我们就能够拥有诚信的智慧,做一个讲诚信、负责任的人。现在,我们每一位同学都有了自己的"诚信账户",成为"诚信银行"的一名储户。大家对我今天推荐的这只人生理财产品满意吗? 那就让我们继续维护自己的诚信账户,为它存入更多的资本——诚信。

教学的创新力应聚集于课堂生成点的依托
——对《人生理财,投资诚信——做诚信的人》
优质课的评析与思考

谷蓉蓉

《人生理财,投资诚信——做诚信的人》这一课在初中思想品德课程中是非常重要的。许多教师在优质课大赛中都选择了这个课题。我试图循着执教者的备课轨迹和课堂教学的操作流程,揭示本节课的创新之处。因为,当我听完这节课后,不由自主地感到它有一些我们教学中可以借鉴的亮点。

一、设计背景

说到诚信问题,不知道为什么,闯入我们(许多孩子的感觉也是如此)脑海中的就是假烟、假酒、假证件等等。我们的学生会想到什么呢? 他们从小就生活在这样的一个社会环境里,我们时时处处提醒他们要防范社会中的种种欺诈行为。因此,很多孩子从小就对社会产生了一种怀疑和不信任。他们渴望的,与其说是拥有诚信的人格,不如说是防范欺诈的方法。他们既盼望社会诚信状况的改变,自己有时又做出不诚信的行为。他们能够用诚信评述社会,而又难以用诚信来评述自我,他们还未建立起自身行为和诚信的意义联系,行为具有一定的盲目性和自发性。

二、目标设定

针对这样的学情、疑问,教师仔细地分析了教材。教材在"做诚信的人"这一部分内容里再次提到诚信的意义,这启发了自己,"能不能成为一个诚信的人"其实方法并不难,关键在于人们能否真正认识到诚信对于自我的意义。于是,教师整合了教材,把教学目标设定在这样几个方面:首先,在"情绪"上——使学生在谈到诚信问题时的心境由消极转为积极;其次,"对诚信价值认识"——使学生能够从"讲诚信有什么用"的怀疑中转变到真正认同"诚信对于自我具有重要意义";最后,使"学生的行为"从抱怨社会、等待社会,转化为积极地渴望并拥有诚信人格的行动。

为了实现这样的目标,教师试图在教学中实现这样三个转变:第一,整合教学氛围由"灰色调"转变为"绿色调";为此,教师将教学落脚点由社会亟须诚信,转变为学生自身渴望诚信;进而,诚信进一步演化为由一种目的性美德转化为一种发展自我的手段和条件。为了实现这些转变,本课最终把生成点依托在"诚信与自我价值"的关系上,希望在这个关系上构建本课。

三、整合教学思路

为了实现这样的教学目标,实现教学的三个转变围绕"诚信与自我价值"的关系,教师设置了这样两个教学内容:第一,诚信在当代对于个人的意义是什么? 第二,如何做一个诚信的人?

教学的内容确定以后,还必须找到一种好的形式去激发内容的活力。由于本课把教学内容依托在"诚信与自我价值"的关系上,而诚信作为当今一种稀缺的社会资源,对于实现自我价值保值增值又有着重要的意义,它们之间的关系像什么呢? 特别像是"财富增值与理财投资的关系",人生的价值好比财富,诚信好比是理财产品,稀缺愈显珍贵。在当今,投资诚信,打造诚信人格,是提升自我价值,赢得发展机遇的重要条件。

有了这个想法,教师就想以"人生理财,投资诚信"这样一个比较活泼、形象的形式去展现教学内容。对应这两个问题,课堂设置了"投资诚信,打造人格品牌"和"如何投资诚信"两大教学环节。

四、教学过程

在第一个教学环节里,教师想围绕"诚信与自我价值的关系"来说明"诚信对现代人的重要意义"，但是二者的关系对于学生来说有一定的跳跃性，必须抓住一个中间环节才能说清二者的关系。这个中间环节，就是社会信任，诚信赢得信任，信任提升人的价值和发展机遇。

但是，这里的关系对于学生来说具有一定的抽象性，为了帮助学生能够形象理解，教师设计了活动一"品牌的秘诀"。首先，向学生出示几个学生生活中熟悉的品牌"可口可乐"、"海尔"、"同仁堂"。请同学们说一说看到它的直观感受，然后向学生出示这几个品牌的商业价值，请学生思考"品牌为什么会具有这么高的价值呢?""为什么有了品牌就可以大大提升商品价值，提升商品实现价值的机遇呢?""品牌背后的秘密是什么呢?"

为了引导学生思考，教师向学生出示海尔"真诚到永远"和同仁堂"炮制虽繁必不敢省人力，品味虽贵必不敢减物力"的经营理念，辅助引导学生认识到，品牌之所以能够提升商品价值，赢得更多机遇，追溯原因在于企业长期的诚信经营，积累了巨大的社会信任，品牌效应其实就是社会信任的效应，同学们一看到它们就产生了某种好感和信任，这正是品牌产生巨大价值的原因。

以物喻人，以商品品牌为跳板，教师为学生营造了一个反思的空间:你的人格具有品牌效应吗? 你的人格在他人心目中的价位是多少呢? 在第一个活动有所生成的基础上，教师又设计了活动二"诚信之星"，来进一步说明诚信与人生价值的关系。评选"诚信之星"可能在课堂比较耗费时间，因此教师把它安排在课前完成。"诚信之星"的人格在班级中已经具有了品牌效应。在这里，教师请同学们采访和考查这几个同学参加活动的情况，获得表扬、荣誉的情况以及当他们发生困难时，哪些同学帮助过他们，进而请学生思考他们得到这些荣誉、资源、机遇与他们的日常点滴的诚信行为之间有着怎样的联系。通过这样一个学生自己建立联系、发现因果关系的过程，使学生最终认识并认同，诚实守信可以赢得信任，社会信任铸就人格品牌，进而提升自我价值，赢得更大的发展机遇。

在当代社会，谁能够赢得社会的持久信任谁就能赢得机遇。活动一和活动二之后，教师随即向学生宣布，人生好比财富，规划人生，实现人生的保值增值，一定要投资诚信，诚信这种美德在当今时代的宝贵性在高涨。那么如何投资诚信呢? 同学们一起进入教学的第二大环节。投资诚信首先建立诚信账户。教师在课前布置学生记录自己一周内的有关诚信的行为，无形中，自己记录的同时就已经为自己开设了一个诚信账户。

在课堂上,教师首先请"诚信之星"的同学展示他们的记录,让同学们认识到,评选他们为"诚信之星"是有必然性的,与他们点滴的行为积累是密切相关的。然后,请同学考察自己的诚信账户,看看自己在哪些方面经常存入诚信,哪些方面经常支出诚信,并为自己的诚信行为作出综合评价,再与他人交换、互评。通过这样的活动,帮助学生形成对自我诚信状况的客观认识。并使学生将日常细小行为与诚信建立起联系,使学生的日常行为能够由自发性向自觉性转化。

在此基础上,教师再请学生具体深入到诚信账户的细小行为中去,看看自己"透支诚信的行为是如何发生的?""是什么影响了自我对客观事实的尊重呢?""当时面临的冲突是什么?"在这里,教师引导学生得出各种利益冲突的情况,即自我利益和多数人利益、眼前利益和长远利益等,请同学们反思自己当时选择的出发点或者说立场是什么,再请"诚信之星"和其他同学提出在此种利益冲突中该如何选择的建议。对比不同选择,请学生回答并发散思维:这种失信行为使自己得到的眼前利益和个人私利是什么? 而我失去的长远利益,以及侵犯的公众利益是什么?进而可能失去哪些人的信任? 失去这种信任可能丧失哪些机遇? 权衡利弊之后,学生明确,利益发生冲突时,诚信的正确立场是站在多数人的利益和长远利益一边。学生自身的行为冲突不一定能够包含情与法的冲突,这里可以补充问题,让学生扩展思维,思考社会中还有哪些冲突导致人的失信行为。同样通过发散思维、权衡得失的办法来引导学生得出情与法冲突时,诚信的正确立场是站在法的一边。

明确了诚信的立场,并不能完全解决学生的问题,不同的环境对人的诚信行为有着不同的要求,因此,为了培养学生通过具体问题具体分析来掌握在具体情景中做到诚信的智慧,教师又设计了活动四,让同学们思考,这样几笔诚信的款项是否应该记入诚信的账户。它源于苏格拉底的辩论,学生们在记录自己的诚信行为时也必定会产生同样的疑问。在这里,请同学们思考说谎是否与诚信的道德相违背;在上面,将军、父亲,以及同学们在类似情况中的出发点和立场是什么。只要我们站在多数人利益、长远利益和法的一边,这就并不与诚信的道德相违背。最后,请同学们提升概括,诚信行为背后的一致之处是什么,指导人们在具体的情境中选择诚信的智慧是什么。通过这样几个有梯度的问题,使学生最终认识到,诚信的核心是善意。只有把握善这个核心,才能使我们在发生冲突时站在正确的立场上,做一个诚信的人。

明确了"诚信的意义"和"如何做诚信的人"之后,关键问题就是学生行为的落实。在结尾处,教师设计了"书写诚信箴言"的活动。首先请学生在诚信的账户上补充自己实际生活中和未来可能需要的项目,鼓励学生持久记录,点滴培养。为了保障学生在实践中坚持,教师别出心裁地设计了这样的监督和激励机制,要求学生:在学期期末,再次对自己的诚信账户进行自评和互评,并上交,接受老师和家长评价。看一看自己的阶段性进步是什么?最后,让学生模仿海尔和同仁堂的诚信理念,在自己的诚信账户上书写一句自我激励的诚信箴言,在多重评价机制、激励机制和监督机制中打造自己的诚信人格。

就课堂整体教学活动来看:课前学生记录自己的行为,为学生自我的认识形成积累素材,使课堂教学具有针对性;课上通过"品牌秘诀"、"诚信之星"、"建立诚信账户"、"书写诚信箴言"几个活动帮助学生认识诚信的意义,把自己日常的自发行为与诚信建立起意义联系。课后,通过多重激励和监督机制保证学生的践行。通过建立和打通教学环节之间内在关联,力图使教学能够保持开放,进而追求增强政治课教学的实效性。

由此,我们仿佛感到,生活化、思辨性、开放性或许就是本节课的亮点。

《灿烂的中华文化》教学设计

安徽省马鞍山市中加双语学校　汪燕春

学科	思想品德	年级	九年级	执教人	汪燕春	课型	新授课
课时	1课时	课题	第五课　中华文化与民族精神 第一框　灿烂的中华文化				
教学目标	【知识目标】 　　了解各族人民共同创造灿烂的中华文化;知道文化的力量深深熔铸在民族的生命力、创造力和凝聚力之中;理解中华文化的特征及影响。 　　【能力目标】 　　感受中华文化的力量;体会中华文化是各族人民共同创造的;从历史、文学、军事等方面了解中华文化源远流长、博大精深的特点;感受中华美德的深刻影响。 　　【情感态度与价值观】 　　感受中华文化的力量,增强对中华文化的认同感和归属感;培养热爱中华文化的情感,增强对民族文化的自尊心、自信心和自豪感。						
教学重点	博大精深的传统文化。						
教学难点	代代相传的传统美德。						
教法学法	自主学习法、情感体验学习法,榜样示范学习法、启发式引导法。						

教学过程					
教学环节	知识点位	教师活动	学生活动	设计意图	备注
课题导入		播放音乐:当涂民歌《熟透的庄稼一片黄》。 思考:你们知道这是一首什么歌曲吗?听后有什么感受? 教师:其实,马鞍山的民歌只是中华文化大花园中极小的一部分,中华文化应该包括哪些内容呢?今天我们就一起走进《灿烂的中华文化》。	学生集体回答并讨论。	从同学们的家乡民歌导入,拉近学生与文化的距离,增强学生对中华文化的感性认识。	
出示目标	目标引领	1.知道中华文化的内容组成及特点,能感受到中华文化的影响。 2.懂得中华文明绵延不绝、历久弥新的重要原因。 3.了解中华传统美德的具体表现,增强中华传统美德的认同感并化为自己的实际行动。	学生齐读目标。	明确本节课学习的重难点。	
独立自学		阅读书本66—69页,思考下列问题,并做标记,时间5分钟左右。 思考6个问题。	学生带问题研读课本,并做相关笔记,找出自己不懂的问题。	让学生带着问题默读课文,培养学生良好的阅读文本习惯。	

教学过程					
教学环节	知识点位	教师活动	学生活动	设计意图	备注
引导探究	（一）中华文化博大精深。	活动一：走进中华文化。 1.比一比：小组比赛。 中华文化知多少？提到中华文化你会想到什么？ 下面我们以小组为单位，互相介绍中华文化和家乡安徽的文化，看哪个组介绍得多，认识得全。 板书：中华文化的特点：博大精深、源远流长。 过渡语：同学们提到的中华文化，只不过是灿烂文化星空中的少数星辰。 教师引导：播放视频《灿烂的中华文化》，引导学生思考中华文化的内容构成及创造者是谁？ 板书：中华文化的内容：即独具特色的语言文字、浩如烟海的文化典籍、名扬世界的科技工艺、异彩纷呈的文学艺术等。 各族人民相互团结、相互学习、用自己的勤劳和智慧共同创造了灿烂的中华文化。	学生参与、感受文化的表现形式。	充分发挥学生的主体作用，在学生已知的基础上进行视觉欣赏。老师再进行归纳总结。	

教学过程					
教学环节	知识点位	教师活动	学生活动	设计意图	备注
		过渡语:勤劳而充满智慧的中国人民创造了灿烂的中华文化,世界上其他地区也曾创造过灿烂的文明,你知道有哪些吗? 他们还存在吗?	学生思考并回答。		
引导探究	(一)中华文化博大精深。	活动二:探究中华文化的力量。 多媒体显示"四大文明古国的发展史"的资料。 提出问题:历史上曾经出现四大文明古国,但只有中华文化一直流传到今天,这说明什么? 教师小结:中华民族具有顽强的生命力,中华文化的力量熔铸在中华民族的生命力之中。 过渡:我们的中华文化历史悠久,博大精深。在5千年的历史长河中,我们带给世界无数的惊喜。	学生在老师的启发下积极回答问题,感受到文化的力量。	通过丰富的图片和资料展示,增强学生对中华文化的感性认识,体会中华文化的力量。	

教学过程					
教学环节	知识点位	教师活动	学生活动	设计意图	备注
引导探究	（一）中华文化博大精深。	多媒体展示"四大发明"的图片,让学生说出其名称,并列举神舟系列飞船的图片。提出问题:中华民族在五千多年的发展历程中,从四大发明到今天的神舟系列飞船的成功发射,这说明中华民族具有——? 教师小结:中华民族在五千多年的发展历程中,发明创造了很多东西,说明中华民族有丰富的创造力,中华文明的力量熔铸在中华民族的创造力之中。 过渡语:有人说,中国取得这些成就是因为这个民族太幸运了,有很多优势条件,没有经历其他国家那么多的磨难,你同意这种观点吗? 提问思考:我们经历了哪些磨难? 面对磨难,我们选择了怎样的态度? 多媒体展示"抗日战争""全国人民共同抗击风雪灾害"和"抢救汶川地震灾区"的图片和资料。	学生思考回答。		

教学过程					
教学环节	知识点位	教师活动	学生活动	设计意图	备注
引导探究	（一）中华文化博大精深	提问：面对金戈铁马，面对坚船利炮，我们从未屈服；面对灾难，我们万众一心，众志成城。这些充分说明了什么？ 教师小结：中华民族具有强大的凝聚力，中华文化的力量熔铸在中华民族的凝聚力之中。 总结板书：中华文化的力量——熔铸在中华民族的生命力、创造力和凝聚力之中。	学生思考回答。		
		活动三：感受中华文化的影响。 中华文化历久弥新，对中国乃至世界都产生了很大的影响，你能略举一个人物或者事例吗？ 读一读：摘自《论语》的话。 己所不欲，勿施于人。——《论语·颜渊》 人无远虑，必有近忧。——《论语·卫灵公》	学生朗读并积极思考老师的问题。		

教学过程					
教学环节	知识点位	教师活动	学生活动	设计意图	备注
引导探究	（一）中华文化博大精深	礼之用,和为贵。——《论语·学而》 其身正,不令而行;其身不正,虽令不从。——《论语·子路》 敏而好学,不耻下问。——《论语·公冶长》…… 这些谚语或格言有你喜欢的吗？它对你有怎样的影响？ 连一连。 传统文化　　　　影响 春节、中秋等传统节日崇尚人伦和睦,家人团聚,一起吃饭 ——中国人的价值观念 礼之用,和为贵 ——中国人的生活方式 造纸、印刷、火药、指南针四大发明 ——中国的和平发展道路 博爱、非攻 ——人类的进步 学习汉语的世界热潮 ——世界文化的发展 板书:中华文化的地位:世界文化大花园中一朵璀璨的奇葩。 中华文化的影响:不但对今天中国人的价值观念、生活方式和中国的发展道路具有深刻的影响,同时也促进了人类的进步和世界文化的发展。	学生朗读并积极思考老师的问题。	让学生结合自己的座右铭,体会它们对自己的思维方式、价值观念和行为方式的影响,感受传统文化对我们深远持久的影响。	

教学过程					
教学 环节	知识 点位	教师活动	学生活动	设计意图	备注
引导 探究		过渡语:我们为有这样的中华文化而感到骄傲和自豪,与此同时,我们也倍感肩负的责任重大。我们每一个中华儿女都有义务来传承中华文化,接下来,就让我们一起学习和弘扬中华文化传承中华美德。			
引导 探究	(二) 传统美德 薪火相传	活动四:传承中华美德。 　欣赏视频:《最美孝心少年——马鞍山郑碧峰》。 　思考:在他身上体现了哪些传统美德。 　这些美德是永恒不变的吗? 　板书:中华传统美德有代代相传,生生不息,历久弥新的品质。我们应该结合时代的变化和实践的发展,不断丰富和完善。 　过渡语:其实在生活中很多人都已经将这些美德融入生命中,只是有时我们缺少一双发现美的眼睛。			

教学过程					
教学环节	知识点位	教师活动	学生活动	设计意图	备注
引导探究	（二）传统美德薪火相传	说说我们身边的美德少年有怎样的美德故事？ 过渡语：我们有幸生活在和平年代，小小年纪的我们可能做不了惊天动地的大事，也可能没有遇到什么特别的困境，那么就让我们从身边的点滴做起吧，因为美德从来不拒绝细微与平凡。 多媒体展示《美德是什么》。（背景音乐配学生朗读） 妈妈说，美德是见到老师主动问好； 爸爸说，美德是拾到他人钱物主动交还； 老师说，美德是公交车上给需要的人让座。 我说，美德是…… 教师小结：我相信有了我们每个人的传承，我们的美德之花会开得更艳，我们的家庭会更和睦，我们的校园、我们的社会会更加和谐。	讲故事，看故事，回答问题。	通过丰富、生动的故事和身边的榜样人物，让学生了解传统美德的基本内容及与时俱进的品质。	

教学过程					
教学环节	知识点位	教师活动	学生活动	设计意图	备注
目标升华		通过本节课的学习,谈谈你的收获或者感想?			
板书设计					
教学反思	本课大胆采用"学引用清"教学模式,重视引导学生自主学习,培养学生的预习习惯和阅读理解能力。教师重视搜集本地文化资源,创设情景,适时设疑,让学生产生情感上的共鸣,能身心投入参与到知识形成的思维过程中。师生交流氛围好,在展现知识的同时,渗透人文性,引导学生形成正确的价值观,让学生充分感受到思品课堂的精彩。				

　　注:汪燕春老师执教的《灿烂的中华文化》一课获得2014年安徽省初中思想品德课优质课评选三等奖。

《灿烂的中华文化》教学实录

安徽省马鞍山市中加双语学校　汪燕春

【课前准备】

（播放轻音乐）

【导入新课】

上课，同学们好，请坐下！

上课之前我们来欣赏一首歌曲（播放马鞍山市当涂县民歌《熟透的庄稼一片黄》，时间1分15秒）

师：谁来说一下刚才欣赏完这首歌曲有怎样的感受呢？

生1：这首歌曲非常地喜庆，具有乡土气息，展现了浓浓的地域性风格。

生2：我感受到了丰收的喜悦。

生3：我感受到了农民的热情。

师：有没有同学知道这首歌曲是来自哪里的呢？

生：来自当涂。

师：来自当涂，是吧。说明我们的同学平常还是很关心这些文化方面的知识的。的确，这首歌曲呢，是来自我们马鞍山当涂的民歌，它的名字叫做《熟透的庄稼一片黄》，曾经在2011年的2月份，由一名当涂的音乐老师带着5位学生，还把我们的这首歌曲唱进了维也纳金色大厅，把我们的马鞍山文化宣传到了全世界。其实，马鞍山的民歌是中华文化大花园中极小的一部分。中华文化应该包括哪些内容呢？今天我们就一起来走进《灿烂的中华文化》。

【新课教学】

首先我们一起齐读【目标引领】：

1.知道中华文化的内容组成，能感受到中华文化的影响；

2.懂得中华文明绵延不绝、历久弥新的重要原因；

3.了解中华传统美德的具体表现，增强中华传统美德的认同感并化为自己的实际行动。

219

师:中华文化的魅力何在？中华文化对世界有怎样的影响？我们的中学生又如何来传承中华传统美德？先请同学们打开课本的66页,你们首先把课本阅读一遍,思考以下6个问题。点击【独立自学】:

1.谁创造了灿烂的中华文化？

2.中华文化的内容和特点各是什么？

3.中华文明历久弥新的一个重要原因是什么？

4.优秀传统文化的地位和影响各是什么？

5.中华民族有哪些传统美德？

6.中华传统美德有什么品质？

(5—6分钟后)师:预习好了吗？在这几个问题当中哪一个问题比较难一点？

生1:第二个问题；

生2:第六个问题；

生3:第四个问题。

师:那同学们知道了这几个问题比较难之后,我们等会学习的时候再细致严谨一点。

活动一:走进中华文化

师:提到中华文化,你会想到什么？下面我们以小组为单位,互相介绍中华文化和家乡安徽文化,看哪个组介绍得多,认识得全。(讨论1分钟)

好！时间到。我们三个小组来比赛。看哪个小组介绍的最多,我们介绍中华文化或者家乡安徽的文化,哪一组先来？每个小组都积极踊跃,我们先从中间一组开始吧。

生1:提到中华文化我会想到中国的汉字和成语。

生2:我能想到中华文化有唐三彩还有青花瓷。

生3:我能想到瓷器和丝绸。

生4:中国的笔墨纸砚。

生5:马鞍山的李白诗歌节。

生6:芜湖的铁画。

生7:凤阳的花鼓戏……

师:同学们提到的中华文化,只不过是灿烂星空中的少数星辰。我们感受到中华文化它具有一个什么样的特点呢？这就是博大精深,源远流长。

师:接下来,我们通过视频来欣赏一下中华文化的部分内容。

(播放文化图片做成的音乐视频,2分钟左右)

师:我们一起来思考两个问题:①中华文化由哪些内容组成呢? ②这些灿烂的中华文化是由谁来创造的?

生1:中华文化的内容有:独具特色的语言文字,浩如烟海的文化典籍,名扬世界的科技工艺,异彩纷呈的文学艺术,充满智慧的中国哲学,完备而深刻的道德伦理等。

师:回答得正确吗? 正确。而且他后面还强调了一个字"等"。很好,坐下。我们的中华文化不可能在这里全部罗列出来。那么这些灿烂的中华文化是由谁来创造的呢?

生2:各族人民相互团结,相互学习,用自己的勤劳和智慧共同开发了祖国大好河山,创造了灿烂的中华文化。

活动二:探究中华文化的力量

师过渡:这是由我们56个民族的劳动人民通过自己的勤劳和智慧共同创造了我们灿烂的中华文化。那么我们也知道,与此同时世界上其他地方是不是也创造了一些灿烂的文明呢?

生1:有古希腊文明,还有古印度。

生2:还有古巴比伦。

生3:古埃及文明。

师:那么这些文明现在还存在吗? 知道他们不存在的原因吗?

生1:古印度是因为受到雅利安人的侵略。

生2:古巴比伦文明是因为古巴比伦王国已经不存在了。

生3:古埃及文明是由于时代的推移分裂成了各种不一样的文化。

师:我们一起来看一下同学们回答的正确吗?(点击课件文字)

巴比伦文化最悠久,但巴比伦国家早已夭折;印度文化因雅利安人入侵而雅利安化。埃及的文化渊源甚古,但历经希腊化、罗马化,伊斯兰化,已与古代面目全非。

师:也就是说四大文明古国当中,只有中华文化到现在不曾中断,历久弥新,绵延不绝。这说明我们中华民族具有——?

生:具有顽强的生命力,我们文化的力量深深地熔铸在民族的生命力之中。

师:我们中华文化历史悠久,博大精深。在五千年的历史长河当中,我们带给世界无数的惊喜,比如说我们在古代发明创造了什么?

生:四大发明如指南针,造纸术,火药,印刷术。

师:那么我们今天是不是也有一些发明创造,给世界带来了很大的惊喜,让其他国家对我们刮目相看啊? 今天有哪些发明创造,谁来说一下?

生1:今天我们国家有天河二号计算机还有蛟龙号潜水。

生2:还有神舟系列飞船。

生3:嫦娥三号。

师:从古代的四大发明到今天的神舟系列飞船的成功发射,这说明中华民族是一个什么样的民族呢?(多媒体展示"四大发明"和神舟系列飞船的图片)

生:中华民族是个具有创造力的民族,我们的文化力量深深地熔铸在民族的创造力之中。

师过渡:有人说,中国之所以取得这些成就,那是因为我们这个国家有很多优势的条件,我们没有经历像其他国家那样的磨难,你赞成这种观点吗? 我们国家曾经历了哪些磨难呢?

生1:秦始皇时期的焚书坑儒,这对文化是一种摧残。

生2:明清时期的八股取士禁锢了人们的思想。

生3:还有近代一系列的帝国主义的入侵。近代一系列的侵略战争,比如说甲午中日战争,日本割据我国台湾;八国联军侵华战争、第二次鸦片战争,还有抗日战争等等。

师:同学们说得很好。我们发现中华民族是一个多灾多难的民族,我们经历了无数的磨难,但是面对这样一些磨难,我们选择了什么样的态度?(多媒体展示"抗日战争""全国人民共同抗击风雪灾害"和"抢救汶川地震灾区"的图片和资料)

生1:我们中华民族没有退缩,更没有屈服,而是选择在挫折中奋起,各族人民众志成城。

生2:各族人民,一方有难,八方支援,积极面对灾难。

生3:团结一致,迎难而上。

师:面对金戈铁马,面对坚船利炮,我们从未屈服;面对灾难,我们万众一心,众志成城这又充分说明了我们的中华民族具有——?

生:具有强大的凝聚力。我们文化的力量深深地熔铸在民族的凝聚力之中。

师：那接下来有没有同学来帮我梳理一下，四大文明古国当中为什么只有中华文明绵延不绝，历久弥新，它的一个重要原因是什么？

生：文化的力量深深熔铸在民族生命力、创造力、凝聚力之中。

师过渡：这如一句公益广告说得好，文化是一种力量，文化是一种情怀，文化是一种温暖，文化是还是一种影响。那我们的中华文化带给世界怎样的影响呢？接下来我们感悟文化的影响。

活动三：感受中华文化的影响

中华文化历久弥新，对中国乃至世界都产生了很大的影响，你能略举一个人物或者事例吗？

生1：周恩来总理在访问印度时提出的和平共处五项原则成为了我们当今世界我们处理国与国之间关系重要原则，有利于世界的和平与稳定。

生2：蔡伦改进了造纸术，为世界文化典籍的流传和保存做出了巨大的贡献。

生3：孔子是儒家学派的创始人，他的儒家思想不仅教会了中国人如何做人处世，而且还影响了全世界，现在世界各地都建立孔子学府。

生4：李小龙把中华武术精髓与世界武术精髓融合在一起，融会贯通，把中华武术传播到世界的每一个角落，使世界掀起了学习中华武术的狂潮，让我们感到非常骄傲。

师：同学们谈得都非常地好，那么在这些事件和人物当中，老师也选择了一个人，那就是孔子。我们大家都知道孔子的思想有一本书叫做什么呀？《论语》。

1.多媒体展示，读一读。

己所不欲，勿施于人。——《论语·颜渊》

人无远虑，必有近忧。——《论语·卫灵公》

礼之用，和为贵。——《论语·学而》

其身正，不令而行；其身不正，虽令不从。——《论语·子路》

敏而好学，不耻下问。——《论语·公冶长》

……

这些谚语或格言，有你喜欢的吗？它对你有着怎样的影响？

生1：我最喜欢的是"己所不欲，勿施于人"这一条，这句话的意思是说自己不想要的东西不要强加给别人，孔子这句话所强调的是我们应该宽恕待人，待人接物时切忌心胸狭窄，倘若自己不喜欢的事强加给别人，不仅会破坏与别人的关系,还会将事情弄得一发不可收拾。

生2:我最喜欢的是"三人行,必有我师焉"。这句话的意思是几个人一起走,其中一定可以有做我老师的人。这句话体现了一种谦虚学习的精神,告诉我们要善于学习借鉴,抱着终生学习的态度,从每个人的身上学习自己不会的东西,然后取长补短。

生3:我喜欢的这一句是"知之为知之,不知为不知,是知也"。这句话告诉我要以老实的态度对待学习知识,如果有不懂的地方,不要因为不好意思不承认或者不向别人请教,要养成一种踏实的学习态度,同时这句话告诉我一个做人的基本准则,那就是实事求是,不要说空话大话。

师:还有谁来说一下吗? 如果这里面没有,我们书本上68页也有几句这样的谚语,有没有你喜欢的呢?

生1:我比较喜欢书本上的"车到山前必有路"。它的意思是说行车到了山前一定会有可行的道路出现,这提醒我当遇到困难与挫折的时候,不能够紧张,一定要踏实,稳步前进,坚信成功的路就在脚下。

生2:我喜欢书上的"祸兮福之所倚,福兮祸之所伏"。这句话是说人有旦夕祸福,任何一件事物都有它的双面性,而我们应该用辨证的目光来评判这些事物,在生活和学习中,无论我们成功与失败,都应该积极客观地看待。

师过渡:那么我们发现到孔子虽然离开我们已经两千五百多年,但是他的思想都对今天的我们有着很大的帮助,可见中华文化博大精深。

2.多媒体展示:连一连。

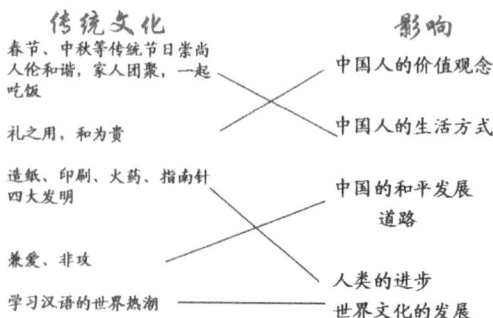

师:回顾一下,中华传统文化对我们到底有着怎样的影响呢?

中华文化不但对今天中国人的价值观念、生活方式、中国的和平发展道路有深刻的影响,同时也促进了人类的进步和世界文化的发展。

师总结中华文化的地位:我们的中华文化可被称为世界文化大花园中一朵璀璨的奇葩。

师过渡:我们为有这样的中华文化而感到骄傲与自豪,与此同时,我们也倍感肩负的责任重大。我们每一个中华儿女都有义务来传承中华文化,接下来,就让我们一起来学习和弘扬中华文化传承中华美德。

活动四：传承中华美德

1.播放视频:《最美孝心少年——马鞍山郑碧峰》。

学生欣赏并思考:在他身上体现了哪些传统美德? 这些美德是永恒不变的吗?

生1:体现了他孝敬父母和热爱学习的传统美德。

生2:坚强的意志品质。

生3:自强不息、乐观向上。

生4:他很独立,从小承负起家庭重担,有责任心。

生5:志存高远,懂得感恩。

……

师:那么这些传统的美德,是不是永恒不变?

生1:我认为这些美德不是永恒不变的,就比如说古代的孝敬是卧冰求鲤、郭巨埋儿,而现在的孝敬是尽自己所能为父母做一些小事,让父母开心,不用像古代一样做伤害身体乃至性命的事。

生2:我讲的是文明礼仪。在古代的时候,一些平民百姓见到高官都要下跪叩首,称呼这些高官为老爷大人等,称呼自己为鄙人小人等,而今天人们见面用握手代替这些礼节,称呼用"我""您",这充分体现了人与人之间的平等。

生3:爱国精神。战争年代爱国精神体现为要付出自己的生命。在现今的和平年代,更多的是有一种奉献精神,在平时的生活当中,为社会做一些公益活动。参加公益活动,也是一种爱国。

生4:还有尊敬老师,在古代尊敬老师就是言出必从,老师说什么就应该做什么,而现在的尊敬老师是建立在一种平等的关系上,类似于朋友之间的交流。

师引导:那我们同学发现到这些传统美德随着时代的发展其内容和形式发生了怎样的变化? 是不是变得面目全非呢?

师:显然不是的,是在原有的基础上完善,变得更加的丰富和完美。

教师总结:所以说中华传统美德与时俱进,生生不息,历久弥新,我们应该结合时代的变化和实践的发展,加以不断丰富和完善。

师过渡:其实在生活中,很多人都已经将这些美德融入到我们生命当中,只是有时我们缺少一双发现美的眼睛。刚才我们看到了马鞍山的最美孝心少年,那么在我们的身边还有没有这样的美德少年呢?

多媒体展示:夸夸他。

说说我们身边的美德少年有怎样的美德故事?

生1:我们班的周艳萍同学,她老实宽厚,为人踏实随和,在平时的日常生活当中,当寝室的同学没有打扫卫生时,她会主动打扫卫生。

生2:我要说的是我前面的丁龙兵同学,他是一个很有责任心的人。有一次考试的时候,别的同学考完试都急匆匆去吃饭了,但他却回到班里,把班里门窗关好。

生3:我身边的傅纪平同学有拾金不昧的精神,有一次他在操场捡到一个钱包,里面有很多的现金还有饭卡水卡,他就是很自觉地按照饭卡上的姓名送到那个班级,失主同学谢谢他时,他只是谦虚地说了:"这是我应该做的事。"所以我非常佩服他这种拾金不昧的精神。

生4:我想说的是宋广慧。我和宋广慧的关系很好,她平时很宽容,做事她从来不会计较,很大方。有一次我心情不好,说了几句话我就冲她发火了,也骂了她,后来也很后悔,跟她道歉时,她很快就原谅了我,这让我很感动。

生5:我说的是身边的陶飞同学。他非常关心同学,在我失败的时候,他经常鼓励我,在我成功的时候他也第一个为我喝彩,我非常感激他。

……

师过渡:我们有幸生活在和平年代,小小年纪的我们可能做不了惊天动地的大事,也可能没有遇到什么特别的困境,那么就让我们从身边的点滴做起吧,因为美德从来不拒绝细微与平凡。

4.多媒体展示《美德是什么》。

(背景音乐配学生朗读)

妈妈说:美德是见到老师主动问好;

爸爸说:美德是拾到他人钱物主动交还;

老师说:美德是公交车上对需要的人让座;

我说,美德是……

接下来,我请同学们拿出你手中的纸,续写一下美德是什么?(时间1—2分钟)

生1:美德是排队吃饭时不插队。

生2:美德是捡起草地上一片废纸。

生3:美德是朋友之间交往的宽容与大度。

生4:美德是随手关上滴水的水龙头。

生5:美德是面对草地绕道而行,不践踏草坪。

生6:美德是当自己犯错的时候说一句对不起;当他人犯错的时候说一句没关系。

生7:美德是敢于扶起身边跌倒的老人。

……

教师:同学们,你们说得都很好。我相信有了我们在座的每一位同学的传承,我们的美德之花会开得更艳;我们的家庭会更和睦;我们的校园、我们的社会会更和谐。

【目标升华】

通过本节课的学习,说说你收获了什么,或是你有什么感想?

生:我们这节课了解到了中华文化的博大精深、源远流长,我们为有这样丰富多彩的中华文化而感到很自豪和骄傲,作为一名中华儿女,我们应该做中华文化的传播者与弘扬者。

师:那么我们今天的文化之旅就到此结束了,正如同学们所说,让我们携起手来,争做中华文化的弘扬者、传播者和继承者,让我们的五千年的文化变得更加的繁荣灿烂,生生不息。

下课,起立。同学们再见! 老师再见!

一枝一叶总关"情" 为使花儿别样红
——探寻"学引用清"模式高效课堂教学策略

高秋道

"学引用清"模式是近几年马鞍山市中加双语学校在学习全国很多学校高效课堂教学模式基础上结合该校学生实际而创立的一种高效课堂模式。它既是一种课堂教学模式,更是一种教育思想、理念和原则。它符合现代教学论和哲学理论,符合"循序渐进,因材施教,学生为主体,教师为主导"的教学原则,面向全体学生,把新课程改革"自主,合作,探究性学习"的方式落到了实处。 现以汪燕春老师执教的九年级人教版第五课第一框《灿烂的中华文化》一课为例，浅谈高效课堂教学的策略。

一、立足"学情"——高效课堂的前提

1.以生为本，让学习从"被动"变为"主动"。

"学引用清"教学模式是在课堂学习目标统筹下，学生先自主学习，教师在了解学生自学状况的基础上再对学生进行点拨。所以在【独立自学】环节中根据不同年级的学生认知水平设定独立自学的问题。高年级的自学问题可以增加一些思考性的开放性问题，而低年级尽量以书本为主甚至可以是填空题。正如美国教育家奥苏贝尔说："如果我不得不把教育心理学还原为一条原理的话，我将会说，影响学习的重要原因是学生已经知道了什么，我们应根据学生已有的知识状态去进行学习。"所以教师掌握的学情越详细，教学才更有实效性，课堂教学才有正确的基点。如在课中教师设定的自学内容是：

①谁创造了灿烂的中华文化？

②中华文化的内容及特点各是什么？

③中华文明历史弥新的一个重要原因是什么？

④中华文化的地位和影响是什么？

⑤中华民族有哪些传统美德？

⑥中华传统美德具有什么品质？

通过预习过程，教师了解了学生在"中华文化的内容、影响及中华传统美德有怎样的品质"这些问题的理解上就有些吃力，在【引导探究】的过程中就适当的有所侧重，教学设计就会发挥它应有的积极作用。

2.流程简约，使教学环节由"繁"至"简"。

简洁的教学环节不仅可以留出足够的时间和空间给学生观察、思考、讨论和分享，凸显学生课堂的主体地位，而且使学生的听说读写能力、思维深度和情感的体验都能得到充分地训练和提升。建构主义理论认为"学生是主动的、积极的、能动的知识构建者，而非知识的被动接受者，理所当然地应处于教育教学过程中的中心地位，但学生的自主构建是在教师的启发引导下完成的。"所以在"学引用清"课堂中汪老师在【引导探究】环节认真备课，研究教材，研究学情使教学内容系统化、简单化，同时教学环节层层递进、环环相扣，突出重点突破难点。如在【引导探究】环节汪老师设计了这样的教学流程：

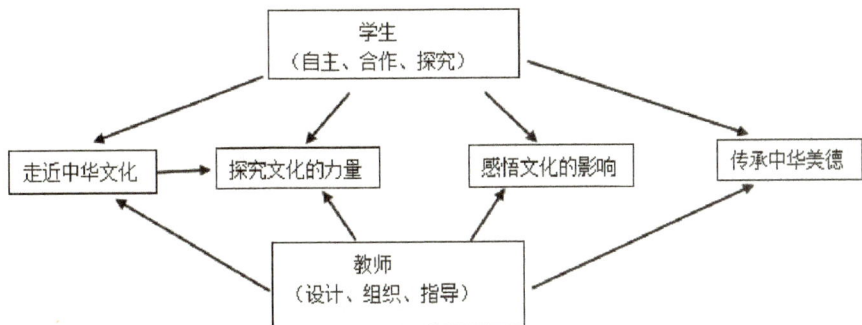

二、创设教学"情境"——高效课堂的主旋律

构建高效课堂离不开学生自主学习能力的提升,但更离不开学生情感的体验。人的情感总是在一定的情境中产生的,作为思想品德课教师要善于创设情境,引导学生置身于与教学内容相关的情境中。情境之于知识,犹于汤之于盐。盐需融入汤中才能被吸收,知识融入情境中,才能显示活力和美感。正是基于这一点,所以在"学引用清"课堂教学中不能缺少情境教学的引导,否则很容易变成干巴巴的一问一答式的教学,学生很难理解、吸收知识,同时也无法感受到思想品德课的趣味性和思想性,久而久之就会丧失对学科学习的兴趣。在教学设计中,汪老师在多个环节中都设置了相关的情境,以利于师生互动、生生互动,促进知识与情感的生成。

例:在"传承中华美德"环节,教师先预设了观看乡土情境人物视频《最美孝心少年——马鞍山郑碧峰》的故事,让学生思考:(1)郑碧峰身上有哪些传统的美德值得我们学习;(2)这些传统美德是永恒不变的吗?(让学生争辩)在授课中学生之间思维的碰撞让课堂顿生灵动,上课时同学们的回答也精彩纷呈。

生1:我认为这些美德不是永恒不变的,就比如说古代的孝敬是卧冰求鲤、郭巨埋儿,而现在的孝敬是尽自己所能为父母做一些小事,让父母开心,不用像古代一样做伤害身体及至性命的事。

生2:爱国精神。战争年代爱国精神体现为要付出自己的生命。在现今的和平年代,更多的是有一种奉献精神,在平时的生活当中,为社会做一些公益活动。参加公益活动,也是一种爱国。

在学生回答的基础上教师做了适当的点拨,学生很快理解了中华民族传统的美德具有生生不息、历久弥新的品质,是随着时代的进步而不断地丰富和完善的。所以说,通过情境创设唤起学生的注意,促进学生的思维,是实现高效学习的载体,也是教学过程中的主旋律。

三、激发学生情感——高效课堂的追求

教育家苏霍姆林斯基曾说过,没有情感,道德就会变成只能养成伪君子的枯燥无味的语言。没有情感就不可能有品德的内化,没有情感就没有对真善美的追求。在教学中教师需要营造教育氛围,让学生增强情感体验,引发情感共鸣。因此在教学中我们不能简单地照本宣科,而是要认真地分析感悟教材,甚至创新教材,努力挖掘教材知识点与德育点的交集,用德育点来统领知识点,让学生引发情感共鸣,将两者自然渗透,从而提高课堂教学的实效性。例如在传承中华美德的环节,如果仅仅是让学生了解中华民族传统美德有哪些,又具有怎样的品质,这节课似乎上完了,从考试的角度来说也不会有多大的影响。但是一堂课却少了深度和厚度,更没有留给学生太多的感悟和启发,留给学生只是一张"知识"的皮而已。而在这个环节中该教师设计了在观看《最美孝心少年——马鞍山郑碧峰》视频的基础上,明确中华传统美德具有代代相传,生生不息,历久弥新的品质。教师适时引导:其实在生活中有许多人都已经将这些美德融入生命中,只是有时我们少了一双发现美的眼睛,我们身边也有许多的美德少年,接下来让我们来"夸夸他"。然后让学生说说自己身边的美德少年的故事。这个问题看起来很小,但却激发了学生的情感源。由于在前面有郑碧峰的故事做铺垫,学生都能捕捉生活中的小事去发现身边的美德少年。如在课堂中有学生这样说:

生1:我身边的傅纪平同学有拾金不昧的精神,有一次他在操场捡到一个钱包,里面有很多的现金还有饭卡水卡,他就是很自觉地按照饭卡上的姓名送到那个班级,失主同学谢谢他时,他只是谦虚地说:"这是我应该做的事"。所以,我非常佩服他这种拾金不昧的精神。

生2:我说的是身边的陶飞同学。他非常关心同学,在我失败的时候,他经常鼓励我,在我成功的时候他也第一个为我喝彩,对此我非常感激他。……

在情感的共振中学生很好地了解了中华美德的内涵,也通过说别人的美德而反思看到自己的不足,立志从小事做起来传承中华美德,他们的内心得到了净化,灵魂受到了震动,情感也得到了激发和升华。正如有专家说过,学生的认同与共鸣是德育内化的基础,共鸣的德育内化才能影响德育行为,实现从内化到外化的转变。

四、投入真情——高效课堂的保证

所谓高效课堂教学是指在有限的时间里,采用一定的教学模式,通过一定的教学手段,实现教学目标,使学生能够最大收获的课堂教学。在教师与学生相对稳定的课堂教学中,教学内容相同,教学目标相同,学生相同,可是教学效果却有不同,其实只有一个理由:教育是否付出真情。而思想品德课教学是人的心灵的交融与沟通,是人的精神的生长与充盈。这种教学不仅要"晓之以理",还要"动之以情"才能"导之以行"。

1.关注课堂就要关爱学生,付出真情。

著名教育家夏丏尊曾说过,教育没有情感,没有爱,如同池塘没有水一样。没有水就不能称其为池塘:没有感情,没有爱,也就没有教育。"爱"是教师职业的核心,只有把爱公正地洒向每个孩子的心田,用真情去付出才会有高效的回报。作为老师首先要亲近学生、善待学生,多了解、关心和帮助学生,与学生拉近距离,千万不能为了达到自己的教学目的而引起学生的反感或者情感的抵触。只有创造无拘无束的安全环境,你才能了解学生的个性、爱好和想法,学生也才会在你面前展示真实的自己,敢说真话,敢说心里话。教师才能真正了解学情是怎样的,根据不同的学情而制定学案、选择素材和不同的教学方法,教学才能真正有实效。这样的课堂才有温度,学生的情感教育才有高度。

2.教学的方法选择要多样化,让学生学习有热情。

卢梭说得好:"教育的艺术是使学生喜欢你所教的东西。""首先的教学之法,关键的并巧之术,乃在于教师能寓教于乐"。高效的课堂一定不是单调乏味、缺乏情趣的老师的主战场,它要求老师付出真情,认真思考。根据不同的学情和学习的内容认真选择不同的教学方法激发学生学习的热情,否则很容易陷入"课堂模式化"的怪圈。只有教学方法多样化,课堂才会有活力、有生机,就像水只有流动才会溅起美丽的浪花一样。例如汪老师在课中,除了采用自主学习法给学生足够的自主阅读的时间外,还在"探究文化的力量"这个难点处采用启发式引导法,通过化整为零设计贴近学生、贴近实际的问题频频追问,如:中华民族在五千多年的发展历程中,从四大发明到今天的神舟系列飞船的成功发射,这说明中华民族具有——? 面对金戈铁马,面对坚船利炮,我们从未屈服;面对灾难,我们万众一心,众志成城。这又充分说明了什么? 让学生在已知问题上探究未知问题的答案。在这课学习目标中"要增强学生对中华美德的认同感并化为自己的行动"是本课的重点也是难点,为了突出德育的功能,教师除了采用榜样示范法欣赏《最美孝心少年——马鞍山郑碧峰》的故事作为情感的铺垫外,还在最后采用了情感体验法设计了续写"美德是什么"的环节,选择一学生在背景音乐氛围中朗读:妈妈说,美德是见到老师主动问好;爸爸说,美德是拾到他人钱物主动交还;老师说,美德是公交车上给需要的人让座……

然后给予学生时间和空间去续写:我说美德是……这种方式的运用起到一定的渲染作用,让学生真正地投入自己的真情,激发了学习的热情。让他们在情感态度上产生共鸣,能有效地帮助学生理解并内化课本知识。

课堂教学是一门变化的艺术,是传授知识、激发潜能的阵地。在探索课堂教学的路上,我们每个老师永远都是追随者、探索者。笔者坚信只要我们的教师能付出真情、立足学情、创设合适的情境、激发学生的情感,一定会让我们的思想品德课堂变得有温度、有深度、有高度、更有效度,这里的花儿会别样红。

《储蓄存款和商业银行》教学设计

安徽省含山二中　吴怀鹏

课　题	第六课　投资理财的选择 第一框　储蓄存款和商业银行
教学 目标	【知识与能力】 　通过学习使学生了解储蓄存款的含义及我国的主要储蓄机构、利息的含义、储蓄存款的基本类型、商业银行的含义及地位;懂得存款利息的计算、理解活期储蓄与定期储蓄的基本特征、商业银行的基本业务;能根据储蓄的特点安排家庭的投资计划。 【能力目标】 　在教师引导下,学生通过情境探究、角色扮演等方式培养其综合概括能力、运用所学知识分析问题的能力、参与经济生活的实践能力。 【情感态度价值观】 　通过活动使学生形成储蓄的良好习惯,形成为国家经济建设作贡献的观念,能积极参与各种投资活动,培养诚实守信的良好品质。
教学 重点	储蓄存款、商业银行的业务。
教学 难点	储蓄存款、商业银行的业务。
教法 学法	讲授法、情境探究法、多媒体演示法、角色扮演法等。

教学过程					
教学 环节	知识 点位	教师活动	学生活动	设计意图	备注
课前 准备		播放视频MV:《越来 越好》,教师和学生交流。	欣赏 音乐,与教 师互动。	营造 和谐氛围。	
导入 新课		播放:视频《天下无贼》 片段。 设问:帮傻根想个办 法,怎样把钱安全地带回 家呢?	提出 解决方法。	激发 兴趣,提出 解决方法。	
探究 活动	（一） 储蓄存 款。 1. 储 蓄机构。 2. 储 蓄目的。	情境探究一:"傻根傻 了"。 现在傻根已经决定去 把钱存起来,可是要存在哪 里呢? 点拨拓展: 我国主要的储蓄机构 是商业银行,此外,信用合 作社、邮政储蓄(目前已改 为商业银行)也有此业务。 情境探究二:"傻根迷 惑了"。 周末上午8点半,他带 着6万元到了银行,却没存 成。这是为什么呢?	出谋 划策。 阅读 课本查询。 学生 思考。	引出 储蓄机构。 拓宽 思路。 培养 学生探究 问题能力。	

教学过程					
教学环节	知识点位	教师活动	学生活动	设计意图	备注
探究活动	3.利息。 （1）含义。 （2）公式。	教师指出我国实行存款实名制。 当傻根拿了身份证再次走进银行大厅时，等候存款的人有很多。他想：原来有这么多人和我一样啊。 设疑：他的想法对吗？ 教师总结： 有的为了孩子上学，有的为了养老、安全、利息等。 情境探究三："傻根犹豫了"。 等了很久，终于到傻根存款了。营业员问他："请问您是存活期还是定期？"傻根犹豫了。他该怎么办？请你帮他出出主意？ 师：利息，银行因为使用储户存款而支付的报酬，是存款本金的增值部分。 计算公式： 存款利息=本金×利息率×存款期限。 影响存款利息的因素：本金、利息率水平、存期。	学生讨论。 学生结合自己家庭情况，谈谈储蓄有何目的。 学生回答并思考。	了解储蓄存款及其目的。 引入存款利息。 感性主张回归理性思考。	

教学过程					
教学环节	知识点位	教师活动	学生活动	设计意图	备注
探究活动	4.储蓄存款含义及分解。	**计算：** 傻根存入人民币6万元，活期和定期各一年，分别按年利率0.35%、3.25%计算，一年后取出，获得利息分别为＿＿＿＿、＿＿＿＿。 *存款储蓄的类型* 比较定期存款、活期存款的异同 		存期	流动性	支取方式	利率	优点
不同点	活期存款	不定	强	随时	低	方便灵活
	定期存款	定	较差	到期	高	收益较高
相同点	1、都是一种投资方式，可获得利息，比较安全，风险较低。2、在通货膨胀情况下，存款也可能贬值；定期存款提前支取有损失利息的风险。					| **教学过渡：** 傻根是要把钱拿回家娶媳妇的，那么他该选择什么样的储蓄类型？ **展示含义：** 储蓄存款是指个人将属于其所有的人民币或者外币存入储蓄机构，储蓄机构开具存折或者存单作为凭证，个人凭存折或者存单可以支取存款本金和利息，储蓄机构依照规定支付存款本金和利息的活动。 对照储蓄存款含义进行分解：	学生计算得出结论。 学生阅读课本，找出我国目前储蓄主要有活期储蓄和定期储蓄两大类。 学生讨论归纳出活期储蓄与定期储蓄作为投资方式的基本特征。 学生回答。	了解存款的收益及类型，总体上把握活期、定期储蓄，培养阅读、归纳整理的能力。 培养从实际出发意识。 深化学生对储蓄存款含义的理解。	

教学过程					
教学环节	知识点位	教师活动	学生活动	设计意图	备注
探究活动	（二）商业银行。	谁在存——个人。 存什么——人民币或外币。 何处存——储蓄机构。 凭(证)什么——存折或存单。 有何收益——获取利息。 情境探究四："傻根疑惑了"。 还有其他可以存钱的银行吗？是否都能存钱呢？能从里面借钱吗？ 展示银行图标。	学生按含义的表述进行分解。 学生列举身边的银行。 学生识别银行图标。	从身边实际引入新知。 感知银行就在身边。	

教学过程					
教学环节	知识点位	教师活动	学生活动	设计意图	备注
探究活动	1.商业银行的含义及其组成。	设问： (1)什么是商业银行？ (2)银行的主要业务是什么？ 　商业银行是指经营吸收公众存款、发放贷款、办理结算等业务，并以利润为主要经营目标的金融机构。(强调其性质) 　我国的商业银行以国有银行为主体，是我国金融体系中最重要的部分。 　我国银行按性质分类：中央银行、商业银行和政策性银行。 　补充说明：我国的商业银行以国家控股银行为主体，是我国金融系统中的重要组成部分。	学生阅读课文回答。 查找含义。	自主学习。 释疑解惑。 让学生对银行体系有个简单了解。	

教学过程					
教学环节	知识点位	教师活动	学生活动	设计意图	备注
探究活动	2.商业银行的主要业务。 3.商业银行的作用。	展示表格,学生填写: 	主要业务	存款业务	基础业务
	贷款业务	主体业务
	结算业务	中间业务
其他业务	债券买卖及兑付、代理买卖外汇、代理保险、提供保管箱等服务	| 贷款与信用。 结合课本47页探究活动,讨论诚信与贷款的关系? 联系现实生活实例,说明诚信在金融活动中的重要性? 商业银行的作用: (1)它为我们经济建设筹集和分配资金,是再生产顺利进行的纽带。 (2)它能够掌握和反映社会经济活动的信息,为企业和政府作出正确的经济决策提供必要的依据。 (3)通过银行对国民经济各部门和企业的生产经营活动进行监督和管理,可以优化产业结构,提高国民经济效益。	学生阅读教材并填写表格。 学生讨论举例说明。 学生查找。	解读和归纳。 培养学生诚信的良好品质。 一般了解。	

教学过程					
教学环节	知识点位	教师活动	学生活动	设计意图	备注
探究活动		情境探究五:"傻根明白了"。 经历这么多,傻根明白许多,钱安全"带回",傻根不傻。 课堂活动:请几个同学扮演角色傻根存款的过程。	学生模拟表演。	巩固所学内容。	
课堂小结		师:本节课我们共同探讨了两个话题,下面让我们一起来回忆一下,谈谈你都有哪些收获呢?(展示课件,见板书设计)	学生概括。	学生概括。	
板书设计			学生概括。	构建知识网络。	

		教学过程			
教学环节	知识点位	教师活动	学生活动	设计意图	备注
课时作业		通过视频展示练习： 1.下列属于我国的商业银行的是 （ ） ①中国人民银行　②中国工商银行　③中国农业银行　④上海浦东发展银行　⑤交通银行 A. ①②③④　　B. ①③④⑤ C. ①②③⑤　　D. ②③④⑤ 2. 李大爷2008年5月1日存入银行10000元，定期三年，月息2.1‰，到期后，李大爷存款的利息总额是（ ） A. 21元　　　　B. 210元 C. 25.2元　　　D. 756元 3.我国商业银行的基础业务是 （ ） A. 贷款业务　　B. 结算业务 C. 存款业务　　D. 代理外汇买卖 4. 商业银行的主体业务和利润主要来源是 （ ） A.接收企业和居民存款 B.为企业办理结算业务 C.向借贷人提供货币资金 D.提供债券买卖及兑现服务 　　实践活动：请办理一次存款业务并向银行工作人员咨询其他相关业务。		巩固消化所学知识。	

　　注：吴怀鹏老师执教的《储蓄存款和商业银行》一课获得2012年安徽省高中思想政治课优质课评选三等奖。

《储蓄存款和商业银行》教学实录

安徽省含山二中　吴怀鹏

【课前准备】

(播放视频:MV《越来越好》)

师:各位同学,大家好! 我姓吴,来自含山二中。很高兴能有机会来到某某中学,和同学们一起交流、学习。希望我们合作愉快。谢谢!

【导入新课】

师:刚才大家听到的歌曲知道叫什么名吗?

生:《越来越好》。

师:是啊,我们的生活越来越好了,收入也越来越高! 那么,大家想过如何去打理这些收入吗? 今天就让我们一道去探索投资理财的相关知识吧!

(投影课题:第六课　投资理财的选择:储蓄存款和商业银行)

师:投资理财方式有很多种,今天我们学习其中的一种:储蓄存款和商业银行。学习本节内容之前请大家观看一段视频。

(播放视频:《天下无贼》片段。剪辑电影当中能为课题内容服务的片段:主人公傻根打工挣了6万块钱,想回家盖房娶媳妇,但因舍不得邮费不愿意通过邮局邮寄,而是选择自己带回去,结果却遭遇小偷)

师:请你帮傻根想想办法,怎样把钱安全划算地带回家呢?

生:分组讨论并提出解决问题的办法,引出储蓄概念。

投影展示:情境探究——"傻根傻了"。

师:现在傻根已经决定去把钱存起来,可是要存在哪里呢?

学生回答。(结合生活经历)

师:同学们讲得很好,有很多能够存钱的地方:银行、信用社、邮政等,在我国主要的储蓄机构是商业银行。请大家阅读课本。

投影:(一)储蓄存款。

1.我国的储蓄机构(主要)是各商业银行。

投影展示:情境探究二——"傻根迷惑了"。

师:周一上午9点,他带着6万元到了工商银行,却没存成。这是为什么呢?

学生回答。(略)

教师指出我国实行实名制存款。

师:当傻根拿了身份证再次走进银行大厅时,等候存款的人有很多。他想,原来有这么多人和我一样啊。

设疑:他的想法对吗?

学生结合自己家庭情况,谈谈储蓄的目的。

投影:2.居民储蓄的目的。

师:列举:有的为了孩子上学,有的为了养老、安全、利息等,那么,傻根存款的目的是什么? 如果是我们自己主要目的又是什么?(引出"利息"概念)

投影:3.存款利息。

生:银行因为使用储户存款而支付的报酬,是存款本金的增值部分。

投影显示:(1)含义。

师:那这增值部分怎么算呢? 大家能找到它的计算公式吗?

生:找公式。

投影显示:(2)计算公式:存款利息=本金×利息率×存款期限。

师:从中我们可以看到哪些因素影响利息吗?

生:本金、利息率水平、存期。

投影显示:(3)影响因素:本金、利息率水平、存期。

师:大家回答得很好,在了解了理论知识以后,我们实际练习一下吧。

投影例题:

计算:傻根存入人民币6万元,活期和定期各一年,按年利率0.35%、3.25%计算,一年后取出,获得利息分别为_____、_____。

学生计算得出结论。(让学生亲身实践,培养计算能力)

师:通过计算,大家看到不同的存款方式获得的利息是不同的,哪种高一些?

生:定期。

师:下面请大家帮傻根拿个主意吧!

投影展示:情境探究三——"傻根犹豫了"。

等了很久,终于到傻根存款了,营业员问他:"请问您是存活期还是定期?"

傻根犹豫了,他该怎么办?

　　学生就此自由发表观点。

　　师:看来我们选择存款类型还是要考虑很多因素哦,所以我们必须要了解储蓄的类型。

　　投影:4.储蓄类型。

　　师:指导学生阅读课本,找出我国目前储蓄主要有活期储蓄和定期储蓄两大类。

　　学生讨论归纳出活期储蓄与定期储蓄作为投资方式的基本特征。活期储蓄,是储户可以随时存入和提取、不规定存期、存款的金额和次数不受限制的储蓄方式,流动性强、灵活方便,但收益低。定期储蓄,是事先约定期限、存入后不到期一般不得提前支取的储蓄方式,流动性较差,收益高于活期储蓄。

　　过渡:傻根是要把钱拿回家娶媳妇的,那么他该选择什么样的类型?

　　学生回答。(略)

　　师:学到这里,我们对储蓄存款有了大概的了解,同学们可以给它下个描述性的定义吗?

　　学生概括性描述。

　　投影:5.储蓄存款的含义。

　　储蓄存款是指个人将属于其所有的人民币或者外币存入储蓄机构,储蓄机构开具存折或者存单作为凭证,个人凭存折或者存单可以支取存款本金和利息,储蓄机构依照规定支付存款本金和利息的活动。

　　师:指导学生按含义的表述进行分解。

　　谁在存——个人;

　　存什么——人民币或外币;

　　何处存——储蓄机构;

　　凭(证)什么——存折或存单;

　　有何收益——获取利息。

　　师:讲到这里,我们了解了有关储蓄的内容,前面我们提到了储蓄存款的主要机构是商业银行,是否有其他银行也能进行储蓄呢? 我们还是和傻根一道去看看吧!

　　投影:情境探究四——"傻根疑惑了"。

　　还有其他的银行吗? 是否都能存钱呢? 能从里面借钱吗?

指导学生列举身边的银行。

展示银行图标,学生识别。

我国银行按性质分类可分为:中央银行、商业银行、政策性银行。

投影:二、我国的商业银行。

师:什么是商业银行?

学生阅读课文并回答。

投影:1.商业银行的含义及其组成。

商业银行是指经营吸收公众存款、发放贷款、办理结算等业务,并以利润为主要经营目标的金融机构,是我国金融体系中最重要的组成部分。

师:从概念的含义中我们能找到它的主要业务吗?

生:主要业务有:存款业务、贷款业务、结算业务。

投影:2.商业银行的主要业务。

师:这些业务在商业银行中的地位一样吗? 指导学生找出不同业务的地位及银行利润的主要来源。结合课本47页探究活动,讨论诚信与贷款的关系? 联系现实生活实例,说明诚信在金融活动中的重要性?

生:分组讨论,结合自身实际谈诚信。

师:通过对银行业务的了解我们能发现银行的作用吗?

师:指导学生通过观察图片思考银行作用。

生:讨论、感悟银行作用。

投影:3.商业银行的作用。

(1)它为我们经济建设筹集和分配资金,是再生产顺利进行的纽带。

(2)它能够掌握和反映社会经济活动的信息,为企业和政府作出正确的经济决策提供必要的依据。

(3)通过银行对国民经济各部门和企业的生产经营活动进行监督和管理,可以优化产业结构,提高国民经济效益。

投影:情境探究五——"傻根明白了"。

经历这么多,傻根明白许多,钱安全"带回",傻根不傻。

师:大家觉得他明白了哪些呢? 就让我们通过角色扮演来体会一下吧!

生:通过角色扮演来说明有关储蓄存款的相关知识。(每组选择一名同学分别扮演银行职员、傻根、主持人)

(课堂小结)师:这节课我们跟随傻根对我国的储蓄存款有了全面系统的了

解。下面请大家回顾一下本课的主要内容。展示本课知识结构图。通过视频展示练习。

（本课结束）

从一课例洞悉高效课堂之钥
——对《储蓄存款和商业银行》优质课的评析

孙长瑜

随着高中思想政治新课程的全面推进,政治教师课堂追求的目标已逐渐转变为打造创新化、生活化、实践化和开放化的思想政治课堂。什么样的课堂才是高效之课堂?笔者认为,是以最小的教学和学习投入,获得最大学习效益的课堂,它应该具有主动性、生动性、生成性的基本特征。主动性是学习状态,会激发潜能、乐在其中,带来效益、生成能力;生动性,是追求课堂的情感价值,突出"学乐"和"乐学",学习如饮甘露琼浆,变"怕上学"为"怕下课";生成性,课堂要敢于变各种"句号"、"叹号"为"问号"。追求"主体多元",鼓励不同个性的学习见解,让思维激荡思维,让思想碰撞思想,让方法启迪方法。课堂的智慧、高潮、价值尽在"不可预设"的"现场生成"上,一切的预设应服务于"现场",而不是让"现场"服务于预设。如何打造高效课堂? 课例《储蓄存款和商业银行》给了我们很好的回答。

一、树立课标意识,打造新式课堂

高中思想政治课是进行马克思列宁主义、毛泽东思想、邓小平理论和"三个代表"重要思想、科学发展观的基本观点教育,引导学生紧密结合与自己息息相关的生活经历探究学习和社会实践的过程,是切实提高学生参与现代社会生活的能力,初步形成正确的世界观、人生观、价值观,为终身发展奠定思想政治素质的基础。

高中思想政治课程标准强调"以社会主义核心价值体系为导向",明确规定了课程的政治方向,充分显示了课程的德育性,着力打造创新化、生活化、实践化和开放化的思想政治课堂。即:紧密联系我国社会主义现代化建设的实际,与时俱进地充实和调整教学内容,不断创新,体现当今世界和我国发展的时代特征,显示马克思主义科学理论的强大力量。这节课的主题是储蓄存款和商业银行,整个课堂紧紧抓住我国经济发展实际,举例分析储蓄存款的步骤及利息计算等,符合我国现阶段基本国情的基础上让学生理解有关金融方面的知识;立足于学生现实的生活经验,着眼于学生的发展需求,把理论观点的阐述寓于社会生活的主题之中,构建学科知识与生活现象、理论逻辑与生活逻辑有机结合的课程模块。授课教师注重从学生生活实际出发,找寻最佳课程与生活切入点——《天下无贼》视频片段,既能引起学生兴趣,又能体现课程要求;同时引领学生在认识社会、适应社会、融入社会的实践活动中,感受经济、政治、文化各个领域应用知识的价值和理性思考的意义,关注学生的情感、态度和行为表现,倡导开放互动的教学方式与合作探究的学习方式,使学生在充满教学民主的过程中,提高主动学习和发展的能力。课堂上教师能够运用视频影音手段引导学生积极参与课堂教学,通过师生的探索逐步推进课堂教学,着力打造合作式教学,使学生真正成为课堂的主体。积极打造贴近社会、贴近生活的思想政治课堂。

二、创新教学设计,激发学习热情

教学设计是否科学、合理、新颖,对激发学生的学习热情,达成教学目标具有重要作用。其中教学课件是重要的课程资源,直观、可视、可听,对帮助学生理解教学内容,思考、探讨问题,具有其他资源不可替代的作用。授课教师具有较强的改革、创新意识,能够依据课标、教材和学情,对教学内容和教学效果实现最优化,彰显了一定的创新能力。叶圣陶说:"胸有境,入境始与亲。"学习的本质是让学生获得积极的情感体验,而体验需要适宜环境和氛围,也即情境。在这节课设计上教师能够立足整体,采用"一例多境"式,把现实与影视、内容与情节融入到"傻根"这一人物的一系列经历当中,既有每个情境的独特性又具备整个课堂的一体性。"一例多境"让人感觉很完整、不凌乱,对激发学生课堂的积极性、主动性、创造性有极大的作用。具体来说有如下几方面表现。

1.有效情境创设之课堂导入。

著名特级教师于漪曾说过:"课的第一锤要敲在学生的心灵上,激发他们思维的火花,或像磁石一样把学生牢牢地吸引住。"一节课的开始就像一台戏的序幕,也仿佛一部优美乐章的序曲。课堂导入若独具匠心,便扣人心弦。精彩有效的导入不仅使学生迅速进入角色,还能达到"动之以情,晓之以理,炼之以志,导之以行"的效果。本节课教师运用音乐《越来越好》作为背景引入话题:收入增加,要投资理财;再用电影《天下无贼》中"傻根"形象设置情境导入,引起学生兴趣,使学生能够迅速进入状态,"锤中了要害",从而达到比较理想的效果。

2.新课讲授时的情境设计。

有效情境是理论与实际最好的结合,它能让学生愉悦地体验情理交融,提高技能,健全人格。通过影像演绎知识,能为课堂插上艺术的翅膀。多媒体以直观、生动的方式呈现,能形象具体地再现情境,为课堂注入活力,具有强大的表现力,学生进入意境后可加倍感知。这节课当中教师能够把电影情节与教材结合起来,设计成一系列具体生活情境,紧紧抓住学生的思维,使学生很有兴致地学习。通过有效问题设计,点燃学生探究思考之火,问题的探究、合作讨论利于师生互动、生生互动。这需要教师及时架起情境与知识之桥,例如:音乐响起后设问"我们的收入越来越多该怎么办呢? 谁有好的建议啊?""傻根傻了,这是为什么呢?"等等,学生不但有话可讲,而且答案可能会多样,在学生思想的不断碰撞中生成智慧的火花,从而提升学生的情感、认知水平和能力。通过现场就地取材,印证"小窗口,大世界"。例如:教师在某某中学上课时就这样设问:"我们能从哪些地方感受到生活越来越好啊?""我们要是在某某镇存款的话有哪些地方可以选择啊?""假如你去存了钱,你会计算它的利息吗"。从身边发掘素材更有吸引力,更能促成资源生成。

3.巧妙创设情境运用于结尾。

好的结尾能给人回味无穷而又流连忘返的感觉,它是一节课的升华。能否形成"凤尾",关键在于教师对整个课堂的把握,能否进行巧妙的设计至关重要。在本节课堂结尾处教师设计了"傻根笑了,他明白了很多,大家知道他明白什么了吗?"。目的是引导学生回顾这节课的主要内容。再让学生进行角色扮演,加深对这节课的理解,形成完整的课堂教学。

总之,别出心裁的情境设计利于突破重点,化解难点。教师注重情境设计,层层导入,实现师生情感碰撞。师生在情境中一起探究、思考感悟。当然,"一例多境"的情境创设并非随心所欲,应注意:(1)选好典型素材,进行合理取舍。一例多境要想充实贯彻整个课堂,需选择既具有典型性和代表性,又能够多角度辐射教材内容的材料,这就要求教师对教材知识进行全面梳理,确定教学重难点,厘清知识间的内在逻辑关系;(2)深入挖掘材料,精心设置问题。"一例多境"要想更好地发挥作用,问题设置不能过于随意,必须根据学生的思维特点,把握问题的梯度和层次,由浅入深,层层设问,符合学生的最近发展区,这样既有利于学生把握课堂脉络,又为学生深入思考不断搭建新的平台,提高学生的听课效率;(3)系统运用材料,选好展示方式。现有教学实践主要有"叙事式"、"学案导学式"、"自主探究式"等方式,教师要根据具体的教学内容选择合适的展现方式,达到最佳的教学效果。

三、转换教学方式,突出情感体验

新课程的基本理念指出要加强思想政治方向的引导与注重学生成长的特点相结合。要重视高中学生在心理、智力、体能等方面的发展潜力,针对其思想活动的多变性、可塑性等特点,在尊重学生个性差异和各种生活关切的同时,恰当地采取释疑解惑、循循善诱的方式,帮助他们认同正确的价值标准、把握正确的政治方向。本次课堂教学中,授课教师的角色定位更加准确,不再是教学的主宰和真理的化身,而是成为教学的组织者、参与者、引导者。教师作为教学活动的平等主体,与学生一道共感情,同探索,采用对话、交流等方式向学生传达教学信息,脱离生活,生硬灌输的现象荡然无存。教师教学方式的改变,带来了学生学习方式的改变。自主学习、主动探究已成为主要学习方式,极大地激发了学生学习思想政治课程的积极性与主动性,使爱学、乐学的态势得到进一步扩展。在课堂教学中,学生的思考、学习能力在教学内容活动化、生活化和爱学、肯学的氛围中得以提升。本次课堂教学中,教师从头至尾用"一例多境"贯穿课堂,层层设疑引导,牢牢抓住学生思维,调动其参与积极性。譬如:通过情境激发学生探讨储蓄的目的、分组计算利息比赛、帮"傻根"出主意等等,自然实现师生、生生互动,达到理想效果。同时注重培养学生的情感体验,精心创设丰富的教育情境,积极引导和帮助学生通过自身体验与感悟深化思想认识。

总之,教学活动是态度、情感、价值观三维目标融合的过程,也是一个理性探索的过程。在这一过程中,师生双方借助于理性,理解教学活动的各个要素,获得"理性的愉悦"。教师要选择合适的方式,从现在做起,努力汲取理论养分,及时反思自身的经验和行为,进而改善自己的教学行为,实现由"匠"到"师"的自我救赎。

《世界是普遍联系的》教学设计

蚌埠市教育科学研究所　吴徐汉

课题	第七课　唯物辩证法的联系观 第一框　世界是普遍联系的
教学目标	【知识目标】 　通过教学,帮助学生认知和领悟联系的观点以及联系具有普遍性、客观性、多样性和条件性的特点。 【能力目标】 　通过对社会"话题"的争论和分析,引导学生理论联系实际,辩证地看待"突发"的社会话题,提高掌握全面地、系统地看问题和分析问题的能力。 【情感态度价值观】 　通过学习,使学生感悟到对社会"话题"的评价要理性,不要盲目追风,更不能推波助澜,自觉坚持用联系的观点看问题,评价社会话题要客观、公正,应以时间、地点和条件的变化而变化。
教学重点	联系的普遍性。
教学难点	联系的客观性。
教法学法	采用情景教学、探究式教学、比较分析等教学方法;引导学生自主合作探究,充分发挥学生的主体作用。

教学过程					
教学环节	知识点位	教师活动	学生活动	设计意图	备注
课前准备		播放视频:简介诺贝尔奖及2014年化学奖得主。	观看视频。	了解相关背景。	
导入新课		由蚌埠一中校园照片引出课题: 世界是普遍联系的。 PPT展示上述图片。同时,配有旁白。本节课我们就用"世界是普遍联系的"道理解读这个"话题"。 (板书:世界是普遍联系的)	学生欣赏标语,感悟话题,思考联系。	激发兴趣,导入新课。	

教学过程					
教学环节	知识点位	教师活动	学生活动	设计意图	备注
探究活动	（一）世界是普遍联系的。 一、联系的含义。	探究活动一：领悟联系的含义。 　　结合上述图片中标语内容，学生认真欣赏。 　　师：蚌埠一中是蚌埠市教育局所属的一所省级示范中学，因"热烈祝贺我校女婿埃里克·白兹格荣获2014年诺贝尔化学奖"的标语而"闻名"，许多网民在认识一中、评论一中、关注一中，记者也在采访一中，想不火都不行啊！突然，蚌埠一中与五湖四海网民的联系变得如此的亲近？请问同学们，这里所说的"联系"是哲学上所说的"联系"吗？这两个"联系"又有何关系呢？（板书：联系的含义） 　　联系是指事物之间以及事物内部诸要素之间的相互影响、相互制约、相互作用。	观看图片，思考并讨论。	选择典型案例，让学生感知和体会，在情境中体验，明确概念内涵。	

		教学过程			
教学环节	知识点位	教师活动	学生活动	设计意图	备注
探究活动	二、联系的特性。 1.联系的普遍性。	探究活动二：认识联系的普遍性。 ★新闻： 播放有关吉娜的视频。 吉娜大学毕业后，从1999年7月到2000年6月，在中国科学院化学研究所一个实验室工作。之后，她去了美国加州大学伯克利分校，研究界面非线性光谱、生物成像，后来认识了埃里克·白兹格，两人喜结良缘。 师生共同分析： 学校得知埃里克·白兹格荣获诺贝尔化学奖，且其夫人吉娜是蚌埠一中高中毕业生，因此决定打出"标语"进行宣传，这是"火"的内部原因。	观看视频，交流看法。 讨论、发表观点。	把握重点。 感悟联系的普遍性。	

教学过程					
教学环节	知识点位	教师活动	学生活动	设计意图	备注
探究活动		网友把标语传到网上,引发网友热议,且几大门户网站纷纷转载,这是"火"的外部原因。 网络传播的及时、快捷使得蚌埠一中与世界开展了"零"距离接触,这条标语把一中与世界紧紧联系在一起。正如教材所言,世界上的任何事物都同周围的其他事物有着这样或那样的联系。 引出具体内容: 	思考、总结。		
	2. 联系的客观性。	探究活动三:认识联系的客观性。 师问:"标语"被网络转载后,有网友认为:一中在借机宣传自己,在往自己脸上"贴金"。请运用联系的客观性评价这种说法。	突破难点。		

		教学过程			
教学环节	知识点位	教师活动	学生活动	设计意图	备注
探究活动	2. 联系的客观性。	生：…… 师总结：吉娜，初中、高中就读于蚌埠一中，高中毕业后考取了中国科学技术大学化学物理系。大学毕业后，吉娜去了美国加州大学伯克利分校深造，研究界面非线性光谱、生物成像，后来认识了埃里克·白兹格，两人喜结良缘。这是一种客观事实。 师总结：标语中用"热烈祝贺我校女婿埃里克·白兹格荣获2014年诺贝尔化学奖"确有不妥之处。大家知道，"女婿"是基于婚姻关系的说法，作为学校这样用，显然不够严肃和庄重，难怪网友纷纷吐槽，认为一中往自己脸上"贴金"，这是一种主观臆造的联系。 探究活动四：认识联系的多样性。 问题探究：一中因"标语"而深陷舆论的漩涡，有人为他抱不平说"太冤了"；	师生互动。	开发课程资源，提高学生课堂参与度。	

教学过程					
教学环节	知识点位	教师活动	学生活动	设计意图	备注
探究活动		有人说他"该得"。请结合联系的多样性谈谈你的看法。 　　学生回答,教师点拨、总结。 　　事物的联系是多种多样的。有直接联系和间接联系、内部联系和外部联系、本质联系和非本质联系等。在实际生活中,人们容易看到的是那些直接的、表面的和眼前的联系,而往往忽视那些间接的、本质的和长远的联系,忽视事物之间相互联系的中间环节。譬如,一中想利用"标语"激励学生好好学习,这是直接联系、内部联系。一中因"标语"而深陷舆论的漩涡,这是一种间接联系、外部联系、因果联系等等。 　　师:一中因"标语"而遭网友纷纷吐槽,为避免类似宣传问题的发生,请结合联系的相关知识提出合理化建议。 　　学生提建议,教师点评。	师生、生生互动。		

教学过程					
教学环节	知识点位	教师活动	学生活动	设计意图	备注
探究活动		探究活动五:求您帮忙,修改标语。 师:同学们,在我们即将结束本课的时候,我请求大家能否为蚌埠一中修改一下标语?结合本课学习的内容,大家可以选择走上讲台,把你的想法写在黑板上、敲在屏幕上,也可以书写在纸上。 生1:热烈祝贺校友吉娜女士的丈夫埃里克·白兹格先生荣获2014年诺贝尔化学奖。 生2:热烈祝贺杰出校友吉娜女士的先生荣获2014年诺贝尔化学奖。 生3:……	课堂作业。		
课堂小结		我思我悟: 师:本节课我们共同探讨了一个话题,下面让我们一起来回忆一下,谈谈你都有哪些收获呢?(展示课件,建构知识网络) 师:今天我们从联系的含义、联系的特性等角度认识了世界是普遍联系的。	回忆、总结。	引领学生归纳知识点并谈感受,体现学生学习的主体性。	

教学过程					
教学环节	知识点位	教师活动	学生活动	设计意图	备注
情感升华		教师寄语： 　　同学们,本节课我们用"事物是普遍联系的"道理分析了蚌埠市"突发"的一个社会热点"话题"。我们可能是话题的制造者,但更多的时候是话题的跟帖者、评论者。我们在跟帖的时候,在网上发表观点的时候,要学会用联系的观点看问题,切忌主观臆断和片面。评价社会话题要理性、客观,用智慧的眼光把问题看真切,不盲从,不随意,尤其不能进行人身攻击,注意个人修养和网络文明,做一个遵纪守法,享受网络文明的评论者。	聆听、感悟。	引用总理发自肺腑的话语,引发学生共鸣。	
课后反思		从"观课"和"评课"情况看,以此"话题"为载体,设置上述问题情境逐步推进课堂教学,环环相扣,既引发了学生的兴趣,又讲清了哲学道理。正如评课教师所说,学生在"热闹"中看到了"门道"。 　　一节新授哲学课,推进得这么自然,学生参与得这么舒畅,课堂教学氛			

教学过程					
教学环节	知识点位	教师活动	学生活动	设计意图	备注
课后反思		围这么的轻松,我想是与这个"话题"作为课程资源展开教学分不开的。教学目标达成度也比较高,尤其是情感态度价值观目标的实现为学生指明了析问题明哲理的方法,让学生真正体会到了哲学就在我们身边。 教学活动是师生共同参与的过程,课程资源不会自动进入教学领域。能动地去寻找、认识、选择和运用课程资源,是教学理论联系实际的要求,更是优化教学过程的需要。该"话题"就发生在学生身边,符合"三贴近"原则,师生共同整合该"话题"资源,优化了"世界是普遍联系的"教学过程。同时,笔者也想借此"话题"引导学生在网络上发表言论时,要坚持权利和义务相统一的原则。这样的因势利导比单纯的口头说教,效果要好得多。可见,对社会"话题"的评价应该以时间、地点和条件为转移,我们的教育教学何尝不是这样! 在本堂课教学中,教师把自己的角色定位为学生学习的组织者、引导者、合作者。在一个个探究活动中将预设与生成融为一体,使学生的学习积极性得到充分调动。将过程与结果有机统一,把学科教		反思教学,提升自我。	

教学过程					
教学环节	知识点位	教师活动	学生活动	设计意图	备注
课后反思		学与德育提升完美整合,注重师生、生生互动交流,促进双方完整生命成长。			

　　注:吴徐汉老师撰写的《世界是普遍联系的》教学设计发表于中文核心期刊《思想政治课教学》2014年第12期,并被人大复印报刊资料《中学政治及其他各科教与学》(2015年3月)全文转载。

《世界是普遍联系的》教学实录

蚌埠第二中学　程　颉

【课前准备】

（播放视频：简介诺贝尔奖及2014年化学奖得主。）

埃里克·白兹格1960年出生于美国安娜堡，毕业于康奈尔大学，后在贝尔实验室工作。他的主要贡献是研发用于分子生物学、神经科学的光学成像工具。因为在超分辨率荧光显微技术领域取得的成就，10月8日，埃里克·白兹格获得2014年诺贝尔化学奖。而他的夫人吉娜，就是蚌埠人，毕业于蚌埠一中。

【创设情境，导入新课】

师：最近几天，"诺贝尔奖"各个奖项揭晓，很多人在讨论，"诺贝尔奖"和咱们有多遥远？有人说，今年，"诺贝尔奖"离我们很近，因为诺贝尔奖化学奖的得主埃里克·白兹格，是蚌埠的女婿，是一中的女婿。

PPT展示图片："热烈祝贺我校女婿埃里克·白兹格荣获2014年诺贝尔化学奖"的标语。同时配有旁白：有网友拍到蚌埠一中电子屏打出"热烈祝贺我校女婿埃里克·白兹格荣获2014年诺贝尔化学奖"的标语，并把照片发到了网上。该标语引来无数网民吐槽，各种议论甚嚣尘上。网易等几大门户网站纷纷转载，一时间使得蚌埠一中"名扬"全国，直至海外。本节课，我们就用"世界是普遍联系的"原理解读这个"话题"——世界是普遍联系的（出示课题）。

【合作探究，感悟新知】

探究活动一：领悟联系的含义

师：蚌埠一中是蚌埠市教育局所属的一所省级示范中学，因"热烈祝贺我校女婿埃里克·白兹格荣获2014年诺贝尔化学奖"的标语而"闻名"，许多网民在认识一中、评论一中、关注一中，记者也在采访一中，想不火都不行啊！突然，蚌埠一中与五湖四海网民的联系变得如此的相近？请问同学们，这里所说的"联系"是哲学上所说的"联系"吗？这两个"联系"又有何关系呢？（板书：联系的含义）

学生回答,教师点拨。

师:哲学上所说的"联系",是指事物之间以及事物内部诸要素之间的相互影响、相互制约和相互作用。一中与网民的"联系"是哲学上所说的"联系"的一种具体形式。蚌埠一中因"标语"引发网民的吐槽,让更多的网民上网了解一中,体现为蚌埠一中与网民之间的互动交流;同时,一中的办公室、教务处、总务处、团委等职能部门,就标语问题做出了回应,这需要各个部门之间相互配合、相互协调。

师:上面,我们通过一种具体的联系读懂了哲学上所说的"联系",为了帮助同学们加深对"联系"的理解,请同学们共同解读"联系"的特性。(板书:联系的特性)

PPT展示网民关于"标语"的跟帖。

教师有选择性地旁白:有的网友认为一中在借机宣传自己,在往自己脸上"贴金";有的网友认为一中为"沾光"搬出女婿;有更加犀利的网友这样说:"攀关系哪家强?";也有网友认为:"能通过刻苦学习和创新思维,考入名校,和美国科学家一起奋斗,分享成功的喜悦。这是一个很励志的故事。"……但也有网友的跟帖,内容低俗,极不文明。

探究活动二:认识联系的普遍性

师:"标语"出来后,蚌埠一中"火"了? 请运用联系的普遍性分析"火"的原因?

学生分析,教师点拨、引导、总结。

世界上的任何事物都同周围的其他事物联系着。学校得知埃里克·白兹格荣获诺贝尔化学奖,且其夫人吉娜是蚌埠一中高中毕业生,因此决定打出"标语"进行宣传,这是"火"的内部原因。网友把标语传到网上,引发网友热议,且几大门户网站纷纷转载,这是"火"的外部原因。网络传播的及时、快捷使得蚌埠一中与世界开展了"零"距离接触,这条标语把一中与世界紧紧联系在一起。正如教材所言,世界上的任何事物都同周围的其他事物联系着(注意区分任何两个事物都是有联系的表述),世界上找不到同周围事物毫无联系的、孤立存在的事物;每一事物内部的各个要素都同其他要素联系着,不与其他要素发生联系,或者不与整体发生联系的孤立存在的要素也是没有的;整个世界就是一个万事万物相互联系的统一整体,任何一个具体事物都是世界联系网上的一个部分、环节或纽带。

探究活动三：认识联系的客观性

师："标语"被网络转载后，有网友认为：一中在借机宣传自己，在往自己脸上"贴金"。请运用联系的客观性评价这种说法。

学生评价，教师点拨、引导、总结。

据了解，吉娜初中、高中都就读于蚌埠一中，高中毕业后考取了中国科学技术大学；大学毕业后，吉娜去了美国加州大学伯克利分校深造，研究界面非线性光谱、生物成像，后来认识了埃里克·白兹格，两人喜结良缘。这个客观事实，是谁都不能否认的。从这个角度说，学校宣传优秀校友，从而激励学生勤奋学习，是有一定道理的。

但标语中用"热烈祝贺我校女婿埃里克·白兹格荣获 2014 年诺贝尔化学奖"确有不妥之处。大家知道，"女婿"是基于婚姻关系的说法，作为学校这样用，显然不够严肃和庄重，难怪网友纷纷吐槽，认为一中往自己脸上"贴金"，埃里克·白兹格获奖与一中没任何关系，这是一种主观臆造的联系。

唯物辩证法认为，事物的联系就其与实践的关系来说，可以分为自在事物的联系和人为事物的联系。自在事物中的种种联系在人类产生以前就存在了，它们不以人的意志为转移。人为事物的联系通过实践这一客观的物质活动形成后，便独立于人的意识之外，仍然是客观的、不依人的意志为转移。如果未来某一天，吉娜携丈夫回国，学校邀请两位科学家到一中做客，或者为学生做一次科普报告。那么，这种联系形成以后，也就具有客观性。正如"相关链接"中指出，人们可以根据事物固有的联系，改变事物的状态，调整原有的联系，建立新的联系。

探究活动四：认识联系的多样性

师：一中因"标语"而深陷舆论的漩涡，有人为他抱不平说"太冤了"；有人说他"该得"。请结合联系的多样性谈谈自己的看法。

学生回答，教师点拨、总结。

事物的联系是多种多样的。有直接联系和间接联系、内部联系和外部联系、本质联系和非本质联系等。在实际生活中，人们容易看到的是那些直接的、表面的和眼前的联系，而往往忽视那些间接的、本质的和长远的联系，忽视事物之间相互联系的中间环节。譬如，一中想利用"标语"激励学生好好学习，这是直接联系、内部联系。一中因"标语"而深陷舆论的漩涡，这是一种间接联系、外部联系、因果联系等等。

师:一中因"标语"而遭网友纷纷吐槽,为避免类似宣传问题的发生,请结合联系的相关知识提出合理化建议。

学生提建议,教师点评。

我们看待社会现象和评价社会问题时,要善于分析和把握事物存在和发展的各种条件。既要注重客观条件,又要恰当运用主观条件;既要把握内部条件,又要关注外部条件,既要认识有利条件,又要重视不利条件。蚌埠一中基于吉娜是校友的客观实际,想宣传她的事迹以鼓励学生勤奋学习这是主观愿望。如果能有效挖掘相关素材对学生进行励志教育,能起到一定的积极作用,对学校也能产生良好影响,这是有利的条件。但是,由于"标语"表达的原因,网友对学校产生了不良的评价。如果学校这样宣传:"热烈祝贺校友吉娜女士的丈夫埃里克·白兹格先生荣获2014年诺贝尔化学奖",这样的表达,网友可能容易接受。所以,作为学校,在利用社会话题进行宣传或对学生进行励志教育的时候,要从客观事实出发,措辞要准确,不能因娱乐和诙谐而丢掉了"尊严",要充分考虑这种做法所带来的社会影响。总之,要一切以时间、地点和条件为转移,学会用联系的观点看问题。

探究活动五:求您帮忙,修改标语

师:同学们,在我们即将结束本课的时候,我请求大家能否为蚌埠一中修改一下标语?结合本课学习的内容,大家可以选择走上讲台,把你的想法写在黑板上,敲在屏幕上,也可以书写在纸上。

生1:热烈祝贺校友吉娜女士的丈夫埃里克·白兹格先生荣获2014年诺贝尔化学奖。

生2:热烈祝贺杰出校友吉娜女士的先生荣获2014年诺贝尔化学奖。

生3:……

【情感升华,结束新课】

师:同学们,本节课我们用"事物是普遍联系的"道理分析了蚌埠市"突发"的一个社会热点"话题"。我们可能是话题的制造者,但更多的时候是话题的跟帖者、评论者。我们在跟帖的时候,在网上发表观点的时候,要学会用联系的观点看问题,切忌主观臆断和片面。评价社会话题要理性、客观、用智慧的眼光把问题看真切,不盲从,不随意,尤其不能进行人身攻击,注意个人修养和网络文明,做一个遵纪守法、享受网络文明的评论者。

整合"话题"资源　优化教学过程
——简析《世界是普遍联系的》课例价值

吴望民

《世界是普遍联系的》这一课的设计至少有两点值得我们借鉴：一是理念新颖。情境是认识产生的"土壤"。新课程理念要求课堂教学遵循"发现生活—体验生活—参与生活"的逻辑，让学生在体验中感悟，在感悟中求知，在活动中成长。课堂上教师主导作用和学生主体地位的体现更多的是注重让学生体验知识的发现过程和将知识与实际相结合的应用过程。该设计以不久前蚌埠一中挂出的标语引发网民吐槽为情境，使学生乐于参与其中，在这一"土壤"生成基础上对有关联系知识的认识从而提高课堂教学实效。二是过程优化。为达成本课的教学目标，作者设计了两个探究活动来理解联系的含义及特征。特别是第二个探究活动以"话题"为中心，围绕网友的观点设置问题由学生合作探究，激发学生调动和运用已学知识评判网友的观点，并在这一过程中领悟教材的基本观点，初步掌握用联系的观点看问题的方法。这一设计是思想政治学科热点主题类新授课教学设计的新尝试。整个设计有层次，符合学生的认知规律，教学程序连贯，环节过渡自然，教学思路清晰，具有很强的逻辑性。

注：吴望民老师撰写的此篇文章发表于《思想政治课教学》2014年第12期，并被人大复印报刊资料《中学政治及其他各科教与学》（2015年3月）全文转载。

《价值与价值观》教学设计

安徽省马鞍山市红星中学 徐传林

课 题	第十二课 实现人生的价值 第一框　价值与价值观
教学 目标	【知识目标】 　　识记价值和价值观的基本含义,价值观的导向作用;理解人的价值是什么,如何评价人的价值。 【能力目标】 　　培养正确分析和看待社会、人生的能力;正确认识和评价人的价值的能力;初步具有认识和选择正确价值观的能力。 　　在此过程中激发学生思维潜能,在情境探究中升华情感,初步把握归纳与演绎、透过现象看本质等分析问题的方法。 【情感态度价值观】 　　以情境探究、朗诵、讲故事等为课堂活动的主要环节,让学生主动地参与到教学活动中来,形成互动的教学氛围,在此过程中生成知识,激发情感,形成正确的人生价值观。
教学 重点	人的价值在于创造价值;价值观的导向作用。
教学 难点	价值的含义;人的价值和物的价值的区别。

教学方法	按照启发式教学原则和理论联系实际的教学原则,采取情感教学、探究式教学、比较分析等教学方法。 情感的形成需要经历感知—内化—升华—实践这样复杂的过程,引导学生自主、合作、互动探究,使学生在情感体验中生成知识、内化情感,充分发挥学生的主体作用。

教学过程

教学环节	知识点位	教师活动	学生活动	设计意图	备注
导入新课	(一)价值。	由赞美价值的诗引出课题: 总有一种精神,它让我们泪流满面; 总有一种力量,它让我们信心倍增; 总有一种人格,它驱使我们不断寻求自我完善。 谁曾经让你的心灵怦然一动,谁曾经让你的泪水盈满眼眶,让价值伴你前行吧!把你的感动告诉我们,我们一起分享!…… 师:那么,什么是价值,什么是价值观呢?本节课我们将共同探讨这两个问题。 (板书课题)	在营造的课堂氛围中感受价值和价值观的重要性。 学生朗诵。	良好的开头等于成功的一半。营造氛围,激发情感,导入新课。	

教学过程					
教学环节	知识点位	教师活动	学生活动	设计意图	备注
探究活动	1. 哲学上的价值。	师：大家看我手中拿的是什么？它有什么用？大家能不能再举出一些生活中的有价值的东西？（教师手拿苹果） 师：哲学上的价值就是对这些具体事物的价值进行概括和抽象，那么，哲学上的价值是指一事物对主体的积极意义，即一事物所具有的能够满足主体需要的属性和功能。它强调的是一种关系。 课件展示图片、设问。 他的人生价值体现在哪些方面？ 我们先来熟悉一下徐光宪。 课件展示徐光宪的资料。	思考、回答并举例。	由具体到抽象，概括得出：哲学上的价值的含义，符合学生的认知规律。	

教学过程					
教学环节	知识点位	教师活动	学生活动	设计意图	备注
探究活动	2. 人的价值。	师:引导,总结(课件显示) 物的价值 事物(属性) ——满足—→ 人(需要) 人的价值 人 ——满足①／满足②—→ 社会、他人 师:归纳得出"人的价值在于创造价值",分析"人既是价值的创造者,又是价值的享受者"。 课件展示:《雪山之子》故事材料和马骅生前的诗。(配乐:二胡曲《小河淌水》)	朗读、思考并发表观点。 比较"物的价值"与"人的价值"的区别,并回答。	创设情境,易于直观理解,运用比较法,学生自己得出:人的价值在于创造价值。	

269

教学过程					
教学环节	知识点位	教师活动	学生活动	设计意图	备注
探究活动	3.对一个人的价值的评价。	师:动情地简介马骅的事迹。 课件:展示图片和设问。 师:那么,为什么对一个人的价值的评价主要是看他的贡献呢?教师简要分析。	学生朗诵《明永歌谣》、感悟。 看图片、回答,得出结论:人生的真正价值在于对社会的贡献。	通过听故事、欣赏诗词,实现情感升华,使学生深深感悟到:劳动和奉献着的人生才是有意义、有价值的人生。 理论和事例相结合,实现理论和实际相结合的教学原则。	

教学过程					
教学环节	知识点位	教师活动	学生活动	设计意图	备注
探究活动	（二）价值观 1. 价值观的含义。 2. 价值观的导向作用	师：简要分析并举例。 课件显示：价值观指人们在认识各种具体事物的价值的基础上，形成对事物价值的总的看法和根本观点。 师：当前，我国大力弘扬的正确的价值观有哪些呢？为什么我国要树立科学发展观呢？ 师：引导、归纳出价值观的第一个导向作用——价值观对人们认识世界和改造世界活动具有重要的导向作用。 课件播放《教师用生命为学生开道》录像片断。 课件接着展示"网友评论"。	结合实际谈对价值观的理解。 思考并回答。	由于价值观的含义不难理解，学生自己谈理解、教师适当引导，充分发挥学生的主体地位，教师的主导作用。	

教学过程					
教学环节	知识点位	教师活动	学生活动	设计意图	备注
探究活动	2. 价值观的导向作用。	**网友评论** ■老师您走好，您用生命换取了学生的生命，你的行为感动全中国人民…… ■在自己与学生之间，他们选择了后者！为他们献上最崇高的敬意！ ■照亮了别人，燃烧了自己，这是蜡烛；生的机会给了学生，自己也许不用考虑，也无暇考虑便已离开了人世，伟大与渺小就在此定格、扩大。 ■你们用生命捍卫教师职业的神圣，用鲜血谱写人类工程师的赞歌。 师：引导得出价值观的第二个导向作用——价值观对人生道路的选择具有重要的导向作用。 师：接下来，我们再从现实的角度来进一步印证价值观的导向作用。让我们走近抗震救灾，让抗震救灾中感天动地的事迹来告诉我们答案吧！ 下面，请大家说说这次抗震救灾中的感人事迹。	观看、感悟。 三组各派出一位代表，分别讲述课前收集的感人事迹。（学生动情地讲述）然后，班长作总结性发言，并带领全班同学共同宣读本班的"抗震救灾倡议书"。	通过设置问题并播放录像和"网友评论"，创设情境，生成知识，培养学生的探究和归纳能力，使学生养成关心社会、关心他人的优良品质。 学生自己收集材料并讲述自我感悟。	

教学过程					
教学环节	知识点位	教师活动	学生活动	设计意图	备注
课堂小结		通过本节课的学习，你有何感想和体会？	谈感想和体会。	从思想性和知识性两方面总结本课。	
情感升华		课件播放音乐《爱的奉献》，并缓缓显示字词。	欣赏、感悟。	实现情感共鸣，结束新课。	
板书设计		价值与价值观 (一)价值 1.哲学上的价值 2.人的价值 3.对一个人的价值的评价 (二)价值观 1.价值观的含义 2.价值观的导向作用。		构建知识网络。	
课时作业		再收集一些抗震救灾中的典型事迹,用本节课所学知识进行分析。		拓展知识运用，提升分析和解决问题的能力。	

教学过程					
教学环节	知识点位	教师活动	学生活动	设计意图	备注
课后反思		1.本课设计中,围绕教学重难点组织、选择材料,设置探究问题,创设情境,通过组织学生探究、朗诵、师生共同分析归纳等过程,使学生在活动中生成知识、内化情感,把课堂还给学生,使他们真正成为学习的主人。在这一过程中,教师的定位是学生学习的组织者、指导者和合作者。 2.教学中,立足于现实生活,以自主活动为主,强调学生的亲身经历,在实践中实现结论与过程的统一,在丰富多彩的活动中实现认知与意志的统一,实现了情感升华的目标,使学生从内心真正感悟到劳动和奉献着的人生才是有意义、有价值的人生,拥有正确的价值观才能找到人生的真谛,从而把新课程的三维目标落到实处。 3.将多媒体与政治课学科教学有机整合,对于课堂教学情境的创设、学生学习状态的调整、教学效果的优化等都可能起到应有的积极作用。		反思教学,提升自我。	

注:徐传林老师执教的《价值与价值观》一课获得2008年第五届安徽省高中思想政治优质课授课光盘评选一等奖。

《价值与价值观》教学实录

安徽省马鞍山市红星中学　徐传林

【课堂导入】

教师朗诵赞美价值的诗(配乐),引出课题,导入新课:

总有一种精神,它让我们泪流满面;

总有一种力量,它让我们信心倍增;

总有一种人格,它驱使我们不断寻求自我完善。

谁曾经让你的心灵怦然一动,谁曾经让你的泪水盈满眼眶,让价值伴你前行吧!把你的感动告诉我们,我们一起分享!……

引出课题:价值与价值观。(板书)

【新课教学】

(一)价值

1.哲学上的价值(板书)

教师:大家看我手中拿的是什么? 它有什么用? 大家能不能再举出一些生活中的有价值的东西?(教师手拿苹果)

教师:哲学上的价值就是对这些具体事物的价值进行概括和抽象,那么,哲学上的价值是指一事物对主体的积极意义,即一事物所具有的能够满足主体需要的属性和功能。它强调的是一种关系(课件显示):

2.人的价值(教师板书)

课件展示图片:2008年度国家最高科学技术奖获得者徐光宪,并设问:他的人生价值体现在哪些方面?

教师:我们先来熟悉一下徐光宪。

课件展示徐光宪的资料。

教师:引导,总结(课件显示):

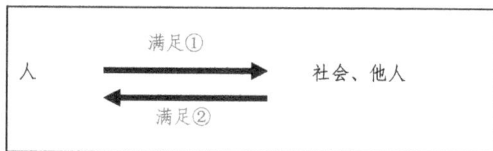

教师:归纳得出"人的价值在于创造价值",分析"人既是价值的创造者,又是价值的享受者"。

课件展示:《雪山之子》故事材料和马骅生前的诗(配乐:二胡曲《小河淌水》)。

雪山之子——

2004年6月20日下午,马骅风尘仆仆的从德钦县城赶往雪山脚下的明永村。他心里惦记着晚上学生的英语辅导。右边是山,左边是悬崖,路途漫长而充满危险。就在靠近村庄不到300米的拐弯处,车祸发生了…

马骅永远留在了澜沧江,永远留在了他深爱的梅里雪山。招魂幡仍然在江边飘扬,似乎在呼喊着远去的游子。善良的阿家阿妮用藏民最朴素、最虔诚的方式表达他们对马骅的悼念,他们在临近的寺庙里点燃一千盏酥油灯,他们为马骅念上一千遍经文,他们在江边一千次地呼喊着马骅的名字…

教师:动情地简介马骅的事迹。

请一位同学朗读马骅的事迹并朗诵马骅生前留下的诗——《明永歌谣》。

马骅诗篇《明永歌谣》:

喝过的美酒都忘记了,只有那青稞酒忘不了。

经过的村庄都忘记了,只有那明永村忘不了。

走过的大河都忘记了,只有那澜沧江忘不了。

看过的雪山都忘记了,只有那梅里雪山忘不了。

3.对一个人的价值的评价(教师板书)

课件展示图片("杂交水稻之父"袁隆平、"女包公"任长霞和"感动中国年度先进人物"徐本禹)和设问:你认识他们吗? 他们人生价值的实现主要在于什么?

教师引导得出:人生的真正价值在于对社会的贡献。

教师:那么,为什么对一个人的价值的评价主要是看他的贡献呢? 教师简要分析。请大家举例。

(二)价值观

1.价值观的含义(教师板书)

请大家谈对价值观的理解,并在黑板上板书示意。

教师:简要分析并举例。

课件显示:价值观指人们在认识各种具体事物的价值的基础上,形成对事物价值的总的看法和根本观点。

2.价值观的导向作用(教师板书)

教师:当前,我国大力弘扬的正确的价值观有哪些呢? 为什么我国要树立科学发展观呢? 请大家列举并谈原因。

教师引导、归纳出价值观的第一个导向作用——价值观对人们认识世界和改造世界的活动具有重要的指导作用。

课件播放《教师用生命为学生开道》录像片断。

(录像主要内容:四川汶川地震发生时,都江堰市聚源镇聚源中学的五位老师组织学生先逃,把生的希望留给学生,而他们自己却因此牺牲了生命,他们无愧于"人民教师"的光荣称号)

课件展示对此材料的"网友评论"。

教师:引导得出价值观的第二个导向作用——价值观对人生道路的选择具有重要的指导作用。

接下来,我们再从现实的角度来进一步印证价值观的导向作用。让我们走近抗震救灾,让抗震救灾中感天动地的事迹来告诉我们答案吧!

下面,请大家说说这次抗震救灾中的感人事迹。请三组各派出一位代表分别讲述课前收集的感人事迹。

请班长代表全班同学,宣读本班的抗震救灾倡议书。

课堂小结:请同学们谈谈学习本节课的感想和体会。

课后运用:收集一些抗震救灾中的典型事迹,用本节课所学知识进行分析。

情感升华:课件播放音乐《爱的奉献》,并缓缓显示字词:你要欣赏自己的价值,就得给世界增添价值;以人为本;生态文明;社会主义荣辱观;科学发展观;情为民所系,利为民所谋,权为民所用……

以学生为本　注重情感教学
——高中思想政治课《价值与价值观》情感教学课例研究报告

汪祖斌

【摘要】

教学活动虽以传递认知信息为中介,却又时时离不开人所固有的情感因素。苏霍姆林斯基这样说过:"如果教师不去设法在学生身上形成一种情绪高涨、智力振奋的内部状态,那么知识只能引起一种冷漠的态度,而不动情感的脑力活动只会带来疲劳。"本课例研究围绕政治教师如何开发情感资源要素,如何实施情感教学,得出如下基本结论:在教学活动中,教师在充分考虑认知因素的同时,正确运用适应青少年年龄特点的教育方法和教育手段,充分发挥教学过程中情感因素的积极作用,创造生动、活泼、和谐的教育氛围,激发学生的热情,唤起学生的自主性、能动性和创造性,使他们以最佳的精神状态自觉地参与各种教育活动,从而在德、智、体、美诸方面得到全面、主动、充分、和谐发展。只有这样,课堂才是人文的,学生也才能得以全面发展。

【关键词】

情感　高中思想政治课教学

【研究目的】

心理学认为,情感是人对客观外界事物的态度体验,是人脑对客观外界事物与主体需要之间关系的反映。《基础教育课程改革纲要(试行)》从"知识与技能"、"过程与方法"、"情感态度与价值观"三方面提出了目标要求,构成新课程的"三维目标"。因此,情感教学不仅有心理学依据,而且是新课改的目标要求。但长期以来,我们的课堂教学十分重视知识的传授,而不同程度地忽视了有意识的情感教学,虽然不考虑学生的情感因素也能使学生学到知识与技巧,但不能引起学生的兴趣,也就不可能让他们始终保持积极的学习态度,这是一种不可持续的课堂教学模式。因此,在高中思想政治课堂教学中,要求我们要充分发挥情感因素的积极作用,只有这样,才能促进学生的全面发展。

【研究方案】

具体目标:高中思想政治课教学中,实施情感教学的依据? 教师如何实施情感教学?

研究模式:案例分析。

教学内容:价值与价值观　人教版必修(4)《生活与哲学》第十二课第一框内容。

教学对象:红星中学高二年级学生。

执教老师:安徽省马鞍山市红星中学　徐传林。

【研究内容】

一、案例中情感资源要素分析

1.赞美价值的诗。(配乐——"生命之歌")

总有一种精神,它让我们泪流满面;总有一种力量,它让我们信心倍增;总有一种人格,它驱使我们不断寻求自我完善。

谁曾经让你的心灵怦然一动,谁曾经让你的泪水盈满眼眶,让价值伴你前行吧! 把你的感动告诉我们,我们一起分享! ……

2.图片:2008年度国家最高科学技术奖获得者——徐光宪。

3.故事:《雪山之子》。

马骅,毕业于复旦大学,是一个小有名气的诗人;不过让很多人想不到的是,就在别人认为他事业有成的时候,他却从北京跑到了遥远的云南德钦县一个叫明永村的地方,他在那里默默无闻地做着一名义务支教者,他甚至把自己的生命都献给了那里。

2004年6月20日下午,马骅风尘仆仆地从德钦县城赶往雪山脚下的明永村。他心里惦记着晚上学生的英语辅导。右边是山,左边是悬崖,路途漫长而充满危险。就在靠近村庄不到300米的拐弯处,车祸发生了…

马骅永远留在了澜沧江,永远留在了他深爱的梅里雪山。招魂幡仍然在江边飘扬,似乎在呼喊着远去的游子。善良的阿家阿妮用西藏人民最朴素、最虔诚的方式表达他们对马骅的悼念,他们在临近的寺庙里点燃一千盏酥油灯,他们为马骅念上一千遍经文,他们在江边一千次地呼喊着马骅的名字…

4.马骅诗篇《明永歌谣》(配乐:二胡曲《小河淌水》):

喝过的美酒都忘记了,只有那青稞酒忘不了。

经过的村庄都忘记了,只有那明永村忘不了。

走过的大河都忘记了,只有那澜沧江忘不了。

看过的雪山都忘记了,只有那梅里雪山忘不了。

5.图片:

"水稻之父"——袁隆平;人民公安的楷模——任长霞;感动中国的大学生——徐本禹。

6.视频和网友评论。

四川汶川地震——"教师用生命为学生开道"。

7.学生课前收集的汶川抗震救灾中的感人事迹材料和"抗震救灾倡议书"。

8.诗词、名句(配乐:歌曲《爱的奉献》):

你要欣赏自己的价值,就得给世界增添价值;和谐;科学发展观;以人为本;公平正义;社会主义荣辱观;生态文明;情为民所系,利为民所谋,权为民所用。

二、案例中情感教学过程分析

1.教师朗诵赞美价值的配乐诗,学生欣赏并进入情境。

意图:创设情境,以情激趣,导入新课。

2.展示2008年度国家最高科学技术奖获得者——徐光宪材料和相关问题,学生观看、思考、比较。

意图:联系实际,以事引情——"人的价值在于创造价值"。

3.教师讲故事《雪山之子》,学生倾听。

意图:以情明理——"劳动和奉献着的人生才是有意义、有价值的人生"。

4.学生朗诵马骅生前诗作《明永歌谣》并配乐。

意图:渲染气氛,以境育情,以情感人。

5.展示袁隆平、任长霞、徐本禹图片及相关问题,学生观看、思考、回答并举例。

意图:以情明理——"对一个人的价值的评价主要是看他的贡献"。

6.播放视频片断:四川汶川地震——"教师用生命为学生开道"事迹和"网友评论",学生观看、讨论、交流。

意图:以情生理——价值观的导向作用,以情生情——学生形成正确的人生态度和丰富的情感体验。

7.学生讲述课前收集的汶川抗震救灾中的感人事迹材料三则和"抗震救灾倡议书"。

意图:把课堂中的情感、理智延伸到课外,延续情感,实现情感升华。

展示诗词、名句并配歌曲《爱的奉献》,学生欣赏回味。

意图:实现情感共鸣,结束新课。

【基本共识】

一、高中思想政治课实施情感教学的必要性

教学是教师和学生共同参与的,围绕着教材所进行的教与学的双边活动。在这一活动中,教师是教育者,处于教育的主导地位;学生是教育的对象,处于教育的主体地位。教学正是通过发挥教师的主导作用和学生的主体作用,来促使学生朝着教育培养目标的方向发展的。这是一种人类的特殊活动,活动的双方都是人,是有血有肉、有情有感的个体。因而,教学活动虽以传递认知信息为中介,却又时时离不开人所固有的情感因素。它既是以传授和吸收人类间接经验为主的实践活动,也是特定情境中的人际交往活动。因而,师生之间不仅有认知方面的信息传递,而且也有着情感方面的信息交流。情感以其不容否定的事实参与教学活动,成为一个不可忽视的教学因素,使教学活动呈现一种知情交融的复杂状态。所以在思想政治课教学中,要达到理想的教学效果,就必须注意学生积极情感的培养,实施情感教学。

二、高中思想政治课实施情感教学的原则

1.乐情原则。在教学中,老师要积极创设条件,让学生怀着快乐情绪进行学习。

首先,教师应精心选择、巧妙组织教学内容,使之组成符合学生求知需求的东西,使学生们对教学活动感兴趣,思想集中、兴奋,让学生从求知需求的满足中求乐。其次,在教学中,学生对学习活动的成功体验所产生的快乐情绪,更有助于增强其学习的热情和动力;老师应对学生的学习活动多加表扬、多加鼓励,让学生从成功需求的满足中求乐。再次,政治课教材中有许多看上去似乎是"枯燥乏味"、"简单易懂"、"教条式(脱离实际)"、"经典性"的内容,巧妙处理好这些内容,往往是教学中防止学生松弛、疲沓,引发学生兴趣的关键。因此,教

师在讲课时,应尽可能将这些看上去枯燥乏味的内容,出乎意料地与生动事例、有趣知识联系起来;将某些看上去"简单易懂"的内容,出乎意料地与学生未曾思考过的问题、未曾接触过的领域联系起来;将某些看上去似乎是"教条性"的内容,出乎意料地与现实的社会生活、生产实践和未来工作与事业联系起来;将某些看上去"经典性"的内容,出乎意料地与当代社会、现代科技联系起来,从而引起学生的惊奇和兴趣。

2.冶情原则。在教学中,老师要积极刨设条件,让学生的情感在学习的过程中得到陶冶。

首先,教师在教学中的主导情绪应是快乐的。应运用情感的感染功能,以教师自己的快乐情绪来影响和引发学生的快乐情绪。当教师带着微笑、怀着喜悦的心情走进教室时,学生会倍感亲切、温暖,快乐之情油然而生。由于情绪感染有互动性,学生的这种快乐情绪,又会通过情绪的感染功能影响教师,进一步调动教师的快乐情绪,由此形成良性循环,导致师生共乐的教学气氛。反之,教师的不快乐情绪,会形成恶性循环,造成师生不乐的教学气氛。其次,要善于用言语来表达教学内容中的情感。在情感教学中,要强调教学言语的生动、活泼、形象、富有情趣和感染力,甚至有一定的幽默感,以便使讲课言语不仅能传知,也能传情,获得科学性和艺术性的完美统一。再次,还要善于用非言语表情(如面部表情、体态表情等)来传递教学内容中的情感。

3.融情原则。在教学中,老师要积极刨设条件,使师生情感在教学过程中积极交融。

教师在教学中表现出来的点点滴滴的爱的举动,都会对学生产生积极的情感交融的效果。首先,在教学中,要多一份对学生的理解。学生到了一定的年龄,独立思考的能力增强了,他们往往不满足于教师怎么说的,书上怎么写的,而是有自己的判断和见解,也敢于向老师提出。这本来就是学生身心发展到一定阶段的特有表现,如果教师对此缺乏正确的认识,就不能很好地理解学生在教学中的这种表现,往往以为学生在调皮捣蛋,或哗众取宠,或故意在找茬,戏弄教师,这样便会误解学生,导致师生间的隔阂。应注意理解学生,并能妥善处理这类问题。其次,在教学中,要注意平等施教。要贯彻"教学相长"的精神,决不可"居高临下",摆出一副说教面孔。应努力倡导师生共同探讨、相互学习、相互促进的平等教学气氛,虚心接受学生的批评意见,以有利于师生情感的融洽。

三、高中思想政治课实施情感教学的策略和方法

1.创设情境,以境育情。

情境教学法是新课程课堂教学方法之一。在教学的过程中教师根据教学内容中蕴含的情感创设适宜的环境气氛和特定的学习情境,让学生置身于特定的情境之中,使学生的情感受到感染,从而达到育情的目的。

在本课例教学中,教师创设多处情境,使学生完全置身于教师设计的情境之中,在情境中内化情感。如讲到"人的价值:在于创造价值"时,一位学生深情地朗读《雪山之子》故事材料,并朗诵马骅生前的诗——《明永歌谣》(配乐:二胡曲《小河淌水》),其他学生在欣赏过程中,完全置身于情境中,深深感悟到:劳动和奉献着的人生才是有意义、有价值的人生,实现了情感升华;讲价值观的第二个导向作用时,并不是直接告诉学生道理,而是通过播放"教师用生命为学生开道"录像片断,录像中教师们把生的希望留给学生的光辉形象,对学生产生强烈的感染力,由此得出价值观的第二个导向作用——价值观对人生道路的选择具有重要的导向作用,这样的过程能够使学生产生深刻、久远的印象;结束新课时,在音乐《爱的奉献》伴奏下,课件缓缓显示当前我国社会大力弘扬的正确价值观方面的字词,此时无声胜有声,意犹未尽,学生的情感在这种意蕴中陶冶、内化、升华。

2.师生和谐,以情激情。

和谐的师生关系可以使学生形成一种积极的情感体验,激发其积极向上的情感。构建和谐的师生关系,作为教师应以自己饱满的情绪、含情的语言、热情的行为影响和感染学生,学生会随老师的情感行为而生情。如本课教学课堂导入部分,教师富有激情的配乐诗朗诵,赢得了全班同学的热烈掌声,一下子把学生的情绪调动起来了,为后面的教学奠定了情感基础。课后有评委说,这是学生发自内心的掌声啊!

构建和谐的师生关系,作为学生要注意培养自己对情感的自我调节能力,形成积极的情感,从而在愉悦和谐的课堂氛围中获得情感体验,实现情感的升华。学生要想实现情感的自我调节:首先,应能明确区分什么样的情感是好的,什么样的情感是不好的,如学习"对一个人的价值的评价"时,学生通过对教师展示的几张图片,很快判断出他们是因何出名的,从而自然地得出:人生的真正价值在于对社会的贡献,实现了对情感的认知;其次,应该学会怎样正确表达自己的情感,如在课堂结束时,学生争先恐后地谈学习感想和体会,由于课堂时间的有限,教师不得不终止发言,让没有发言的同学课后写出"学习感言"。课堂情感达到高潮,激发了学生的参与性和积极性,实现了情感的升华。

3.联系实际,以事引情。

理论联系实际是思想政治课教学必须坚持的一个重要而不可缺少的原则。因此我们在教学中必须坚持理论结合实际,选择那些贴近学生思想情况的实际,以此引起他们的情感共鸣。如在学完了价值观的导向作用后,为了从现实的角度来进一步印证价值观的导向作用,让学生分别讲述当前抗震救灾的感人事迹,通过学生动情地讲述,那一个个感人事迹深深地感染和震撼着在场的每一位师生,拉近了学生与当前抗震救灾的距离,学生关心他人、关心社会、乐于奉献的情感油然而生;讲到"人的价值"时,展示图片资料(2008年度国家最高科学技术奖获得者徐光宪),在熟悉而又充满兴趣的事实面前,学生能够作出正确的价值判断,从而产生积极的情感。

4.课外实践,以此延情。

根据教学内容的需要组织学生走出课堂,开展实地参观、采访、调研等实践活动,让他们在亲历实践中拓展、丰富和巩固情感。本节课课前让学生通过各种渠道和途径,收集四川汶川地震中抗震救灾的感人事迹材料,班委会、团支部组织全班同学草拟抗震救灾倡议书,在这些课前准备活动中,学生们已经为课堂的学习作了良好的情感奠基;课后让学生再收集一些抗震救灾中的典型事迹,把课堂中的情感、理智延伸到课外,实现情感的延续,从而为本节课的情感教育画上了圆满的句号。

【结束语】

赞可夫说:"教学法一旦触及到学生的情绪和意志领域,触及学生的精神需要,这种教学法就能发挥高度有效的作用。"因此,新课程下的高中思想政治课教学,教师必须善于运用情感教学,充分调动学生的情感,激发学生的内动力,优化课堂教学,提高课堂实效。

《统一的多民族国家》教学设计

安徽省马鞍山市新市初中　陈荣乐

课　题	第三课　认清基本国情 第三框　统一的多民族国家
教材 分析	本课主要讲述我国各民族之间的和谐关系以及祖国统一方面的重大成就,内容共分三个部分,即"五十六个民族是一家""共同浇灌民族团结之花"和"实现祖国和平统一"。我国是一个统一的多民族国家,维护祖国统一和民族团结是我国各族人民的共同心愿。教材从这一逻辑出发,把民族团结、祖国统一这两个方面统一起来讲,从而增强学生维护祖国统一和民族团结的责任感、使命感和爱国主义情感。因此,本课内容是学生了解我国民族国情、培养"维护祖国统一"情感的重要内容,在教材中处于十分重要的地位。
教学 目标	【知识目标】 　　1.了解我国是一个统一的多民族国家,各族人民间形成了"你中有我、我中有你"的亲缘关系。 　　2.知道民族区域自治制度是我国的一项基本政治制度。 　　3.明确处理民族关系的原则和新型的民族关系特点。 　　4.掌握"三个尊重"的含义及爱国统一战线内容。 　　5.理解实现祖国统一的基本方针和政策。 【能力目标】 　　1.通过课前指导学生有效的预习和分析概括,培养学生收集整理材料、分析材料并从中得出正确结论的能力。 　　2.通过本节课的学习,采用合作、发现、探究的方法,使学生理解、活化知识,培养学生学以致用的能力。

课 题	第三课　认清基本国情 第三框　统一的多民族国家
教学 目标	3.通过情境教学法,培养学生学会运用理论联系实际的方法分析有关的政治现象,逐步掌握科学的思维方法。 【情感态度与价值观目标】 1.培养学生热爱各族人民情感,引导他们在现实生活中以自己的实际行动促进民族团结。 2.培养学生自觉维护祖国统一的责任感,增强对"和平统一、一国两制"方针的认同和拥护,体会实现祖国完全统一是各族人民的共同愿望,是不可抗拒的历史潮流。
教学 重点	1.公民如何维护民族团结? 2.实现祖国统一的基本方针——"和平统一、一国两制"。 3.我们青少年为实现祖国统一该怎么做?
教学 难点	1."一国两制"的基本方针。 2.我们青少年为实现祖国统一该怎么做?
教法 学法	本课利用现代教育技术将社会热点和歌曲演唱、诗歌朗诵、新闻播报等内容引入课堂开展教学,采用探究式教学法,倡导体验、参与、合作与探究的学习方式,培养学生热爱各族人民的情感和增强维护祖国统一的情感,引导学生以自己的实际行动来促进民族团结和国家统一。

教学过程			
教学环节	教师活动	学生活动	设计意图
环节一 爱中华 唱团结	播放歌曲《爱我中华》视频。老师:"如歌曲所唱——五十六族兄弟姐妹是一家,我们56个民族共同缔造了伟大的多民族国家。"由歌曲谈到国家,从而导入新课。	欣赏歌曲。 学生们和教师一起边欣赏歌曲,边跟着音乐演唱。 学生打开课本,准备新课学习。	渲染课堂气氛,创设学习氛围,使学生在较短时间内进入学习状态。 激发学习兴趣,转入新课。
环节二 大地震 知团结	老师:"在漫长的历史中,中华民族历经风雨沧桑。就在两年前汶川发生特大地震。"播放汶川地震和舟曲泥石流灾害的相关视频。引导学生从受灾的藏族、羌族等民族,认识少数民族——除汉族以外的其他55个民族人口相对较少,习惯上被称为"少数民族"。	学生观看视频,了解相关背景资料。	播放社会热点视频,引起学生关注,激发学生兴趣,为后面的知识学习提供特定情境。

教学过程			
教学环节	教师活动	学生活动	设计意图
环节二 大地震 知团结	利用阿坝藏族羌族自治州汶川县地名中带有"自治州"字样,让学生认识并理解我国的民族区域自治制度。 　　教师讲解民族区域自治制度是我国一项基本政治制度。	学生谈自己还知道哪些少数民族,从而认识少数民族。 　　学生把汶川的完整地名"阿坝藏族羌族自治州汶川县"和"马鞍山市当涂县"地名比较,了解汶川地名中的"自治州"含义,从而认识并理解"民族区域自治制度"。	增进学生对少数民族的了解。了解我国是一个统一的多民族国家,各族人民间形成了"你中有我、我中有你"的亲缘关系。 　　因"民族区域自治"内容有些抽象,理解难度较大,通过灾区地名与本地地名的对比,帮助学生理解民族区域自治制度。

教学过程			
教学环节	教师活动	学生活动	设计意图
环节三强救援展团结	播放汶川地震救援的相关视频。 老师："全国各族人民在救灾中的表现，让我们感动！我们可以用哪些词语概括各族人民在救灾中的表现？" 老师利用全国各族人民在救灾中的表现来探究我国新型民族关系。 ①"灾区学生用本民族语言学习，接受双语教学"——平等。 ②"众志成城、万众一心"——团结。 ③"一方有难、八方支援"——互助。 提问：为巩固我国的新型民族关系，我们该采用什么原则处理民族关系？	学生观看抗震救灾视频，并用"众志成城、万众一心""一方有难、八方支援"等词语来概括全国各族人民的表现。 学生根据各族人民在救灾中的表现，理解民族关系的特点和处理民族关系的原则。 学生思考并积极回答问题。	给学生理解民族关系提供一个特定的情境，提高学生学习的积极性。 实现知识目标——"明确新型的民族关系特点"。 实现知识目标——"明确处理民族关系的原则"。

教学过程			
教学环节	教师活动	学生活动	设计意图
环节三 强救援 展团结	 　　布置连线题，开展课堂小练习： 　　①"在历届全国人大、政协中，各民族代表和委员均占有一定比例"——平等原则。 　　②"新疆月光女孩阿依努尔身患白血病，一场救助阿依努尔的爱心行动在全国进行"——团结原则。 　　③"我国实施西部大开发，青藏铁路建成通车"——共同繁荣原则。	学生完成连线题，加深对"处理民族关系的原则"的理解。	帮助学生理解"处理民族关系的原则"。

教学过程			
教学环节	教师活动	学生活动	设计意图
环节四 好相处 护团结	"维护民族团结其实不仅是国家的事,也是我们公民应尽的义务。" 老师让学生开展小组合作,探究:"汶川地震发生后,我们马鞍山市接收50名灾区学生。假如有回族、藏族等2名少数民族同学安排在我们班级,你准备如何通过与他们相处来维护我们的民族团结?" 教师适当补充:公民还要积极同"疆独""藏独"等民族分裂势力作斗争。 老师:正如胡锦涛总书记所说:"民族团结是各族人民之福,民族分裂是各族人民之祸。"因此,我们要倍加珍惜来之不易的民族团结大好局面。	学生开展小组合作,从尊重各民族的风俗习惯、语言文字、宗教信仰方面探究"公民如何维护民族团结"。 认真听讲。	通过身边的特定情境,激发学生学习的热情,完成教学重点,引导学生以自己的实际行动促进民族团结。 适当拓展,以实现教学目标中的"情感态度与价值观目标",以自己的实际行动促进民族团结。

教学过程			
教学环节	教师活动	学生活动	设计意图
环节五 看回归 知统一	播放港澳回归的视频。 老师:"香港、澳门回到祖国的怀抱,你的内心有什么感受?" 引导学生从"港澳回归祖国怀抱"认识"一国两制"方针,并要求学生思考:港澳回归祖国说明了什么?	学生观看视频,回答相关问题。 学生阅读课本,思考并回答:港澳回归祖国说明了什么?	增强学生对港澳回归的民族自豪感。 突破教学重难点——认识并理解"一国两制"方针。
环节六 品乡愁 思统一	老师:"香港、澳门这两个离家孩子已回到母亲怀抱。此时此刻,我不由得想起王维的著名诗句:遥知兄弟登高处,遍插茱萸少一人。" 作为过渡,由港澳问题转入台湾问题的话题。 老师播放台湾诗人余光中诗歌《乡愁》的朗诵视频。	学生理解"少一人"含义,并转入到下一个内容的学习。 学生欣赏诗歌《乡愁》,并解读《乡愁》。	承上启下,自然过渡。 培养学生盼望祖国统一的情感。

教学过程			
教学环节	教师活动	学生活动	设计意图
环节六 品乡愁 思统一	引导学生学习"解决台湾问题的基本方针"和"两岸关系发展的政治基础。"	学生自主学习,开展小组合作。	培养自主、合作学习能力。
环节七 观趋势 促统一	播放两岸和平发展、密切交往的相关内容视频。 老师安排学生小组合作探究:为了早日实现祖国的完全统一,我们青少年该怎么做?	学生观看胡锦涛会见中国国民党主席等台湾各界人士的视频,了解两岸和平发展密切交往的事实。 学生以小组为单位开展讨论、交流、合作,完成任务。	引导学生认识到实现祖国的完全统一已成为不可阻挡的历史潮流,坚定学生"祖国完全统一是大势所趋"的信念。 既突破教学难点,又培养学生合作意识。
环节八 中国心 盼统一	老师:"维护民族大团结,实现祖国早统一,是我们所有中国人共同的心愿,也是我们的中国心。那就让我们在歌曲《我的中国心》中结束今天的新课"。		过渡。

教学过程			
教学环节	教师活动	学生活动	设计意图
环节八 中国心 盼统一	播放歌曲视频《我的中国心》。 　　老师在歌曲播放适当时间后,将音量调低,在轻声的歌曲背景中,开展课堂总结,号召学生为建设统一多民族国家作出自己的贡献。 　　布置作业。	欣赏歌曲。 在轻声的背景歌曲中谈自己在本课中的感受与收获。 课后完成作业。	在歌曲中将知识内化为情感。 进一步加深学生对所学内容的理性认识。 巩固所学知识。
板书 设计	统一的多民族国家 民族制度:民族区域自治制度 民族关系:平等、团结、互助、和谐｝国家 → 维护民族团结 ← 公民 ｛ "三个尊重" 处理原则:平等、团结、共同繁荣 同"藏独""疆独"民族分裂努力作斗争 实现祖国统一 ↑ 港澳顺利回归 ← 实践 ← 一国两制 → 含义 ｛ 一国 — 一个中国 必将统一台湾地区 两制 ｛ 大陆 → 社会主义制度 港澳台地区 → 资本主义制度		

　　注:陈荣乐老师执教的《统一的多民族国家》一课获得2010年安徽省初中思想品德课优质课评选一等奖。

《统一的多民族国家》教学实录

安徽省马鞍山市新市初中　陈荣乐

一、导入新课

师:上课!

生:老师好。

师:同学们好,请坐 。今天来到我们芜湖市第十一中学,见到美丽的校园,看到一张张灿烂的笑脸,我有两句内心的感受想对大家说,第一句是:同学们充满阳光,我很喜欢大家;第二句是:同学们富有朝气,我真的很喜欢大家。我还有一句话想告诉大家:我不仅喜欢在座的同学,我也喜欢我的家人,也喜欢我的家乡,但我更喜欢——我们的祖国,我更热爱我们的中华!

学生:鼓掌!

师:那就让我们在歌曲《爱我中华》中开始我们的新课吧。(教师播放《爱我中华》歌曲视频)

师:正如歌曲所唱——"五十六族兄弟姐妹是一家",我们56个民族共同缔造了伟大的多民族国家。现在,我们就来学习《统一的多民族国家》。请同学们打开课本第41页。

二、探究新课

师:在漫长的历史中,中华民族历经风雨沧桑。就在两年前汶川发生特大地震,一个月前甘肃省舟曲县又发生特大泥石流灾害。我们来看相关资料(老师播放汶川地震、舟曲泥石流灾害视频)。

师:这两次灾害让我们悲痛,现在我们来探究其中相关问题。第一个问题是:汶川、舟曲地区主要有哪些民族?

生1:藏族、羌族……

生2:回族、汉族……

师:除了上述民族以外,我国还有哪些民族?

生:傣族、苗族、朝鲜族……

师:我国56个民族包括:汉族、藏族、蒙古族等56个民族,老师不一一道来。

教师分析:56个民族中,除汉族以外,其他55个民族人口总和仅占全国总人口的8.49%,人口相对较少,习惯上被称为"少数民族"。

师:我们汉族和少数民族,经过几千年的民族迁徙、分化和融合,逐步形成"你中有我、我中有你"的亲缘关系。

师:我们再来看一下舟曲、汶川的地名:甘南藏族自治州舟曲县、阿坝藏族羌族自治州汶川县。大家有没有注意舟曲、汶川的地名与我们芜湖市南陵县地名相比很特殊?

生:带有"自治州"三字。

师:第二个问题是,这些地名带有"自治州"三字,说明我国实行什么样的民族制度?

生:民族区域自治制度。

教师分析:民族区域自治制度,是指在国家统一领导下,各少数民族聚居的地方实行区域自治,设立自治机关,行使自治权的制度。

师:民族区域自治制度是我国的一项基本政治制度,是发展中国特色社会主义民主政治的重要内容。

师:灾害发生后,我国政府和人民是如何组织抗震救灾的? 大家继续看相关视频。(老师播放救援视频)

师:全国各族人民在救灾中的表现,让我们感动! 我们可以用哪些词语概括全国各族人民在救灾中的表现?

生1:坚强不屈。

生2:一方有难,八方支援。

生3:众志成城,万众一心……

师:说得都很好。"众志成城、万众一心""一方有难、八方支援"等经典词语很好地概括了全国各族人民的表现。

师:"众志成城、万众一心",体现了我国各族人民之间的什么关系?

生:团结。

师:"一方有难、八方支援",体现了我国各族人民之间的什么关系?

生:互助、和谐。

老师:在全国各族人民的帮助下,如今灾区的少数民族学生已按时入学,接受"双语教学"。第三个问题是:各民族均可以使用自己民族的语言文字教学,这体现了我国什么民族关系?

生：平等。

师："平等、团结、互助、和谐"，是我们建立的新型民族关系。这种新型民族关系需要我们精心呵护。为维护好这种民族关系，我国确立了处理民族关系的原则。请同学自主阅读课本42页。

师：我们确立了什么样的原则来处理民族关系？

生："平等、团结、共同繁荣"作为处理民族关系的原则已载入了宪法和法律。

师：为了帮助同学对这三条原则的理解，我们来做一道连线题：下面三种情景分别体现了什么原则？（教师用多媒体展示连线题，师生共同完成）

老师总结：中央政府通过制定"民族区域自治制度"、确立"民族平等、团结、共同繁荣"原则，建立起了"平等、团结、互助、和谐"的新型民族关系，这样很好地维护了民族团结。

师：维护民族团结其实不仅是国家的事，也是我们公民应尽的义务。作为公民要维护民族团结，就要从我们身边的小事做起。

师：下面我们来完成一道探究题：汶川地震发生后，我市接收了100名灾区学生。假如有回族、藏族等2名少数民族同学安排在我们班级，你准备如何通过与他们相处来维护我们的民族团结？我们以小组为单位，进行小组合作探究，我们具体该如何做？

生1：关心爱护他们，帮助他们解决困难。

生2：建议学校食堂给他们单独做伙食，因为不同的民族有不同的饮食禁忌。

生3：我们可以与他们一起欢度他们的民族节日……

老师总结：大家讲得真好呀。对少数民族的饮食习惯予以尊重，也就是要尊重少数民族的风俗习惯。再如，有些少数民族兄弟信仰伊斯兰教、信仰藏传佛教，我们就要尊重他们的宗教信仰和生活习俗；另外，我们也要尊重少数民族的语言文字。

老师总结：也就是我们公民之间要做到"三个尊重"。

师：老师还需要补充一点，作为公民，还要同民族分裂势力作坚决斗争。正如胡锦涛总书记所说，民族团结是各族人民之福，民族分裂是各族人民之祸。因此，我们要倍加珍惜来之不易的民族团结大好局面。

师：在同自然灾害的斗争中，各民族展现了我们56个民族的大团结。而在灾难发生后，香港、澳门、台湾同胞也在第一时间向灾区人民伸出了援助之手。

下面我们再来探究祖国统一问题。(播放视频《港澳回归》)

师:香港、澳门回到祖国的怀抱,你们的内心有什么感受?

生1:无比激动、自豪。

生2:高兴、骄傲。

师:老师的内心感受和同学们一样,也充满了民族自豪感!

师:为实现祖国统一,党和政府采取了一系列措施。第一个措施就是结成了最广泛的爱国统一战线。我们与哪些阶层的人结成了爱国统一战线?同学们自主学习课本第44页第一段。

学生回答,老师总结:爱国统一战线为祖国的统一创造了有利条件。

师:为了祖国统一,党和政府还制定了正确的基本方针。那制定了什么内容的基本方针?

生:"一个国家、两种制度"的基本方针,简称"一国两制"。

老师分析:"一国两制"的含义。

师:在"一国两制"方针的指引下,我国的统一大业取得重要进展,香港、澳门顺利回归祖国,"一国两制"由理论成为实践,变成现实。

师:香港、澳门回归祖国,这证明了什么?

同学们自主阅读教材第44页第三段,学生发言回答。

教师总结:(1)"一国两制"的基本方针是正确的;(2)"一国两制"有强大生命力。之所以说"一国两制"有强大生命力,是因为"一国两制"的方针保持了香港、澳门的繁荣稳定和发展。

师:香港、澳门这两个离家孩子已回到母亲怀抱。此时此刻我不由得想起王维的著名诗句:"遥知兄弟登高处,遍插茱萸少一人"。在本节课的情境中,这少的"一人"指谁?

生:台湾(异口同声)。

师:台湾宝岛至今与祖国骨肉分离,这让我们多少国人为之忧愁。那让我们来欣赏余光中的诗歌《乡愁》。(老师播放《乡愁》视频,学生欣赏)

师:欣赏完《乡愁》,你如何解读《乡愁》?

生1:思念亲人;

生2:盼望祖国统一;

生3:对海峡两岸分离的忧愁。

教师总结:《乡愁》表达了诗人盼望祖国统一的深情和对两岸同胞分离的伤

感。正如温总理所说,这一湾浅浅的海峡,确实是最大的国殇,最深的乡愁。

师:为化解这最深的乡愁,党和政府制定了对台的方针政策。下面请同学们根据老师的问题自主学习课本第45页,然后回答相关问题。

生1:坚持一个中国原则,是两岸关系和平统一的基础;

老师补充:一个中国原则,不仅是统一的基础,也是"一国两制"的前提。

生2:"和平统一、一国两制"是解决台湾问题的基本方针。

师:以胡锦涛为总书记的党中央又提出了对台湾地区的四点意见。这四点意见是"和平统一、一国两制"方针的具体体现。

师:在这些方针政策的指引下,海峡两岸关系发生深刻变化。(老师播放海峡两岸密切交往的视频)

师:两岸人员交往日益密切、两岸经贸交流不断加强,两岸文化合作更加深入。这些事实说明:实现祖国的完全统一,已成为不可阻挡的历史潮流。正如邓小平所说,实现国家统一是民族的愿望,一百年不统一,一千年也要统一的。

学生探究:为了早日实现祖国的完全统一,我们青少年该怎么做?

学生以小组为单位,展开小组合作讨论,学生代表发言。

老师总结:(1)努力学习,立志成才,为实现祖国完全统一增长本领;(2)积极拥护和宣传我国政府解决台湾问题的方针和立场;(3)坚决同各种"台独"行为作斗争;(4)自觉履行维护国家统一、依法服兵役的义务。

三、新课总结

师:今天我们学习了两个方面的内容,请同学们谈谈你的感想和收获。

生1:我们要维护民族团结,我们祖国不能分裂。

生2:维护民族团结和国家统一,需要我们每个公民从身边的小事做起。

……

师:本节课,我们主要学习了维护民族团结和实现祖国统一。我想:维护民族大团结,实现祖国早统一,是我们所有中国人共同的心愿,也是我们的中国心。那就让我们在歌曲《我的中国心》中结束今天的新课。(老师播放《我的中国心》音乐视频)

四、教师寄语

老师:(歌曲音量调小)正如歌中所唱,"流在心里的血,澎湃着中华的声音"。只要我们中华儿女共同努力,血脉能创造奇迹,我们统一的多民族国家一定会更加强大、更加繁荣。

若想花儿分外红　只需绿叶满枝头
——谈《统一的多民族国家》优质课视频资源的有效利用

陈心宏

　　课堂以播放《爱我中华》的音乐视频开始,音乐视频中,56个民族的同胞一起翩翩起舞,在优美的画面映衬下,尽情地抒发着对祖国的祝福。学生被充满激情的歌声所感染,也纷纷地跟着唱起来。歌声和掌声中,同学们就明确了我国是个统一的多民族国家,从而导入新课,学生在较短时间内进入学习状态。

　　为了让同学们进一步了解我国民族关系和民族政策,增强维护民族团结的意识,陈荣乐老师又设计了以下两个环节来突破这一难点。

　　一是《汶川地震》新闻片段播报。在新闻视频中,央视主持人紧张而急促地播报汶川地震消息——四川省汶川县发生了里氏8.0级地震。学生们神情严肃地观看着新闻播报视频。接着,陈老师挖掘新闻视频中的有效信息:用汶川地区的民族构成,启发学生认识我国的少数民族;用汶川的完整地名——"阿坝藏族羌族自治州汶川县",引导学生理解我国的民族区域自治制度。

　　二是《抗震救灾》新闻片段播报。通过观看《抗震救灾》新闻视频,学生知道了:在汶川地震发生后,全国军民紧急动员,万众一心,众志成城,支援帮助羌族、藏族同胞战胜特大灾难。于是,陈老师就利用视频中同胞间的相互帮助共同抗击特大灾难的材料,启发学生理解我国民族关系"平等、团结、互助、和谐"的特点,并引导学生掌握处理民族关系的原则。

　　思想品德课作为一门兼容人文社会科学和德育的课程,有着大量抽象的概念和原理,内容很多,要想取得好的教育效果并非易事。传统教学往往依靠"一本教材、一支粉笔、一块黑板、一张嘴巴"开展教学,这注定了我们的思想品德课堂不受学生欢迎。而将视频资源引入思想品德课堂,开启了一个崭新的天地。在思想品德课教学中,教师根据教材播放鲜活生动、真实直观的视频资源,化枯燥的知识为生动的视频,变无声的文字为直观的音像,将声音、图像、知识、道理融为一体,再现课堂教学所需的情景,使学生闻其声、观其形、临其境,从而构建起新型的教学模式,这就大大拓宽了教与学的时空,缩短了教师与学生的距离,有助于提高思想品德课的教学效率,有利于突出教学重点、突破教学难点、优化教学内容。

那么,在思想品德课教学中如何有效利用视频资源呢?

第一,视频导入,激趣诱思。

思想品德课的教学,导入新课很重要,如果一开始就平铺直叙、照本宣科,学生很容易产生厌倦情绪,效果肯定不好。"良好的开端是成功的一半",一个较好的导入环节,往往能给学生耳目一新的感觉,能迅速集中学生的注意力。利用合适的视频资源,展现文字、语音、人物、色彩等多维度融合的形象画面,能拨动学生的心弦,激发起学生的学习兴趣和求知欲,有开篇制胜的效果。

例如,在《统一的多民族国家》一课中,陈老师就以播放《爱我中华》的MTV开始。视频中,56个民族的同胞载歌载舞,歌唱家宋祖英则用她那高亢激昂、极具穿透力和感染力的天籁之声尽情地抒发着对祖国统一和民族团结的祝福。这些载歌载舞的影像和充满激情的歌声撞击着学生的心灵,学生们迅速被歌舞所感染,也情不自禁地高歌起来。这样学生的兴趣和求知欲就自然而然地被激发出来,从而轻松地导入新课。

又如,在八年级《世界文化之旅》教学时,教师可以组织学生欣赏安徽宣传片《锦绣安徽》的视频。视频中,在悠扬的琴声中,讲解员用富有磁性的声音介绍着安徽的灿烂文化;同时在视频的画面中,天下闻名的黄山,内涵丰富的老庄哲学,"文房四宝"之一的宣纸,风格独特的徽派民居,韵味丰富的黄梅戏,世界文化遗产西递、宏村……一一展示在同学们面前。这时,教师就可以说:刚刚我们进行了一次安徽文化之旅,现在就让我们一起乘坐"文化直通车"来一次"世界文化之旅"。这样就自然地引入新课——《世界文化之旅》。

第二,视频创境,探究合作。

传统的思想品德课教学通常是"教教材",即老师就课本讲课本,简单地理论灌输,枯燥乏味,让人难以接受,其结果是教者口干舌燥,听者昏昏欲睡。这就需要老师创新形式、另辟蹊径,而利用视频资源开展"探究合作"就是一种较好的教学形式。它能够使学生置身于真实而生动的情境中,把抽象的概念、难以说清的道理融入视频中。这样教学,动静结合,图文并茂,声色兼备,情思涌动,降低了学生对知识理解的难度,充分发挥了课堂教学过程中学生的主体作用。

在《统一的多民族国家》教学中,为创造一个能使学生积极参与的场景,陈老师将《汶川地震》新闻视频引入课堂,并充分发挥教师的主导作用,努力寻求视频资源和思想品德课的最佳结合点。因此,陈老师用汶川地区由羌族、彝族、藏族、汉族等民族构成的事实,启发学生认识我国的少数民族,又用汶川的完整地名"阿坝藏族羌族自治州汶川县"和本地地名"马鞍山市当涂县"对比,让学生发现汶川地名中的"自治州"三字,引导学生理解我国的民族区域自治制度。接着,陈老师又将《抗震救灾》新闻视频引入课堂,利用同胞间相互支援帮助,共同抗击特大地震灾难的信息,启发学生理解我国民族关系"平等、团结、互助、和谐"的特点,并引导学生掌握处理民族关系的原则。在课堂教学中,陈老师挖掘视频中信息与课本知识的结合点,寻找最佳切入点,层层深入、环环相扣,根据视频中的情境,先后4次运用视频中相关信息,力求教学内容与视频资源达到最佳对接,并将学生的视角由"大社会"引导到"小课堂",使视频中的抗震救灾新闻报道与课堂教学有机结合。学生们不仅接受了最新的社会讯息,也大大增强了民族团结的意识。

又如,在九年级《承担对社会的责任》一课中,讲授"以国家利益为重"这一问题时,由于"以国家利益为重"这一道理讲解时抽象,教师就可以创设一个特定情境,帮助学生理解这一道理。例如,教师可让学生观看国庆60周年阅兵的录像视频片断。由于阅兵场面气势恢宏具有震撼性,因而学生很快就被士兵们整齐雄壮的英姿吸引了。这时,老师就提问学生:你们知道士兵们经过了多长时间的训练才达到这样整齐划一的? 他们这样做是为了什么? 通过设疑,激发了学生的学习兴趣。老师再适时地介绍一些士兵训练背后的家庭及个人的辛酸故事,使他们理解以国家利益为重,就是要把国家利益放在首位,有时甚至还要牺牲一些个人利益。事实证明,这可以达到很好的教学效果。

第三,视频结尾,提炼升华。

课堂小结是对新知识的巩固和强化,是思想品德学科课堂教学的重要环节。它和导入相呼应,一始一终,一开一合,共同构成完整的教学过程。有人形象地总结,完美的课堂教学,导入应该是"凤头",魅力无限,而结束应该是"豹尾",简短有力。而选择合适的视频作为结尾,不仅可以消除学生学习中的疲劳,而且能促使学生将知识内化为能力,外化为行动,取得"课虽终而意不尽"的效果。

这在《统一的多民族国家》优质课教学中也得到了较好的印证。在这堂课新授部分完成后,进入"课堂总结"阶段。陈老师就让学生欣赏《我的中国心》音乐视频,然后适时地调低音量,让学生在歌声中谈自己在本课中的感受与收获。学生在音乐的感染下,纵情地谈论着自己在本课中的收获,进一步加深了对民族团结的理解,增强了维护民族团结的意识。最后,陈老师就用很感性的语言对同学们说:"只要我们中华儿女共同努力……我们统一的多民族国家一定会更加强大、更加繁荣!"这样,通过这段音乐视频促使学生将知识外化为行动。

再如,在八年级《我知我师我爱我师》一框"总结新课"时,老师可以播放音乐视频《每当我走过老师的窗》。视频中,深夜群星在闪耀,老师的房间彻夜明亮;"啊——每当想起您,敬爱的好老师,一阵阵暖流心中激荡……"视频中的感人画面、甜美歌声深深地打动了每一位学生的心扉。学生的感情不由自主地被融合到歌曲的意境中去,他们情不自禁地轻轻唱起来。这较好地将学生在课堂所学知识内化为对老师深深的敬佩和浓浓的感激,达到意犹未尽的效果,升华了整节课的情感。

总之,"教无定法",教师的目的在于寻求一种教学手段和方法,使教师可以少教,学生可以多学,而且学得更容易、更快乐、更主动。陈荣乐老师的这节课例,不由得让人想起"若想花儿分外红,只需绿叶满枝头"的诗句。我想视频资源不就是枝头上的"绿叶"吗?有了它,思想品德课堂这朵"红花"会越发地生机盎然,越发地分外红艳。